Advanced Placement Spanish

"Literatura"

AP Spanish Literature course for High School Students

Borges, Jorge Luis

García-Lorca, Federico

García-Márquez, Gabriel

Matute, Ana María

Unamuno, Miguel De

by

REVÉ TAMAYO

BASTOS BOOK CO.

Woodside, New York

U.S.A.

© 1999 by Revé Tamayo

Published in The United States by:

BASTOS BOOK CO.
P.O. Box 770-433
Woodside, NY 11377
1-800-662-0301
Fax: (718) 997-6445

www.**bastosbooks**.com

The publisher would like to thank all those who generously provided guidance and encouragement to help shape and improve the quality of this book. We sincerely appreciate their efforts and contributions.

➢ *Publisher & Editorial Director*
Genaro Bastos

➢ *Managing Editor*
Mara Cordal Bastos

➢ *Reviewers*

- José Díaz, Hunter College H. S., NYC, NY
- Eduardo Ordóñez, Hacienda-La Puente H. S., California
- Rita Acuña-Reyes, Ph.D., Adjunct Professor, Fordham University,
     FL/ESL Assistant Principal, Franklin K. Lane High School, NYC, NY
- Ester Dávila, Spanish Teacher/A.P. Assistant, Franklin K. Lane High School, NYC, NY

➢ *Graphic Design*
Prints 'N' Graphics, Inc., Rego Park, NY

—— *Our Mission* ——
To help you acquire the power of two languages.

Literatura del AP

EL MÁS ALLÁ DE UNAMUNO

EL MUNDO DE GARCÍA LORCA

EL MUNDO DE ANA MARÍA MATUTE

**EL MUNDO IMAGINARIO DE
JORGE LUIS BORGES**

**EL MUNDO MÁGICO DE
GABRIEL GARCÍA MÁRQUEZ**

POR

REVÉ TAMAYO

CONTENTS

PREFACE

If hunger, destruction, pestilence and death are known as <u>The Four Horsemen of the Apocalypse</u>, they are also known, not only as the four horsemen who rode through most of Europe during the Second World War, but as the horsemen who continue to ride again and again. They ride through wars which scar not only nations but the people of these nations who find themselves pitted against each other in an ill-fated struggle between Cain and Abel.

The physical, moral and spiritual fiber of the Spanish nation has been shaken more than once by the devastation of civil strife and ultimately war. Although this nation has endured more than one civil war, it is the war of 1936 that is known as **The Spanish Civil War** - perhaps because it tore out the heart of Spain and placed a curse upon its soul.

The Spanish Civil War became a prelude to a larger struggle amongst nations - Spain became the training ground for those who sought to dominate by destroying the will of the people of other nations. Against this background of death and destruction, which once again replayed the biblical theme of Cain and Abel, the Spanish nation became another example of man's perennial inhumanity to man - the war pitted brother against brother and the four horsemen of the Apocalypse rode once again.

In one way or another **The Spanish Civil War** has united three of the authors that you are about to discover within these pages. In this series which begins with **EL MÁS ALLÁ DE UNAMUNO (BEYOND THE GRAVE WITH UNAMUNO)** and continues with **EL MUNDO DE GARCÍA LORCA (THE WORLD OF GARCIA LORCA)** followed by **EL MUNDO DE ANA MARÍA MATUTE (THE WORLD OF ANA MARIA MATUTE)**, you will be able to see the effect that this struggle between Cain and Abel exerted upon the lives and works of three of the authors represented in this volume. Unamuno, unlike Lorca, witnessed an earlier civil war and like Lorca saw the beginning of the one with which Ana Maria Matute became well-acquainted at the tender age of ten. Unamuno wrote about his earlier experiences during the siege of Bilbao in his **Paz en la guerra (Peace in War)** and Ana Maria Matute about hers in **Los hijos muertos (The Dead Children)**, and Lorca, well Lorca was not able to write about this tragic circumstance since he became one of its most celebrated victims.

Don Miguel de Unamuno y Jugo and Federico Garcia Lorca, both, died in 1936. Don Miguel died suddenly, but from natural causes, in December, and Garcia Lorca was murdered in August of the same year. Both men, before their deaths, were witnesses of **The Civil War** and the enormous destruction it cast upon the Spanish nation. Garcia Lorca, of course, paid the highest price during the lengthy bloodbath - he paid with his life. When the war exploded, although Ana Maria Matute was only ten, she too was old enough to bear the scars of the conflict and its aftermath.

Although the first three authors are united by a conflict which tends to separate, the theme of Cain and Abel is aptly portrayed by all three regardless of generational differences. Unamuno, perhaps the most prominent member of the Generation of '98, used this theme again and again; Garcia Lorca, recognized as a member of the generation of '27, also made use of the same theme, but it was up to Matute, the younger member of the trio and representative of "the new wave" ("la nueva oleada"), to expose a more depressing view in most of her works so painfully affected by **The Spanish Civil War**.

An introduction to the life and works of the first three authors mentioned, cannot be entertained without first exposing the reader(s) to, at least, a brief analysis of the cause and effect of **The Spanish Civil War**. Background information about **The Spanish Civil War** is not essential to the readings; however, it would provide much informative material which would tend to add a greater depth of understanding.

This book is a collection of descriptive summaries, in narrative form, of the works which are most representative of the themes that each author explores. The style of **El Más Allá de Unamuno** differs from **El Mundo de García Lorca** and **El Mundo de Ana María Matute**, although the basic format of all three is essentially the same. **El Más Allá de Unamuno** contains presumed capsulized interviews with the deceased author. It was my original purpose to continue in this vein with the other authors, but their characters and personal styles did not lend themselves to this form: Garcia Lorca's character was elusive and Matute did not display either the ferreal arrogance or the despair of Unamuno.

Each one of the five sections which comprises this volume follows the same sequence: a chronological summary of the life and works; a more detailed recombination of the life and works is provided under **Extractos (Extracts)**, followed by descriptive summaries of selected works under the heading of **Obras Selectas (Selected Works)**. Next are **Los Temas Principales (Main Themes)** - an analytical study, in essay form, of the main themes that each author explores. This analytical study details how each one of the themes is developed, not only in the works included, but in others not summarized. The **Bibliografía**

(Bibliography) which follows the conclusion provides the reader with another avenue where further information about critical studies or additional works by the author(s) can be found. This additional source will, it is hoped, challenge the reader to embark on a quest to read and evaluate the original works.

This book has proven to be a most valuable resource in the study of the authors and their works. Prior to first publication, the texts, **LOS ESPAÑOLES** and **LOS LATINOAMERICANOS** were used successfully, for two years with AP students who were preparing to take the AP Spanish Literature Exam. When the first edition was published in 1987, instructors and students found that **LOS ESPAÑOLES** served, not only as an introduction to the authors and their works, but to stimulate interest and heighten motivation to read more works in the original form. After only two months, after its release, an instructor called to say: "How can I ever thank you? I have finally understood Unamuno!"

EL MUNDO IMAGINARIO DE JORGE LUIS BORGES (THE IMAGINARY WORLD OF JORGE LUIS BORGES), was originally conceived and published in 1987 as a companion piece with **EL MUNDO DE PABLO NERUDA (THE WORLD OF PABLO NERUDA)**. Both of these authors were presented to the world of AP students and teachers under the title of **LOS LATINOAMERICANOS**. Since the change to delete **Neruda** from the reading list and add **García Márquez**, it was necessary, not only to revise the **Borges** text, but to add **García Márquez** as part of a new companion to **LOS ESPAÑOLES**.

Since both **Borges** and **García Márquez** were born and bred in the bosom of the South American Continent, it seemed fitting to place them together under a banner which the Liberator, Simón Bolívar, hoped to see in his lifetime - the union of all the South American countries. **García Márquez** wrote about **EL GENERAL EN SU LABERINTO**, what other option but to call what would have been a second companion volume **LOS DOS SUREÑOS**? A final and wise decision was made to combine both volumes into one text, and add a **CUADERNO DE ACTIVIDADES**, therefore, you have before you a fresh new text which consists of three sections:

- *LOS ESPAÑOLES* (Unamuno, García-Lorca and Matute)
- *LOS DOS SUREÑOS* (Borges and García-Márquez)
- *CUADERNO DE ACTIVIDADES*

Allow me to offer some suggestions that not only myself but others have found extremely helpful. Upon reading each summary, after learning something about the author, it is good practice to begin the task with a definite idea of the representative theme or themes that the author develops in each one. After the reading has been completed, the selection(s) should be discussed and analyzed in class. After three or four summaries have been read and discussed, it is an excellent idea to refer to the section entitled **Cuaderno de actividades** before starting to write essays dealing with specific themes as suggested in the segments of **Comparación and Contraste.** Reading each one of the summaries with a specific theme in mind and keeping notes of which stories are representatives of a particular theme, will help the student to get ready to write more detailed and comprehensive essays. After correcting the essays, it would be helpful to the students to discuss the thoughts they have written and developed, as well as those of their classmates, in order to obtain varying points of view and/or learn that others may think as they do. At the bottom of each page, from time to time, words will appear with their English definition. This has been done in order to facilitate the act of reading and to avoid having to refer to the dictionary too often. Meaning of new vocabulary can easily be gleaned from context clues. Additionally, the extensive **Glosario** provided at the end of the text is invaluable.

I sincerely hope that you will enjoy the efforts of my pen and accept Unamuno's challenge as your own. Let us now, together, enter **<u>El Más Allá de Unamuno</u>**, and from there reach out for the other worlds which will unfold before your eyes and stimulate your senses - **<u>El Mundo de García Lorca</u>** and **<u>El Mundo de Ana María Matute</u>**.

It is my fervent hope that you will enjoy reading these pages that will also expose you to the life and works of the other two authors which will not only fire your imagination, but also stimulate your senses. We will now open the doors of the world of imaginary beings and ascend the spiral staircase which Borges provides for us as we enter his labyrinths and explore his fictions in **<u>El Mundo Imaginario de Jorge Luis Borges</u>**. In **<u>El Mundo Mágico de Gabriel García Márquez</u>** we will have time to examine not only the views from the mythical town of Macondo in so many of García Márquez's short stories and novelettes, but the solitude and almost barren existence of so many of his characters.

*　　　　*　　　　*

ACKNOWLEDGEMENTS

As I reach the end of the revision of this, the original volumes, and take out Don Pablo and place García Márquez next to Borges, instead, and begin to reflect upon this project, there are many who deserve my gratitude for their indefatigable support and encouragement as I continued to struggle for many years with an idea which came to fruition through their assistance. Foremost, to Kathleen O'Neill Slepicka for her loving friendship and unwavering support, not only with these projects but through the years. For always being there to offer encouragement and suggestions for improvement. For purchasing every book of every theme and author imaginable and reading each and every volume to keep me on track as I struggled to the finish line. Also to Kate and Frank Slepicka for hand-delivering the copies of each manuscript into the hands of that special someone at the Library of Congress.

To my daughter Valerie Anne for initially designing the book covers and division pages of each section and for making everything so special.

To Alwyne W. Cox, my very special, talented and dear friend from England, and France, and now my well-known painter-artist whose art work I celebrate.

To my students who used the texts and provided valuable suggestions which helped make a valuable resource even better.

To those friends who have helped me along the way, not only with valuable suggestions, but with their love and frienship, always ready to offer support and needed encouragement, particularly, Elaine M. Germont.

To Marie Lambert for insisting that I contact Genaro Bastos.

To Dra. Michèle S. de Cruz Sáenz a grateful: "gracias por todo".

Revé Tamayo
October 1998

EL MÁS ALLÁ

DE

MIGUEL DE UNAMUNO

A mis hijas Valerie Anne y Karen
y a mis nietecitos Kali, Kyle y Sarita
con mucho cariño.

EL MÁS ALLÁ
DE
MIGUEL DE UNAMUNO

(Vida y Obra)

1864   Nace el 29 de septiembre en la ciudad-puerto de Bilbao, las Vascongadas "la patria chica".

1873   Presencia el bombardeo de Bilbao durante la guerra civil española entre los carlistas y los liberales. Como testigo de otra lucha entre "Caín y Abel" a la edad de nueve años, estampa estos recuerdos dolorosos de su niñez en su primera novela, **Paz en la guerra** (1897) - el argumento es la lucha; el protagonista es el pueblo.

1875   Cursa sus estudios de bachillerato en el Instituto Vizcaíno de Bilbao, terminándolos en 1879.

1880   Ingresa en la Universidad Central de Madrid donde se dedica a los estudios de filosofía y letras. Recibe su doctorado en 1884. En este tiempo estudia el alemán para traducir la **Lógica** de Heguel.

1884   Regresa a Bilbao donde se dedica a la enseñanza, dando clases privadas. Escribe varios artículos para un periódico local. Estos artículos más tarde se coleccionan y se publican en 1903 bajo el título **De mi país**. Permanece en Bilbao hasta 1891.

1890   Hace oposiciones[1] a las cátedras de psicología, lógica y ética del Instituto, y de metafísica y latín, de la Universidad, sin éxito.

1891   Se presenta a las oposiciones de la cátedra de lengua y literatura griega de la Universidad de Salamanca. Gana las oposiciones y se establece como catedrático. Hace un corto viaje a Madrid donde conoce al joven escritor y diplomático Ángel Ganivet - establece con éste una amistad que dura hasta la muerte de Ganivet en 1898.

---

1   hacer oposiciones: qualifying exams for a University Professorship

1894   Comienza su actividad literaria - su carrera como escritor.

1901   Se le nombra rector[1] de la Universidad de Salamanca y, al mismo tiempo, catedrático de la historia de la lengua castellana.

1914   Se le destituye del cargo de rector por aliarse con los Estados Unidos, a principios de la Primera Guerra Mundial, aunque se mantiene interinamente como vicerector.

1924   Se le deporta a Fuerteventura en las Islas Canarias por sus ataques políticos contra la monarquía y la dictadura de Primo de Rivera. Con la ayuda de un editor francés logra escapar a Francia. Vive asilado en Francia, primero en París y después en Hendaya hasta el año 1930.

1930   Regresa a Salamanca después de la caída de Primo de Rivera. Resume el rectorado de la Universidad. Renuncia la cátedra de lengua y literatura griega para dedicarse a la de historia de la lengua castellana.

1931   Se identifica con los republicanos y lo eligen como diputado a las Cortes Constituyentes de la Nueva República, pero sin representar a ningún partido político. Continúa como diputado hasta 1933.

1934   Se le otorga el título de Rector Perpetuo de la universidad de Salamanca, un título honorario, y continúa como rector, aún después de jubilarse[2].

1936   La Universidad de Oxford, en Inglaterra, le otorga el título de doctor honoris causa el 29 de febrero. Muere de repente a las seis de la tarde el 31 de diciembre.

*   *   *

---

1   rector: University President
2   jubilarse: to retire

RESUMEN CRONOLÓGICO DE LA OBRA DE DON MIGUEL DE UNAMUNO Y JUGO

Paz en la guerra, novela, 1897

La esfinge, teatro, 1898

La venda, teatro, 1899

Amor y pedagogía, novela, 1902

Paisajes, miscelánea, 1902

De mi país, descripciones, relatos y artículos, 1903

Vida de Don Quijote y Sancho, ensayo, 1905

Poesías, poemas, 1907

Recuerdos de niñez y mocedad, evocaciones, 1908

La Princesa Doña Lambra, teatro, 1909

La difunta, teatro, 1909

Mi religión y otros ensayos breves, ensayos, 1910

Por tierras de Portugal y España, viajes, 1910

El pasado que vuelve, teatro, 1910

Soliloquios y conversaciones, ensayos, 1911

Contra esto y aquello, ensayos, 1912

Rosario de sonetos líricos, poemas, 1912

Del sentimiento trágico de la vida, ensayos, 1913

El espejo de la muerte, colección de 26 cuentos, 1913

Niebla, nívola, 1914

Abel Sánchez, nívola, 1917

Tres novelas ejemplares y un prólogo, novelas cortas, (**Dos madres, El Marqués de Lumbría y Nada menos que todo un hombre**), 1920

El Cristo de Velázquez, poemas, 1920

La Tía Tula, nívola, 1921

Soledad, teatro, 1921

Raquel encadenada, teatro, 1921

Andanzas y visiones españolas, artículos, 1922

Rimas de dentro, poemas, 1923

Teresa, argumento de novela en verso, 1924

Fedra, teatro, 1924

La agonía del cristianismo, ensayos, 1925

Nada menos que todo un hombre, teatro, 1925

De Fuerteventura a París, poemas, 1925

Sombras de sueño: Tulio Montalbán y Julio Macedo, teatro, 1926

Como se hace una novela, artículos, 1927

Romancero del destierro, poemas, 1927

El Hermano Juan o el mundo es teatro, teatro, 1927

El otro, teatro, 1932

San Manuel Bueno, Mártir y Tres historias más, novelas cortas, (**La novela de Don Sandalio, Jugador de ajedrez, Un pobre hombre rico, o El sentimiento cómico de la vida y Una historia de amor**), 1933

Medea, teatro (traducción), 1933

Publicaciones de la Residencia de Estudiantes, siete volúmenes de ensayos que fueron publicados durante gran parte de su vida.

Cancionero, poemas, publicado póstumamente

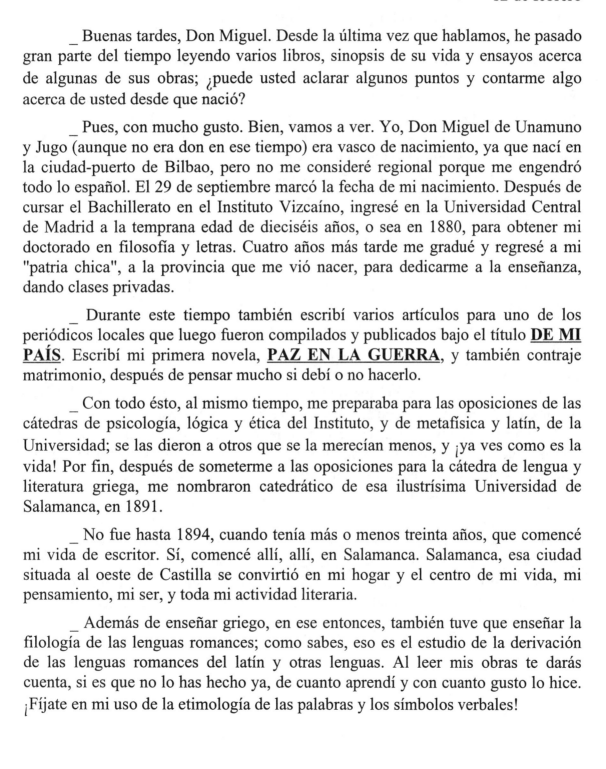

LA VIDA DE DON MIGUEL
(Extractos)

12 de febrero

_ Buenas tardes, Don Miguel. Desde la última vez que hablamos, he pasado gran parte del tiempo leyendo varios libros, sinopsis de su vida y ensayos acerca de algunas de sus obras; ¿puede usted aclarar algunos puntos y contarme algo acerca de usted desde que nació?

_ Pues, con mucho gusto. Bien, vamos a ver. Yo, Don Miguel de Unamuno y Jugo (aunque no era don en ese tiempo) era vasco de nacimiento, ya que nací en la ciudad-puerto de Bilbao, pero no me consideré regional porque me engendró todo lo español. El 29 de septiembre marcó la fecha de mi nacimiento. Después de cursar el Bachillerato en el Instituto Vizcaíno, ingresé en la Universidad Central de Madrid a la temprana edad de dieciséis años, o sea en 1880, para obtener mi doctorado en filosofía y letras. Cuatro años más tarde me gradué y regresé a mi "patria chica", a la provincia que me vió nacer, para dedicarme a la enseñanza, dando clases privadas.

_ Durante este tiempo también escribí varios artículos para uno de los periódicos locales que luego fueron compilados y publicados bajo el título **DE MI PAÍS**. Escribí mi primera novela, **PAZ EN LA GUERRA**, y también contraje matrimonio, después de pensar mucho si debí o no hacerlo.

_ Con todo ésto, al mismo tiempo, me preparaba para las oposiciones de las cátedras de psicología, lógica y ética del Instituto, y de metafísica y latín, de la Universidad; se las dieron a otros que se la merecían menos, y ¡ya ves como es la vida! Por fin, después de someterme a las oposiciones para la cátedra de lengua y literatura griega, me nombraron catedrático de esa ilustrísima Universidad de Salamanca, en 1891.

_ No fue hasta 1894, cuando tenía más o menos treinta años, que comencé mi vida de escritor. Sí, comencé allí, allí, en Salamanca. Salamanca, esa ciudad situada al oeste de Castilla se convirtió en mi hogar y el centro de mi vida, mi pensamiento, mi ser, y toda mi actividad literaria.

_ Además de enseñar griego, en ese entonces, también tuve que enseñar la filología de las lenguas romances; como sabes, eso es el estudio de la derivación de las lenguas romances del latín y otras lenguas. Al leer mis obras te darás cuenta, si es que no lo has hecho ya, de cuanto aprendí y con cuanto gusto lo hice. ¡Fíjate en mi uso de la etimología de las palabras y los símbolos verbales!

_ Don Miguel, en los libros de crítica, varios ensayos acerca de usted y sus obras y otros ensayos y artículos que usted escribió, siempre encuentro lo mismo, que usted fue el escritor más influyente de la Generación del '98, pero sus obras fueron más aplaudidas y leídas en el resto de Europa que en España.

Tienes razón con esa observación. Como ya sabes, nadie es profeta en su propia esfera, o mejor dicho país. La mayoría de los críticos y la gente de mi tiempo estaban acostumbrados al mismo tipo de novelas cargadas de descripciones, de paisajes y de mil y una cosas que nada tenían que ver con el tema o temas, la realidad de los temas, ni el argumento. Me criticaban escarnizadamente. Lo de ellos era una estupidez sin nombre. No se daban cuenta de que la estratagema era como una especie de comunión. Cada lector trae a la lectura su realidad íntima, que al unirse con la mía, en mis obras, se establece una comunión de las almas que muy pocos han sabido o querido crear. Mis protagonistas se desnudan a la vez que yo me desnudo a mí mismo, y por medio de esta desnudez suprema, yo invito a la vez que reto al lector a enfrentarse con la realidad de la vida o vidas que depicto.

_ En Italia siempre se hablaba de mí, muchas veces al mismo tiempo que se mentaba a Luigi Pirandello. Éramos como hermanos que nunca se conocieron pero estabamos unidos por una misma idea: la de provocar al lector a pensar, a sacarlo de su "abulia"[1].

_ A principios de la Primera Guerra Mundial me destituyeron del cargo de Rector de la Universidad de Salamanca porque según algunos que estaban en el poder en ese tiempo, no podían soportar que me aliara con Los Estados Unidos. Y ésta no fue la única vez que me hicieron salir de España; también en 1924 me deportaron a Fuerteventura en Las Islas Canarias por mi oposición a la monarquía y al gobierno opresivo del dictador Primo de Rivera. Logré escaparme a Francia con la ayuda de un editor francés. Al principio de este destierro de mi patria, me establecí en París y un poco más tarde me trasladé a Hendaya ya que queda casi pegada a la frontera de mi España.

_ Aunque muchos que no se lo merecían tanto como yo fueron agasajados y premiados por sus obras, le tocó a la gran Universidad de Oxford reconocer mi gran valor, cuando el 29 de febrero de 1936 me otorgaron el título honorario de Doctor Honoris Causa. El resto, ya lo sabes; el 31 de diciembre del mismo año, a las seis de la tarde, conversando con uno de mis amigos en mi casa, dejó de existir nada menos que todo un hombre, y ¡Qué hombre ése! Tu amigo, Don Miguel de Unamuno y Jugo.

---

1 abulia: intellectual paralysis

RESUMEN DE LAS NOVELAS

PAZ EN LA GUERRA

_ Durante mi niñez tuve la desgracia de presenciar la guerra civil entre los carlistas y los liberales. Otro ejemplo, aún de mayor magnitud, del tema bíblico de Caín y Abel - españoles contra españoles - luchando por ideas políticas y matándose unos a otros por su creencia. Fui testigo del bombardeo de Bilbao, y como ves, me afectó tanto que esos sucesos se quedaron grabados en mi mente.

_ Estas amargas experiencias de mi niñez las llevé dentro de mí por mucho tiempo y las expuse, ya un poco más maduro en ésta, mi **PAZ EN LA GUERRA**. El argumento es la lucha; el protagonista el pueblo.

PAZ EN LA GUERRA es una reconstrucción histórica de los sucesos de 1874 - el cerco de Bilbao.

Dos familias, los Iturriondos, carlistas, y los Arana, liberales, se encuentran tanto por su creencia como por su política en campos opuestos. Los padres, Pedro Antonio Iturriondo, el chocolatero, y su esposa Josefa Ignacia con su hijo, Ignacio, se encuentran por un lado; Juan Arana, el almacenero, con su esposa Micaela, su hermano Miguel, y sus dos hijos Juanito y Rafaela, por el otro. Los hijos de las dos familias crecen juntos y se hacen amigos.

Ignacio Iturriondo, un joven mujeriego, en busca de algo que le dé significado a su vida, decide luchar al lado de los carlistas a insistencia de su padre. El padre prefiere dar a su hijo a la causa en vez de partir con alguna parte de su dinero.

Las dos familias se convierten en extraños; cada uno vanagloriándose de las victorias de sus respectivos campos.

Los Iturriondos salen de Bilbao para estar más cerca de su hijo Ignacio quien está luchando, a veces sin saber por qué. Ignacio muere en Somorrostro. Josefa Ignacia, la madre de Ignacio, también muere, echándole de menos al hijo muerto.

Cuando la noticia de la muerte de Ignacio llega a oídos de los Arana, cuya madre y tío ya han muerto también, Juan Arana le dice a su hija Rafaela que ahora sus ante amigos dirán que Ignacio era un mártir de la causa contraria. Rafaela, en verdad, siente la muerte innecesaria de Ignacio.

11

En este relato también encontramos a Francisco Zabalbide, Pachico, el huérfano que había llegado a Bilbao a la edad de siete años a vivir con su tío. Se había hecho amigo de los hijos de las dos familias - las dudas acerca de la fe, la vida, la guerra y la paz y ... la paz dentro de la guerra, hicieron pensar mucho a todos los que hablaban con Pachico, sobre todo a Ignacio.

Durante el relato y el continuo bombardeo de la ciudad, vale notar que el miedo a las bombas y a la muerte se disminuye. La gente se acostumbra al miedo y al sufrimiento, y hasta llega a sentir paz. Se obtiene la fe para luchar en paz. Dentro de la guerra, creyendo en la verdad, la fe por la cual se lucha, se encuentra la paz - **PAZ EN LA GUERRA**.

AMOR Y PEDAGOGÍA

Se ha referido a **AMOR Y PEDAGOGÍA** como a una farsa absurda y hasta grotesca. Aquí nos encontramos con Avito Carrascal, un hombre ridículo que tiene ilusiones de ser científico, decide crear un hijo genial para así darle significado a su vida.

Con esta intención, se decide a escribir una carta amorosa a la rubia Leoncia para así enlistar su ayuda en el proyecto de hacerla madre de su genio. Cuando sale para llevar la carta a ésta, se encuentra con otra mujer. Ésta es Marina, la morena. Se enamora de ella y la hace su esposa.

Después de pasar algunos meses, llega el "genio" anhelado. Bautizan al niño con el nombre de Apolodoro. Para proveerle una educación superior y esmerada, Don Avito consigue que el sabio Don Fulgencio Entrambosmares acepte ser el preceptor de Apolodoro. Bajo la tutela de este sabio, Apolodoro se pasa mucho tiempo, durante páginas y más páginas de la novela aprendiendo cosas que articula pero que carecen de valor o sentido alguno - tonterías. Pasan los años, Don Avito se desespera por saber si el genio germinará o no. Un buen día, Apolodoro, el genio, se enamora de Clarita.

Apolodoro, que se pasa el tiempo hablando tonterías con Clarita, debido a su timidez, consigue que ella se aburra de él. Clarita abandona a Apolodoro por el más interesante e impetuoso Federico. Apolodoro, el pobre genio de Don Avito, se suicida.

NIEBLA

_ Se dice que **NIEBLA** es la más famosa y la más elogiada de todas mis novelas, también fue una de las que más se atacó - muchos decían que no era novela, que carecía de muchos de los elementos que se calificaban como parte de una novela. Para acabar la discusión, que encontré bastante tedia, determiné llamarla, como otras después, **Nívola**.[1] _ Ahora, pues, puedes comenzar la narración de ésta, mi nívola.

Niebla es como una novela dentro de otra novela o sea, la presentación de más de un caso unidos por y al mismo protagonista, Augusto Pérez.

Al leer la edición de Mario J. Valdés, publicada en 1983 por Ediciones Cátedra, S.A. en Madrid, hallamos tres textos de Don Miguel sobre **Niebla**:
1) *Una entrevista con Augusto Pérez*
2) *Pirandello y Yo*
3) *Historia de **Niebla**.*

El verdadero texto de **Niebla** no comienza hasta la página 95. Se determina el comienzo al iniciar la lectura con un supuesto prólogo escrito por un tal Victor Goti, quien no es otro más que un personaje amigo de Augusto Pérez en la nívola. Según Goti, Don Miguel le había encargado la tarea de escribir ese prólogo. Después del prólogo de Goti, Don Miguel añade su post-prólogo. En éste, se queja de ciertas indiscreciones que Goti había cometido en su prólogo acerca de ciertos juicios que él, Don Miguel, no hubiera querido que se conociesen.

Al comienzo de **Niebla**, la novela nívola, Don Miguel nos introduce a Augusto Pérez, el protagonista, cuya inicial preocupación se centra en la molestia de tener que abrir su paraguas. Según Augusto luce mucho mejor cerrado que abierto.

Como el ser ocioso que representa, la única decisión que le confronta es que camino seguir al salir de su casa.

Augusto, que siempre vivió con su madre hasta la muerte de ella, vive solo con sus dos criados, hasta un día que se encuentra un perro sin amo en la calle, lo trae a casa, le pone de nombre Orfeo, y el animal se convierte en su amigo. De vez en cuando se distrae, al salir de casa, conversando con su amigo Victor Goti.

---

1   nívola: short novel (novelette)

El día de la molestia de abrir el paraguas porque llovía, llega tarde a una cita con Victor Goti porque se ha encontrado con Eugenia Domingo, maestra de piano, y prendido de sus ojos, la sigue hasta enterarse de dónde vive y quién es ella.

Augusto le escribe una carta a Eugenia y pide visitarla en su casa. Augusto ahora cree haberse enamorado de Eugenia.

Augusto visita la casa donde Eugenia vive con sus tíos. Al enterarse de que Eugenia y su familia tienen problemas económicos, Augusto paga la hipoteca de la casa y Eugenia se insulta al enterarse. Eugenia siempre trata a Augusto con cierta frialdad. Cuando Augusto persiste en su intención de querer ser más que un amigo como le propone Eugenia, nos enteramos que Eugenia tiene novio y está muy enamorada de él.

Cuando Augusto deja de visitar la casa de Eugenia se entretiene un poco con Rosita, la lavandera. Rosita no sabe que hacer. Augusto le da miedo y lástima a la misma vez. Eugenia llega a casa de Augusto un día y se encuentra con Rosita. Eugenia le dice a Augusto que ha roto sus relaciones con Francisco, su novio, y que ha decidido casarse con él. Comienzan los preparativos para la boda. Un día Eugenia llega muy agitada a la casa y le dice a Augusto que Francisco siempre la está molestando y que la única manera de poder deshacerse de él es si Augusto le consigue un puesto lejos de donde ellos viven y le da dinero para mantenerse. Pues, Augusto así lo hace. El día de la boda, Augusto recibe una carta de Eugenia en la cual ella le da las gracias por lo que él había hecho por su novio ya que ahora los dos podrán vivir bien debido a su generosidad y le anuncia que se habían fugado.

Augusto piensa en suicidarse. Después de sostener varias conversaciones con su amigo Victor Goti acerca de la tragedia de su vida y de como todos se estaban burlando de él, Augusto acude a una entrevista con Don Miguel. Don Miguel le dice que no puede suicidarse porque él no quiere que lo haga. Después de una discusión en la que Augusto dice que él puede deshacerse de Don Miguel, éste le informa a Augusto que él va a morir porque él, Don Miguel, lo había creado y ahora lo iba a matar. Augusto se rebela y le dice a Don Miguel que él no puede hacer eso - Augusto no quiere morir.

Augusto regresa a su casa, después de entrevistarse con Don Miguel, más muerto que vivo. Come, come y come y antes de acostarse a dormir le escribe un telegrama a Don Miguel. Entrega el papel a su criado y le pide que le mande el telegrama a Don Miguel, en Salamanca, después de su muerte. En el telegrama, Augusto le decía que Don Miguel se había salido con la suya y que ya había muerto. El único que realmente quiso y echó de menos a Augusto fue Orfeo, su perro.

Cuando Don Miguel recibe el telegrama piensa que quizás lo mejor hubiera sido dejar a Augusto suicidarse. Después se acuesta, sueña y habla con Augusto.

ABEL SÁNCHEZ

ABEL SÁNCHEZ era "acaso la más trágica de mis novelas". El verdadero protagonista es Caín, Joaquín Montenegro, y no Abel. La pasión que consume a Joaquín es el demonio de su envidia por Abel.

El argumento se basa en el relato de las vidas paralelas de Joaquín y Abel. Eran hermanos de crianza aunque no de sangre. Jugaban juntos desde su infancia. Sin querer, Abel le roba a Joaquín los amigos, la novia, la fama y el cariño de su nieto. Abel es frío, egoísta, superficial y simpático. Joaquín es generoso, apasionado, leal, antipático y ... envidioso.

De jóvenes, los amigos preferían a Abel y la mayor parte del tiempo Joaquín se quedaba solo. Al llegar a ser hombres, Joaquín se hace médico y Abel artista.

Un día, Joaquín le pide a Abel que pinte el cuadro de su prima y prometida, Helena. Abel accede. Durante las sesiones de pintura, Helena y Abel se enamoran. Ésto hiere profundamente a Joaquín y comienza a ahincarse más el demonio de su odio y envidia de Abel. Abel se enferma de gravedad y Joaquín le cuida y le salva la vida.

Joaquín, cuidando de otro enfermo, llega a conocer a la hija de éste, Antonia, y la hace su mujer aunque no la quiere. Pasa el tiempo. La fama de Abel aumenta pero la de Joaquín no - no recibe la fama que en su opinión merece.

Helena le da un hijo a Abel y Antonia una hija a Joaquín - la envidia aumenta, Abel tiene un hijo y Joaquín no.

La noche de un banquete para presentar otro cuadro pintado por Abel, Joaquín lo elogia, muy a pesar suyo, y hace a Abel aún más famoso. Su odio por Abel lo consume aún más.

El hijo de Abel se hace médico y viene a vivir a la casa de Joaquín. Joaquín, contento de que le puede "quitar" el hijo a Abel, se alegra aún más cuando el hijo de Abel y su hija se casan, viven con él y Antonia y tienen un hijo. El alma torturada de Joaquín va a casa de Abel y le pide a éste que se marche de la ciudad y le deje al nieto para él solo. Abel rehusa hacerlo y Joaquín, en un arrebato, lo mata.

Al final de la novela, Joaquín le pide al nieto que lo perdone y le dice a su esposa, Antonia, que él se hubiera podido salvar si la hubiese querido, pero que nunca la quiso porque no quiso quererla.

UN PRÓLOGO

19 de febrero

_ Bueno, vamos a ver, ¿qué has estado haciendo últimamente? Hace días que no hablamos, o mejor dicho, que no nos comunicamos. _ Pues mire, he estado leyendo y releyendo sus **Tres Novelas Ejemplares y Un Prólogo**. Esta mañana, bastante temprano, terminé de escribir el resumen de **Nada Menos que Todo Un Hombre**. Ayer por la tarde, entre una interrumpción y otra, logré acabar con **Dos Madres** y entre anoche y esta madrugada, **El Marqués de Lumbría**.

_ Vale[1] _ y ahora, ¿qué te pasa?

_ ¿Que qué me pasa? ¿Que qué me pasa? Usted escribió ese prólogo al que se refiere como si quizás fuera una cuarta novela ejemplar llena de veinte mil y una cosas y me pregunta a mí qué me pasa. ¿Qué me pasa? Pues que no logro escribir, que no atino, que tengo ideas que pasan y se repasan en mi mente, que me abarcan y me asaltan multitud de ideas y pensamiento y no me sale nada concreto. ¿Qué son las **Tres Novelas Ejemplares** sin el **Prólogo** o el **Prólogo** sin **Las Tres Novelas Ejemplares**?

_ Procura calmarte un poco y escúchame; _ voy a resolver tu problema. _Como ya has podido observar, todo en la vida tiene un comienzo. El prólogo, si te fijas bien en la palabra, viene de pro que es el comienzo y logo como logía, que no es nada más que el estudio. Tienes enfrente de tí el comienzo, la introducción a nuestros lectores del estudio, la lectura de cada una de mis novelas que son casos de pedazos de vida; ejemplos del alma de algunos de los protagonistas.

---

1   vale: Spanish expression implying acceptance

16

_ El prólogo se analiza fácilmente - de una manera, es otra novela ejemplar porque yo, el narrador, atraigo al lector como el protagonista. Cada lector del prólogo es un nuevo protagonista. Los críticos de mis obras han carecido de la astucia suficiente para darse cuenta de mi intención.

Muchos leen novelas o cuentos porque quieren recrearse o distraerse por un rato, pero no quieren pensar. En mi prólogo, obligo al lector a que piense, a que estudie, a que analize, a que entre dentro del alma de cada uno de los personajes a quien mi pensamiento y pluma han dado vida. Yo, el creador, he creado, he soñado nuevas existencias.

_ Antes de comenzar a leer, el lector debe prepararse, no a distraerse por el hecho de la lectura, pero a someterse a analizar las pasiones que mueven y conmueven a cada uno de los caracteres. ¿Fue acaso Cervantes el que concibió a Don Quijote y a Sancho o fueron éstos los que le dieron la existencia a Cervantes. Pudo ser o existir Shakespeare sin Hamlet, Calderón de la Barca sin Seguismundo o Tirso de Molina sin Don Juan?

_ En las tres novelas ejemplares están todos los ejemplos de mis novelas y en éstas mis casos y las experiencias de cada uno de mis sueños y los hijos e hijas de mis entrañas que son todos yo.

_ Como dije al final del prólogo "Allá van en fin, lectores y lectoras, señores, señoras y señoritas, estas tres novelas ejemplares, que aunque sus agonistas tengan que vivir aislados y desconocidos, yo sé que vivirán. Tan seguro estoy de ésto como de que viviré yo. ¿Cómo? ¿Cuándo? ¿Dónde? ..."[1] Leyendo, metiéndote dentro de cada uno de los protagonistas durante este acto sagrado de la lectura, ahora, aquí mismo, en este momento.

_ "Quedamos pues ... en que el hombre más real ... sólo existe lo que obra - es el que quiere ser o el que no quiere ser, el creador."[2]

_ ¿Recuerdas las posiciones que delineé en la página diecisiete de éste mi prólogo? Vamos a repasarlas a ver si concuerdas con quien se somete a cada una de las tres novelas: **a)** *querer ser;* **b)** *querer no ser;* **c)** *no querer ser;* **d)** *no querer no ser*.

_ ¿Comprendes lo que te estoy proponiendo?

_ Sí, vale.

_ Sé que a usted no le gustan ni los moldes ni las clasificaciones, pero en el ser de siendo o no siendo se pueden categorizar las acciones de los protagonistas.

---

1 Unamuno, Miguel de, **Tres Novelas Ejemplares y Un Prólogo**, Madrid, Espasa-Calpe, 1982, p.12
2 Ibid., p. 16

¿No cree usted que Raquel en **Dos Madres** se revuelve entre **a** y **b**, Juan entre **b** y **c** y Berta entre **a** y **c**? ¿También que Julia Yañez en **Nada Menos Que Todo Un Hombre** se extiende de **a** a **c** y Alejandro Gómez se desenvuelve entre **a** y **c** y que en **El Marqués de Lumbría**, Luisa se identifica con **a**, **b** y **c**; Carolina con **a** y **d** y Tristán con **b** y **c**?

En **DOS MADRES**, Raquel quiere ser madre y no puede porque es estéril; no quiere no ser madre y no permite que se interponga nada en su paso hasta lograr lo que ansía. Juan quiere no ser un miñico pero carece de voluntad propia para ser otra cosa; no quiere ser lo que es pero es incapaz de ser porque ha permitido que Raquel le robe la voluntad, si acaso la tuvo alguna vez. Berta quiere ser la que libre a Juan del yugo de Raquel y al mismo tiempo no quiere ser la que le dé a Raquel la hija de sus entrañas, pero accede, al final, cuando se encuentra sin bienes a la muerte de Juan.

En **NADA MENOS QUE TODO UN HOMBRE**, Julia quiere ser amada por su esposo, querida por sí y no por su belleza; quiere no ser otra posesión más, otra cosa de que su marido es dueño; no quiere ser sólo su mujer pero su amante, el amor de su vida, y muere porque no sabe, siempre duda si la quiere o no la quiere. Alejandro quiere ser lo que cree que es, todo un hombre seguro de sí mismo, capaz de poseer todo y que nada le posea a él; no quiere ser menos que un hombre admitiendo que ama a su mujer, que la adora, que no puede vivir sin ella y que quiere a su hijo. No quiere ser débil y al final se mata porque su flaqueza fue amar a su mujer y no poder vivir sin ella.

Luisa, en **EL MARQUÉS DE LUMBRÍA**, quiere ser la esposa de Tristán, al principio; quiere no ser la que se case con éste para evitar el escándalo de la familia que Tristán le había faltado a su hermana, pero no puede hacer otra cosa ya que está obligada a acceder a los deseos de su padre. Ella no quiere ser la mujer desencantada y sin ilusiones, ya muertas, debido a lo sucedido entre su hermana y el ahora su marido. Carolina quiere ser la que se case con Tristán, el prometido de su hermana, y lo seduce. También quiere ser la madre del próximo marqués y en no queriendo no ser destruye la familia porque no quiere no ser la mujer de Tristán y la madre del marqués. Tristán quiere no ser un hombre débil, pero se deja seducir por Carolina, mandar por el viejo marqués y hacer la voluntad de Carolina después de la muerte de Luisa. Se espanta de lo que hace, pero lo hace de todas maneras. Por la misma razón que quiere no ser lo que es, también no quiere ser como es.

DOS MADRES

En **DOS MADRES** también tenemos a la mujer como protagonista. En este caso, Raquel, la viuda estéril y amante de Juan, el miñico que ha perdido su voluntad y se pliega a la voluntad de Raquel que quiere ser madre, usurpando al hijo del vientre de otra, obliga a Juan a casarse con Berta Lapeira para que, sembrando su semilla en Berta, después del matrimonio, le dé un hijo a ésta.

Berta acepta a Juan como marido porque cree salvarlo de las garras de Raquel. Los padres de Berta aceptan el matrimonio y la explicación de Juan que dejará a su mujer como heredera de sus bienes cuando muera (nadie sabe que todos sus bienes están a nombre de Raquel).

Juan, el zángano miñico, acepta la voluntad de Raquel y cada día que pasa se encuentra más atormentado entre las dos mujeres que lo tienen encadenado.

Le nace una hija a Berta. Raquel le quita la hija después de ponerle su propio nombre - Quelina.

El lector se entera de que Raquel, por medio de ciertas maniobras que no llegan a conocerse, ha desposeído a la familia Lapeira de todos sus bienes. Juan, destruído completamente, muere o se suicida. Raquel le ofrece a Berta y a sus padres mantenerlos con tal que ella pueda quedarse con Quelina como hija suya y añade que Berta puede quedarse con el hijo que ahora lleva en su vientre.

Tanto Berta como su familia no tienen más remedio que acceder a las demandas de Raquel para evitar quedarse en la calle sin nada.

EL MARQUÉS DE LUMBRÍA

El Marqués de Lumbría, Don Rodrigo Suárez de Tejada, vivía en una casona solariega en la ciudad de Lorenza con sus dos hijas y su segunda esposa.

Carolina y Luisa, las dos hijas del marqués, siempre están peleando. Carolina, la mayor, le sigue en todo al marqués. Luisa, la menor, un poco más rebelde, gusta de sembrar flores en tiestos, ponerlas en el balcón de su cuarto que da a la calle y regarlas. Un día, al regarlas, le riega el sombrero a Tristán, que pasaba bajo su balcón en ese momento.

Luisa entabla una conversación con Tristán, y éste queda prendido de ella. El marqués, cuando se entera de lo sucedido, hace que se invite a Tristán a la casa. El cortejo de Luisa comienza. No se permite que Luisa vea a Tristán sola, siempre con la madrastra y Carolina presentes. A veces Carolina se encuentra sola con Tristán para explicarle los deberes del que se case con su hermana.

Un día, de repente, el marqués manda a Carolina fuera de Lorenza a recuperarse de una enfermedad. Luisa y Tristán contraen matrimonio. Antes de marcharse Carolina existía una lucha sorda entre las dos hermanas.

Luisa y Tristán tienen un hijo a quien el viejo Marqués de Lumbría, poco antes de morir, lo declara su heredero y lo nombra el nuevo Marqués de Lumbría.

Luisa muere y Carolina regresa como ama y señora de la casona y de Tristán. Carolina, llena de odio hacia su padre, cambia todo de como existía antes en la casona; doblega a Tristán a su voluntad y le infunde terror a su sobrino que la detesta.

Tristán y Carolina tienen una hija que muere pocos días después de nacer.

Carolina se va de la casa por unos días y regresa con otro niño, un poco mayor que el hijo de Luisa. La habladuría de la gente del pueblo continúa acerca de la gente que vive en la casona y el niño "adoptado".

Después de una pelea entre el hijo de Luisa y el otro niño que Carolina había traído a la casa, éste sale con la nariz sangrando. Carolina, llena de ira, anuncia que el niño es su verdadero hijo, el hijo de su pecado, ya que ella había seducido a Tristán cuando éste pretendía a su hermana.

Carolina encierra al hijo de Luisa en un colegio y obliga a Tristán a reconocer a su hijo como al legítimo Marqués de Lumbría, anunciándolo al mundo entero. Carolina también manda quitar el escudo de piedra de la puerta del frente de la casona, y en su lugar hace colocar otro de bronce con un rubí rojo. El rubí, al brillar con los rayos del sol, anunciaría a todos el pecado. Tristán, otro miñico torturado, aunque torturado por las acciones de su mujer, Carolina, accede a todo lo que ella desea y así, ella logra su venganza contra el padre que la mandó fuera de su casa después de seducir al pretendiente de su hermana.

NADA MENOS QUE TODO UN HOMBRE

Alejandro Gómez y Julia Yañez son los trágicos protagonistas de esta novela ejemplar. Descontando el ejemplo de ésta, es otro caso que pudo haber sido arrancado de la vida real. He aquí su historia:

Don Victoriano Yañez, el padre de Julia, era un agente de negocios a quien éstos le iban de mal en peor.

Abrumado por deudas y la posibilidad de verse en el presidio, fija su última esperanza de salvarse en su hija, Julia, la belleza de Renada. Victorino se opone a que Julia tenga novio a menos que sea un hombre de bienes que le pueda pagar lo que él debe a sus acreedores.

Julia hace todo lo posible por llevarle la contraria a su padre porque no quiere que él la venda. Busca novio, pero aunque más de uno se le presenta y se prende de su belleza, no logra escaparse de la casa de su padre.

Llega a Renada un hombre adinerado que había amasado su fortuna en Cuba y en Méjico - Alejandro Gómez. Al oír los rumores de la belleza de Julia, decide conocerla. Cuando la ve, después de pagar todas las deudas del padre, decide hacerla su esposa.

Julia, aunque con un poco de miedo, se enamora locamente de su marido. Cree que él también la quiere, pero Alejandro nunca se lo deja saber.

Todo lo que Alejandro quiere lo consigue y todo lo que se propone hacer lo hace. Está segurisísimo de sí mismo y "¿por qué no había de ser si era todo un hombre?"

Julia, que se encuentra cada día más enamorada de su marido, trata de darle celos con un miñico, el condesito de Bordaviella. Alejandro no acepta que Julia pueda faltarle porque está muy seguro de sí mismo - su mujer es incapaz de faltarle a él. Encierra a Julia en un manicomio para que se deje de sus tonterías y la deja ahí hasta que ella confiesa que nunca le había faltado a su marido.

Julia regresa a su casa y su salud comienza a decaer. Continúa más enamorada que nunca de Alejandro y continúa preguntándose _"¿me quiere o no me quiere?" Alejandro se vuelve casi loco pensando que va a perder a su mujer y le confiesa a Julia que la ama y que él es su hombre.

Julia muere y Alejandro se suicida porque no quiere vivir sin ella. Sin Julia, Alejandro es menos que todo un hombre.

LA TÍA TULA

La Tía Tula, al igual que la obrera del reino de las abejas, que estudia con tanto cuidado, clasifica su vida y la de los demás a su alrededor como la de los insectos que constituyen la colmena que terminan dándonos el panal de miel -¿o es hiel?

Al comienzo de la novela nos encontramos con Gertrudis y Rosa, dos hermanas, huérfanas de padre y madre que crecen en la casa de su tío Don Primitivo, un sacerdote. Un día que salen solas ven a Ramiro y Rosa le cuenta a Gertrudis que está interesada en él. Ramiro está interesado en Rosa hasta que conoce a Gertrudis. Gertrudis, que siente cierta atracción por Ramiro, habla con éste después que Rosa le confiesa que le ha encontrado muy distraído desde que se hicieron novios. Gertrudis obliga a Ramiro a casarse con su hermana. Después del matrimonio, Gertrudis insiste en que Rosa y Ramiro deben de tener hijos.

A pesar del parto dificilísimo de Rosa, Gertrudis, ahora la Tía Tula, continúa imponiendo su voluntad sobre la vida de su hermana y la de Ramiro insistiendo que el deber del matrimonio es de tener hijos. Les otorga a cada uno el papel que deben de desempeñar: el de Rosa, concebir y tener hijos sin ocuparse de otra cosa - la reina de la colmena; el de Ramiro, de zángano, el de sembrar su semilla y crear más hijos. Como hombre y zángano, al fin, es para lo único que sirve, es el papel que tiene que desempeñar. Los hijos son para la obrera, la Tía Tula, su deber como "santa abnegada" es criar a los hijos, ella será la madre pura y virginal.

Al morir Rosa, poco después de dar a luz a su hija Elvira, la Tía Tula se convierte en madre. Los hijos que concibieron su hermana y Ramiro son sus hijos - ella es su madre. Antes de morir, Rosa le pide a su hermana que se case con Ramiro porque no quiere que sus hijos tengan madrastra. Tula promete que no tendrán madrastra y le impone su deseo a Ramiro.

Ramiro le dice a Tula que sabe que ella llevaba relaciones con su primo Ricardo y que había roto su compromiso con él. Le sugiere que deben casarse y Tula le pide un año de plazo antes de ella darle su decisión. Durante este tiempo, Ramiro no debe de hacer nada que pueda alterar la paz familiar de los hijos que ya tienen madre y padre. Ramiro trata de mantenerse al regimen impuesto por Tula, pero sucumbe a sus deseos con la criada que ha venido de un hospicio.

Al enterarse Tula de los acontecimientos y que la criada, Manuela la hospiciana, está encinta, obliga a Ramiro a casarse con Manuela a pesar de que ninguno de los dos quieren hacerlo. Ramiro se casa de nuevo y la segunda esposa, mujer débil, muere después de su segundo parto. Ramiro se enferma de gravedad poco antes de morir su segunda esposa y le confiesa a Tula lo que ella ya sabe - que él hubiera querido casarse con Tula pero que se había casado dos veces obligado por ella, como zángano que era. En este momento y durante otras confesiones con el padre Álvarez, su confesor aunque no su director espiritual, Tula admite aunque sin admitir completamente, que ella hubiera aceptado a Ramiro, desde el principio, si él se hubiera fijado primero en ella y no en su hermana. Su orgullo se interpuso y dedicó toda su vida, como Santa Teresa, a ser una santa, aunque pecadora en pensamiento por los sentimientos que esconde en su pecho, y es una madre virgen. Dedicó su vida entera a criar a "sus hijos" en un ambiente puro - con una pureza religiosa y antiséptica.

En **LA TÍA TULA**, al igual que en **DOS MADRES**, Don Miguel testifica que la mujer ve al hombre como a un zángano, un zángano que sólo sirve para procrear, para crear hijos solamente y la mujer ... la mujer no le permite que desempeñe otro papel. El zángano siempre zángano se queda.

SAN MANUEL BUENO, MÁRTIR

Angela Carballino escribe un relato de los recuerdos que lleva grabados en su memoria acerca de su padre, su madre, su hermano Lázaro, su San Manuel y también su San Blasillo.

Don Miguel la convierte en narradora, escribiendo sus memorias de los recuerdos de aquellos seres que participaron en su vida y el gran efecto que en ella tuvieron.

A la edad de cincuenta y tantos años, Angela da vuelta atrás a su niñez y nos narra como comenzó su vida y las influencias que ejercieron sobre ella aquellos que ayudaron a formar su caracter.

Angela comienza a relatar sus memorias dándonos el nombre del lugar de su nacimiento - Valverde de Lucerna. Su padre, un forastero (ya que no era oriundo[1] de la aldea) había muerto cuando ella aún era muy niña. Su madre había pasado toda su vida en la misma aldea. Su hermano, Lázaro, se había marchado al Nuevo Mundo a buscar su fortuna.

---

1   oriundo: native of the area

Después de pasarse cinco años en el Colegio de Religiosas de Renada, regresa a su pueblo, contenta de dejar la ciudad. Cuando estaba en el colegio todos la envidiaban porque venía de la misma aldea que el párroco Don Manuel - la fama de éste había llegado a muchas partes de la región. Todos le pedían que les hablara de él.

Don Manuel, que así se llamaba el párroco de Valverde de Lucerna, era un santo. Todos en la aldea lo adoraban, sobre todo los niños. Nunca predicaba sermones criticando a pecadores sus pecados, ayudaba a la gente de la aldea en sus labores con sus propios brazos, cuidó de su hermana y los hijos de ésta cuando ella se quedó viuda; en el confesionario, ninguno de los feligreses se atrevía a mentir. Se sacrificaba por todos y por todo.

Un día llegó Lázaro, el hermano de Angela, a la aldea. Lázaro vuelve del Nuevo Mundo rico e incrédulo. Don Manuel trata de convertirlo a la fe y falla. Lázaro ataca la fe de la cual Don Manuel trata de persuadirlo y se convierte en el antagonista. En la lucha de creencia que se entabla entre los dos se revela la verdad, la agonía de Don Manuel - él duda - quiere creer como sus feligreses, ciegamente, y no puede, duda y duda y agoniza porque duda.

Cuando Don Manuel confiesa su duda a Lázaro, lo convierte, no creyendo, pero aceptando como son los creyentes de la aldea y continúa guiándolos como Don Manuel.

Lázaro le cuenta a Angela la agonía del pobre Don Manuel. Un día, cuando ella va a confesarse, le pregunta acerca de la fe y éste, agonizando grita **"Ay Dios Mío, ¿por qué me Has abandonado?"** Éste es el mismo grito que el tonto del pueblo, Blasillo, siempre repetía. El tonto del pueblo conocía el secreto del cura que por su vida abnegada y por su ejemplo hizo que todos en la aldea creyeran cuando él no podía creer. Se le hizo santo al incrédulo, y Lázaro continuó la labor comenzada por el cura después de la muerte de éste.

¡Pobre San Manuel!

LA NOVELA DE DON SANDALIO, JUGADOR DE AJEDREZ

Este relato se lleva a cabo por medio de cartas escritas a un tal Felipe. El protagonista, un personaje desconocido, relata sus impresiones al llegar a un pueblo de la costa. Había llegado allí, según él, para descansar, huir de la sociedad y sus tonterías y hacer vida solitaria.

A los diez días, la soledad que tanto anhelaba se le hace insoportable y comienza a buscar el trato de alguien. Con este propósito, se va al Casino y se entretiene tratando de hacerse una idea de la vida y los pensamientos de los jugadores.

Al principio se encuentra atraído por Don Sandalio. No llega a acertar nada acerca de la vida de este hombre y decide que prefiere imaginársela.

Todo este relato se reduce a lo que el protagonista imagina ser Don Sandalio. Un día, Don Sandalio no aparece a su partida habitual y nuestro imaginador se desespera por saber por qué aunque no le pregunta a nadie. Después se entera que a Don Sandalio se le ha muerto un hijo. Poco después Don Sandalio continúa jugando partidas sin aludir a lo pasado.

Otra vez Don Sandalio desaparece para no volver a regresar. Nos enteramos, por medio del protagonista, que está en la cárcel y que luego muere. Nunca sabemos ni por qué ni cómo.

Un día llega el yerno de Don Sandalio a visitar al protagonista desconocido para darle las gracias por lo bien que se había portado con su suegro y contarle lo que le había pasado al amigo ausente. El protagonista se niega a escucharlo porque no quiere cambiar a su Don Sandalio tal como se lo había imaginado.

En el epílogo, Don Miguel intima que Don Sandalio no era otro más que el mismo autor de las cartas, y más aún, que pudo haber sido el mismo Don Felipe, a quien iban dirigidas.

UN POBRE HOMBRE RICO, O EL SENTIMIENTO CÓMICO DE LA VIDA

Emeterio, el ridículo protagonista de esta historia, ahorra y ahorra su dinero en el mismo banco donde trabaja. Vive en una casa de huéspedes donde la hija de la dueña, Rosita, hace todo lo posible por pescarlo como marido[1] a insistencia de su madre.

---

1 pescarlo como marido: to make him her husband.

Emeterio, considerado un buen partido por Doña Tomasa, la madre de Rosita, y luego por Rosita, debido a la pequeña fortuna que va amasando, se siente atraído por la joven.

Emeterio le habla de todo esto a un amigo y decide que no quiere casarse. Después de unas vacaciones, regresa y cambia de casa de huéspedes. No está contento con nada y piensa que hizo mal en no casarse con Rosita.

Un día se encuentra con Rosita, encinta ahora, del brazo de su marido, Martínez, aspirante a catedrático.

Pasan los años y Emeterio, sin familia, continúa lamentándose de no haberse casado con Rosita. Un buen día se encuentra con una joven en la calle que le recuerda a Rosita. La sigue para saber donde vive. Al llegar a la casa se encuentra con Rosita, una mujer ya madura como él, y pide casarse con su hija que era la joven que él seguía. Clotilde, la hija de Rosita, no quiere hacerlo porque tiene novio y para ella Emeterio es viejo aunque tenga dinero.

Al fin y al cabo Emeterio se casa con Rosita y Clotilde con su novio en una doble ceremonia. Los cuatro viven juntos, mantenidos por Emeterio, y llegan a ser cinco cuando Clotilde da a luz un hijo, el nietrasto de Emeterio. Éste es un relato irónico. El que no gustaba de gastar, evitó casarse para no gastar, termina gastando mucho más manteniendo a cuatro.

UNA HISTORIA DE AMOR

UNA HISTORIA DE AMOR se trata del noviazgo de Ricardo y Liduvina. Estos novios, después de llevar cinco años de relaciones, comienzan a aburrirse el uno con la otra. Para resolver el tedio de su existencia y determinar si vale la pena[1] seguir con las relaciones o romperlas definitivamente, sin parecer faltar a la palabra dada, a Ricardo se le ocurre proponerle la fuga a Liduvina.

Al principio Liduvina se hace a la desentendida, pero al pasar los días es ella la que propone la fuga. Después de fugarse y pasarse la noche juntos, los dos quedan desencantados. Le dan fin al noviazgo. Liduvina se va a vivir con una tía y Ricardo regresa a su casa.

---

1 valer la pena: to be worthwhile

Ricardo se hace cura y se convierte en un orador de gran renombre. Debido a su oratoria que conmueve a todos los que lo escuchan, aunque con cierta frialdad, casi llega a ser obispo. A pesar de lo que él cree ser llamada religiosa, se reconoce como egoísta por comportarse como se había comportado con Liduvina.

Liduvina, que para este tiempo, ya se había hecho monja, se encuentra en el mismo convento adónde Ricardo ha venido a predicar un sermón.

Por primera vez, en su larga carrera de orador, vacila al principio de su sermón y comienza a humanizarse. Habla del amor de Dios y del amor encarnado, recuerda a Liduvina y lo egoísta que fue con ella. Le pide perdón sin saber que ella lo está escuchando. Los dos, al igual que el resto de los oyentes rompen en sollozos[2].

Ricardo, al encontrarse y analizarse a sí mismo, encuentra a Liduvina. Ricardo le pide perdón y Liduvina lo perdona.

*   *   *

---

2 romper en sollozos: to burst into tears

APUNTES SOBRE LA NOVELA

_ Eres incapaz de hacerte una idea de lo harto que estaba de oír criticar mis novelas. Aquellos llamados críticos, ¿sabes cómo caracterizaban mis novelas? Decían que eran esquemáticas, que carecían de descripciones; ¡qué tontería más grande! Ni siquiera se daban cuenta de que no se necesita la descripción para llegar al tuétano de los protagonistas y al argumento de cada una de mis novelas - la lucha por vivir, por engendrarse cada uno de mis hijos, mis sueños con existencia propia, ¡ésa es la novela!

_ Estoy seguro que ya habrás leído por ahí que se me considera como el padre de la novela española contemporánea, la que carece de tantas descripciones y se dota más de realismo - de novela entre novela como mi **NIEBLA** o de cuento dentro de cuento como otras tantas que se ven por ahí hoy día.

_ Y, ¿cómo se hace una novela? Como un resumen de todo lo que has leído, anotado, investigado - simplemente, soñando. Se sueña un individuo, una situación, se crea un protagonista, surgen los conflictos; algunos llegan a conocerse un poco, otros no saben ni quienes son. Casi nunca se resuelve nada porque todo en la vida continúa, no tiene final, se llena de misterio. Lo único que termina es la muerte, sí, la muerte, que es el final de todo - el creador y el soñador, no la creación y el sueño o los soñados. ¡Ésa es la novela - **MI NOVELA!**

LA AGONÍA - LOS AGONIZANTES

_ En muchas de las críticas que he leído acerca de los protagonistas de sus novelas, sus nívolas y novelas cortas, encuentro justificación de esas críticas, después de leer cada una de ellas. La conclusión de los críticos (aunque ya sé su opinion de ellos), es que cada uno de los protagonistas son seres agonizantes - ¿por qué cada uno de ellos sufre tal agonía?

_ El vivir es pura agonía - cada uno de mis protagonistas es un caso representativo de agonía personal; mi Augusto Pérez en **NIEBLA**, mi "homúnculo" es un ser ocioso que disfruta de muchos dones materiales pero carece de sustancia, es, quiere decir que existe porque lo creé. Le dí vida, lucha por ser, pero es incapaz de ser porque yo, su creador, en el momento que él trata de escapárseme de las manos, que comienza a dejar de ser títere, y se empeña en romper los vínculos[1] de mi manipulación como creador absoluto - determiné acabar con él para mantener mi posición - le dí vida en mi imaginación, se la quité porque pude y porque quería hacerlo, porque me dió la "real gana"[2] hacerlo. Él, Augusto, quiso llegar a ser, y ¿por qué él cuando yo no era?

_ La agonía de mi Joaquín Monegro es el demonio de su envidia por Abel Sánchez - él es, en esencia, todo lo que un verdadero hombre de "carne y hueso"[3] debe de ser, pero la realidad de su existencia no le permite serlo. Su envidia, que se convierte en odio, le lleva a destruir todo aquello que pudo redimirlo - su agonía - quiere ser como el Abel que detesta y detesta todo lo que Abel es; está conciente de que el amor de Antonia, su esposa, pudo salvar su alma, pero rehusa redimirse porque se niega a quererla; pudo amarla, pero no quiso.

_ La agonía más dolorosa es la de mi San Manuel Bueno, el mártir. Agoniza porque no puede creer en esa fe ciega que inspira en sus propios feligreses - la salvación del alma. Duda, su duda es constante y encarnizada; no solamente se niega a sí mismo, pero a veces llega a dudar de quien es en realidad.

Juan en **DOS MADRES**, Tristán en **EL MARQUÉS DE LUMBRÍA**, Alejandro en **NADA MENOS QUE TODO UN HOMBRE** y Ramiro en **LA TÍA TULA** también son seres agonizantes y retorcidos[4]. Juan y Tristán porque son seres nulos, miñicos que se doblegan a la voluntad de las mujeres que los dominan y actúan con cierta repugnancia por sus acciones pero son incapaces de rebelarse y desprenderse de sus respectivos yugos.

Alejandro sufre la agonía de querer demostrar ser todo un hombre. Ama a su mujer, Julia, pero no puede decírselo porque para él sería admitir que era menos que todo un hombre. Al confesar sus más hondos sentimientos - que no puede vivir sin Julia, se suicida - menos que todo un hombre.

Ramiro, el zángano según Tula, agoniza porque quiere a Tula. Nunca logra lo que ansía pero lo que la Tía Tula ordena - que se case con Rosa y a tener hijos, y más tarde con la criada ya que por su culpa está encinta.[5]

---

1 vínculos: strings
2 real gana: because I felt like it
3 carne y hueso: flesh and blood
4 retorcidos: twisted
5 encinta: pregnant

Julia, la mujer de Alejandro Gómez se consume y muere porque se desespera por saber si su marido la quiere o no la quiere.

La Tía Tula, abnegada agonizante, es más, es un ser retorcido. Se dedica a la crianza de los hijos de su hermana y a los de la criada Manuela, hundiendo sus propios sentimientos en el fondo de su corazón. Se martiriza porque Ramiro, el hombre que en realidad quiere, se fijó en su hermana Rosa antes que en ella. Se niega a sí misma, doblegando a su voluntad a Ramiro. La Tía Tula hace de éste el zángano que ella desprecia. Para Tula todos los hombres son zánganos. La Tía Tula, ¿santa? No, ¡pecadora!

Quizás la agonizante más retorcida es Raquel, la viuda estéril de **DOS MADRES**. Su agonía es querer tener una hija y no poder ser madre. Destruye a todos en su paso con tal de tener la hija que tanto anhela. Obliga a su amante a casarse con otra mujer para que tenga un hijo. Al nacer la hija de la unión entre Juan y Berta, Raquel se roba a la niña. Juan muere o se suicida.

_ Espero que notes que la mayoría de mis agonizantes son hombres. Como has podido observar, ustedes las mujeres son mucho más fuertes y dominantes también.

*   *   *

LOS ENSAYOS

DEL SENTIMIENTO TRÁGICO DE LA VIDA
En los Hombres y en los Pueblos

9 de marzo

_ Buenos días, hace rato que te estoy esperando para comenzar los ensayos y hoy te has dignado levantarte más tarde que nunca. Aunque creas que ya has terminado las novelas, no es razón suficiente para sentarte y admirar lo que has hecho. Debes de darte cuenta de que solamente has comenzado y te falta mucho para terminar lo que dijiste que ibas a hacer.

_Usted no tiene razón para enfadarse, quiero que sepa que he estado leyendo los ensayos y además he anotado varias cosas para preguntarle. ¿No cree usted que sería mejor escoger tres ensayos que son representativos ... que tratan de la inmortalidad?

_Vale, vamos a comenzar con mi colección de ensayos **DEL SENTIMIENTO TRÁGICO DE LA VIDA En los Hombres y en los Pueblos**. Esta obra se compone de una colección de once ensayos relacionados unos a otros, o doce, si cuentas entre ellos la conclusión. El primero de estos ensayos es **El Hombre de Carne y Hueso** - "el que nace, sufre y muere - sobre todo muere - el que come y bebe y juega y duerme y piensa y quiere, el hombre que se ve y a quien se oye, el hermano, el verdadero hermano."[1]

El hombre de carne y hueso que no quiere morir, busca y anhela la inmortalidad, esa inmortalidad que se le ofrece por medio de la fe, pero es una fe irracional, cuando a esta fe se le aplica la razón, por medio de la lógica, el hombre de carne y hueso se desespera y busca su conciencia, la conciencia de su inmortalidad.

El Punto de Partida es el segundo ensayo de esta colección. "El instinto de conservación, el hambre, es el fundamento del individuo humano; el instinto de perpetuación, amor en su forma más rudimentaria y fisiológica, es el fundamento de la sociedad humana."[2] La realidad objetiva del amor es la perpetuación del hombre. Al nacer, el hombre continúa perpetuándose por medio del conocimiento y de sus acciones. Aumenta sus conocimientos con el estudio de la filosofía

---

1   Unamuno, Miguel de, **Obras Selectas**, Editorial Biblioteca Nueva, Madrid, 1977, p. 261
2   Ibid., p. 267.

tratando de desenmarañar y buscar la eterna verdad absoluta. "¿Por qué quiero saber de dónde vengo y adónde voy, de dónde viene y adónde va todo lo que me rodea, y qué significa todo ésto?" "Porque no quiero morirme del todo, y quiero saber si he de morirme o no definitivamente. Y si no muero, ¿qué será de mí?; y si muero, ya nada tiene sentido. Y hay tres soluciones: **a)** o sé que me muero del todo, y entonces la desesperación irremediable, o **b)** sé que no muero del todo y entonces la resignación, o **c)** no puedo saber ni una cosa ni otra, y entonces la resignación en la desesperación, o ésta en aquella, ... y la lucha."[1] Y de aquí la duda. "Cuando las dudas nos invaden y nublan la fe en la inmortalidad del alma, cobra brío y doloroso empuje el ansia de perpetuar el nombre y la fama, de alcanzar una sombra de inmortalidad siquiera ... Esa sed de vida eterna apáganla muchos, los sencillos sobre todo, en la fuente de la fe religiosa, pero no a todos es dado beber de ella."[2]

Así damos fin al tercer ensayo, **El Hambre de Inmortalidad**, que también nos lleva al comienzo del cuarto. **La Esencia del Catolicismo** nació como "... La fe cristiana nació de la fe de que Jesús no permaneció muerto; sino que Dios lo resucitó y que esta resurección era un hecho; pero eso no suponía una mera inmortalidad del alma..."[3]

La fe cristiana también tiene su base en la fe judaica y la fe helénica. Los judíos tanto como los griegos "llegaron al verdadero descubrimiento de la muerte, que es el que hace entrar a los pueblos como a los hombres, en la pubertad espiritual, la del sentimiento trágico de la vida, que es cuando engendra la humanidad al Dios vivo."[4]

Y de este descubrimiento que proviene "El verdadero pecado ... el pecado de herejía, el de pensar por cuenta propia ... no obedecer a la iglesia, cuya infabilidad nos defiende de la razón ... La solución católica de nuestro problema, de nuestro único problema vital, del problema de la inmortalidad y salvación eterna del alma individual, satisface a la voluntad, y, por tanto, a la vida; pero al querer racionarla con la teología dogmática no satisface a la razón."[5]

De aquí pasamos a **La Disolución Racional**, cuando se tiene inteligencia y comenzamos a examinar racionalmente, el dogma de la fe que se suscribe a la inmortalidad del alma, esta fe se disuelve en la razón.

El pensamiento, herido con la razón, nos coloca **En el Fondo del Abismo**, el sexto ensayo, en que la voluntad se impone a la razón. Creer con una fe libre de

---

1 Op. cit., pp. 283-4.
2 Op. cit., pp. 297 y 300.
3 Op. cit., p. 302
4 Op. cit., p. 303.
5 Op. cit., pp. 310-15

incertidumbre, nos libra de la razón, y la razón, la verdad de una existencia lógica, nos lleva a la duda, la incertidumbre - el fondo del abismo.

El séptimo ensayo, **Amor, Dolor, Compasión y Personalidad**, establece, al principio, los dos tipos de amor, el carnal y el espiritual. En el amor físico, el amante busca la compasión, y, cuando ese amor se vuelve compasivo, se convierte en amor espiritual. De la compasión, que resulta en amar todo lo que nos es semejante, nos personalizamos. "Porque el amor personaliza todo cuanto ama, todo cuanto compadece."[1] Y si el amor nos lleva a la compasión, y ésta establece la personalidad, ¿dónde cabe el dolor y qué es la conciencia? "El dolor es el camino de la conciencia y es por él como los seres vivos llegan a tener conciencia de sí... El más acerbo dolor entre los hombres es el de aspirar mucho y no poder nada ... lo único sustancial es la conciencia. Y necesitamos a Dios para salvar la conciencia ..."[2]

De Dios a Dios nos lleva a la mitología de los dioses que eran inmortales porque no conocían la muerte, hasta el Dios único, divino y colectivo, no individual. A este Dios indefinible se llega por medio del amor y del sufrimiento, pero no por medio de la razón, la razón niega a Dios. Cuando dejamos de racionalizar, creemos en Dios porque tenemos hambre de Él. La creencia suple la necesidad de creer en un Ser Supremo que niega la razón y se convierte en la fe. "Creer en Dios es anhelar que le haya y es además conducirse como si le hubiera; es vivir de ese anhelo y hacer de él nuestro íntimo resorte de acción. De este anhelo o hambre de divinidad surge la esperanza; de ésta, la fe, y de la fe y la esperanza, la caridad; de ese anhelo arrancan los sentimientos de belleza, de finalidad, de bondad."[3]

De Dios a Dios, llegamos al ensayo sobre **Fe, Esperanza y Caridad**, el noveno ensayo. La fe es un acto de confianza. "La fe nos hace vivir - mostrándonos que la vida, aunque dependa de la razón, tiene en otra parte su manantial y su fuerza, en algo sobrenatural y maravilloso ... La fe es, ... flor de la voluntad, y su oficio, crear." [4]

La fe religiosa se cree contra la razón, es irracional, y cuando se desespera buscando la fe, se llega a la esperanza. "Lo que es racional, es contrarracional. Y así es la esperanza ... Y si es la fe la sustancia de la esperanza, ésta es a su vez la forma de la fe ... La esperanza en la acción es la caridad, así como la belleza en acción es el bien ... La raíz de la caridad que eterniza cuanto ama y nos saca la

---

1 Op. cit., pp. 354-68
2 Op. cit., pp. 354-6
3 Op. cit., p. 388
4 Op. cit., p. 393.

belleza en ello, oculta, dándonos el bien, es el amor a Dios ..."[1] Hay que creer en la fe a pesar de la razón.

"El sentimiento de la divinidad y de Dios, y la fe, la esperanza y la caridad en él fundadas, fundan a su vez la religión."[2] He aquí como da comienzo el décimo ensayo **Religión, Mitología de Ultratumba y Apocatastasis**. La religión se refiere a una unión íntima y personalizada del creyente en la fe con Dios. La mitología recuerda a los dioses de antaño y la búsqueda, en contra de la razón por la vida eterna que llegue a ofrecer la alternativa a la muerte, la inmortalidad. En la Mitología de Ultratumba, la creencia de antaño o el deseo de saber que pasa cuando dejamos de vivir, cuando nuestro cuerpo muere, la fe y la religión nos funden con el miedo de las penas del infierno para tratar de hacer de cada uno un ser ejemplar con ansia de la vida eterna que se nos negara si no creemos que hay otra vida en el más allá, por medio de Dios. Esta fe ciega, que Dios llegue a ser todo en todos, supone que no lo era antes, se completa, se acaba de ser Dios - la apocatastasis.

En **El Problema Práctico** llegamos a la conclusión que se piensa una cosa con el corazón y otra con la cabeza. El fin del hombre es la eterna felicidad.

La conclusión de estos ensayos, bajo el título de **Don Quijote en la Tragicomedia Europea Contemporánea**, nos trae a la razón por la existencia de Don Quijote. Un Don Quijote vivo, separado de su creador, Cervantes. Cervantes creó a Don Quijote, y éste se hizo inmortal poniéndose en ridículo. Don Miguel nos dice que nuestro Don Quijote no era idealista, que no peleaba por ideas, pero sí por el espíritu, quiso ser inmortal y se inmortalizó poniéndose en ridículo para preservar, más que la ilusión de una vida, la esencia de un "hombre de carne y hueso", que vivió, amó, sufrió y murió, como Jesús, por nuestro bien. Don Quijote nos abrió el paso para descubrir, por nuestra cuenta, el camino a una vida mejor, una vida eterna e inmortal.

_ Ya que has terminado esta colección de ensayos, estoy seguro de que has podido darte cuenta de que lo que yo traté de hacer fue demostrar, que a pesar de la incompatibilidad de la fe y la razón, todos debemos de vivir de acuerdo con valores éticos basados en la religión, a pesar de su invalidez. Como mi héroe, y sé que es el tuyo también, Don Quijote, traté de sacudir a mis compatriotas de la "abulia" espiritual en que se encontraban.

_ Como españoles, nos dedicamos al culto del individuo, pero traté de establecer la distinción que existe entre el individuo y la personalidad, y lo necesario que es cultivar los dos al mismo tiempo.

---

1   Op. cit., pp. 397-401
2   Op. cit., p. 409

_ Muchos que han leído y continuarán leyendo los ensayos, dicen que están llenos de contradicciones - pero éstos pierden el sentido de lo que se ha escrito, de las ideas, _ es todo un examen de conciencia, se va y viene entre una cosa y otra - ya sea para encontrarse o para perderse del todo. Además, en varias partes de los ensayos, he dicho que había cambiado de una cosa a otra. Quien se aferra a una idea o filosofía y se niega a examinar otras, o siempre mantiene la misma opinión, a pesar de pruebas que se le presentan, ésa, es una persona como nuestro Sancho Panza al principio de Don Quijote, a quien Cervantes describe como a un hombre de "poca inteligencia".

_ Todos estos ensayos son rigurosamente personales - están llenos de citas de muchos que por los años y los siglos también se vieron confrontados por sus dudas entre la fe y la razón - todos seres muy personales como yo, en busca de, no, en busca no, con ansia de inmortalidad ... y ¿cómo lograrlo? ¿por medio del Dios que nos crea o por medio de lo que nosotros creamos?

EN TORNO AL CASTICISMO

EN TORNO AL CASTICISMO, en torno a la pureza, es otra colección de cinco ensayos - **La Tradición Eterna**; **La Casta Histórica, Castilla, El Espíritu Castellano, De Mística y Humanismo** y **Sobre el Marasmo Actual de España** en que Don Miguel exorta a sus compatriotas a abandonar el aislamiento cultural e ideológico de España del resto de Europa. Exorta a los castizos a que permitan el influjo de nuevas ideas del resto del mundo. Se impacienta con los obstáculos que encuentra en el espíritu castellano en aceptar ideas nuevas que no sean ideas típicas españolas o de españoles. Trata de despertar a los castizos de su abulia intelectual y devolverlos a la universalidad de Cervantes.

Según Don Miguel, el alma castellana disfrutó de grandeza cuando se fue a los cuatro vientos en busca de aventuras y a conquistar nuevos mundos. Convierte el culto del individualismo estableciendo la distinción entre el individuo y la personalidad.

Si los castizos, los españoles todos, no sólo los que habitan la provincia de Castilla, se tornan al casticismo, el espíritu que logró universalizar a Cervantes, reteniendo la fe y reconociendo la grandeza de la vieja España, podrán, por este medio, resolver los problemas que los afectan en este mundo moderno. En otras palabras, aprender de las lecciones del pasado para realizar el futuro, dejar de vivir en el pasado.

EN TORNO AL CASTICISMO aboga que los tradicionalistas, satisfechos de vivir con la ilusión de la vieja y rica grandeza de España, se niegan a enfrentar las nuevas oleadas del presente. Obliga y reta a sus compatriotas a dejar de vivir en el pasado glorioso y a escaparse de la pobreza económica y espiritual. Les pide que abandonen el aislamiento en que se encuentran y que se busquen a sí mismos, encontrándose en otros.

LA VIDA
DE
DON QUIJOTE Y SANCHO

_ Me alegro que solamente hayas decidido escoger tres de mis ensayos o series de ensayos más representativos de mi personalidad y pensamiento. Comenzaste con **DEL SENTIMIENTO TRÁGICO DE LA VIDA En los Hombres y en los Pueblos**, seguiste a éstos con un resumen estilo cápsula (porque es bien corto, sabes) de **EN TORNO AL CASTICISMO**, y ahora vas a terminar, no, sería mejor decir que vas a unir, a unificarlos todos con el símbolo del alma española, Don Quijote y Sancho.

LA VIDA DE DON QUIJOTE Y SANCHO es una recreación, con variaciones, de los caracteres inmortales de otro Don Miguel. Éste, Don Miguel de Cervantes y Saavedra le dio vida a dos caracteres de ficción que se han convertido, no en entes de ficción pero en hombres de "carne y hueso".

En este ensayo, Don Quijote sueña con hacerse caballero andante para cobrar nombre y fama y honrar a su patria. Según mi Don Miguel, ésas no fueron las razones verdaderas sino que trató de honrarse primero y a su república después. Trató de buscarse eterno renombre y fama para ser inmortal. Se convirtió en un verdadero hombre de "carne y hueso", un hombre que sufrió, que lloró, que durmió, que comió, que amó, que perdió el juicio por un tiempo y que murió, sobre todo que murió. También lo compara a Jesucristo cuando nos informa que uno tanto como el Otro murió por nuestro bien. Para salvarnos, para mostrarnos que podemos alcanzar esa inmortalidad del alma que tanto anhelamos, que la alcanzamos por medio de lo que obramos - la fama le dio la inmortalidad. Don

Quijote logró lo que se propuso, adquirió eterna fama y renombre, y hoy, todos nos recreamos en su inmortalidad. Tanto Don Quijote como Sancho representan lo eterno y universal del espíritu español.

EL TEATRO

27 de marzo

_ Buenas tardes, Don Miguel, por fin logré terminar sus obras teatrales y estoy lista para hacerle multitud de preguntas acerca de ellas.

_ Muy buenas a tí también, te diré que desesperaba que llegaras a terminar de leerlas y estuvieras dispuesta a discutirlas y escribir otra vez.

_ Me parece que será buena idea comenzar con **LA ESFINGE** ya que fue mi primer drama. Además, la narración que yo mismo hice, en una carta a mi querido amigo, Ángel Ganivet, fechada el 20 de noviembre de 1898 es mucho mejor que cualquier resumen que tú puedas escribir.

LA ESFINGE

"Ahora estoy metido ... en un drama, que se llamará **Gloria o Paz** o algo parecido. Es la lucha en una conciencia entre la atracción de la gloria, de vivir en la historia, de trasmitir el nombre a la posteridad, y el encanto de la paz, del sosiego, de vivir en la eternidad. Es un hombre que quiere creer y no puede; obsecionado por la nada de ultratumba a quien persigue de continuo el espectro de la muerte. Está casado y sin hijos. Su mujer, descreída y ambiciosa, le impulsa a la acción; a que le dé nombre, ya que no hijos.

Es un tribuno popular, jefe presunto de una revolución. Después de un gran triunfo oratorio y cuando más esperan de él, quema las naves, renuncia su puesto escribiendo al Comité de Salud Pública una carta que no admite arrepentimiento; a consecuencia de ésto su mujer, después de tratarle como a un loco, le abandona; le abandonan los amigos, y se refugia en casa de uno de ellos, el único fiel, a buscar paz y fe. El día de la revolución, las turbas descubren su retiro, van allá, le motejan de traidor, quiere contenerlas y cae mortalmente herido. Entonces reaparece la mujer, a la que pide que le cante el canto de cuna para el sueño que no acaba." [1]

_ Después de ponerle el título de **Gloria o Paz**, y pensar en ponerle el título de **Ángel**, ya que ése era el nombre del protagonista, se lo cambié a **La Muerte en Paz**. No fue hasta 1908 que se conoció el título final, **La Esfinge**, ya que yo no publicaba mis dramas hasta mucho después de éstos representarse en el teatro.

LA VENDA

_ **La Venda**, mi segundo drama en un acto y dos cuadros, lo titulé, al principio, **La Ciega**. **La Venda** ... "plantea el caso de aquella ciega que, operada de su ceguera ve mejor, cuando la angustia de que su padre se muere la hiere, volviendo a vendarse los ojos enfermos y apoyándose en el bastón que la guió cuando nada veía con sus propios ojos." [2]

LA PRINCESA DOÑA LAMBRA

_ En una carta a Francisco Antón, fechada el 4 de enero de 1910 le dije que **"La Princesa Doña Lambra**, en cuyo éxito fío mucho, me ha hecho pensar que cabe más poesía en la comedia que no en el drama. La escena es un claustro gótico, a la luz de la luna. Ahí está el sepulcro de una princesa, con estatua yacente. Un poeta arqueólogo medio loco, enamorado de la estatua, va a hacerle el amor y se encuentra de noche y a oscuras con la hermana del conserje, que espera la vuelta de un novio que se le fue hace veinte años al Paraguay. Él cree que es la princesa resucitada, ella que es el novio, y el conserje, que los sorprende, los

---

1 García Blanco, Manuel, **Miguel de Unamuno: Teatro**, Editorial Juventud, S.A. Provenza, Barcelona, 1954, p.8

2 Op. cit., p. 10

obliga a casarse. Pero dentro de ésto, que tiene más de farsa que de otra cosa, he metido más poesía y melancolía que en las más de mis cosas ..." [1]

LA DIFUNTA

La Difunta, un sainete, es muy diferente. Esta obra fue inspirada por un hecho ocurrido en la ciudad. **La Difunta** es la tragicomedia de un viudo que termina casándose con su criada.

_ Don Miguel, encuentro que usted tuvo muchos problemas en lograr que algunas de sus obras fueran aceptadas y representadas en el teatro, ¿puede usted explicarme por qué?

_ ¿Por qué? ¿Por qué? Pues porque no me gustaba andar detrás de ésos que se creían que sabían todo acerca del teatro, y en realidad nada sabían. Hubo aquellos que insistían que mis obras teatrales eran muy difíciles de reproducir tal como habían sido escritas y que debían de cambiarse y adaptarse a los deseos de los empresarios y los artistas que quizás consintieran en representarlas. Aquellos que dirigían los teatros tuvieron la osadía de sugerir que el público no acudiría a ver mis obras representadas tal como eran porque no las comprenderían y no tendrían interés en ellas; y ya ves, se daban todos por obras mediocres y la política de no pensar y estimular. Se interpusieron en mi camino porque no me doblegué a sus deseos mezquinos. Lo que yo creé, trataron de destruir y no pude permitirlo; por eso, y por la envidia de muchos, no fueron mis obras representadas como debieron serlo.

FEDRA

Según Don Miguel, **Fedra** es una modernización de la tragedia de Eurípides y de Racine. Mantiene el mismo argumento de la obra creada por éstos

---

1   Op. cit., pp.11-12

dos, pero su Fedra es una Fedra cristiana y los personajes son modernos. Los personajes son hombres y mujeres de "carne y hueso" que viven hoy día.

Cuando comienza el primer acto de esta tragedia en tres actos, nos encontramos a Fedra preguntándole a Eustaquia, su nodriza, acerca de su madre. Eustaquia le pide que se deje de eso, ya que ella había criado a Fedra como a su propia hija. Fedra insiste en recordar a su madre muerta, y continúa recordando como pasó su vida hasta que se casó con su marido, Pedro. Fedra confiesa su amor culpable por Hipólito, el hijo de su marido, y Eustaquia le pide que se olvide de ello.

En la segunda escena Pedro le dice a Fedra que ya es hora de que su hijo se case y le dé nietos y le pide a Fedra que aborde el asunto con su hijo, ya que Hipólito la adora.

Fedra le confiesa su amor a Hipólito, y éste se horroriza. Hipólito rechaza a Fedra y le dice que no se verán solos jamás.

En el segundo acto, Fedra trata de nuevo de conquistar a Hipólito, y éste vuelve a rechazarla. Fedra lo amenaza con decirle a su padre que es Hipólito el que está enamorado de ella. Hipólito se marcha. Fedra le dice a su esposo que su hijo está enamorado de ella. Pedro habla con su hijo y lo hace salir de su casa.

En el tercer acto Fedra se suicida, pero antes pide el perdón de Hipólito y le escribe una carta a Pedro, contándole la verdad. Padre e hijo se reúnen y Fedra muere, purificada por la verdad.

SOLEDAD

Soledad, un drama en tres actos, fue escrito en 1921. No se publicó hasta 1954, pero se representó en el Teatro María Guerrero de Madrid en 1953.

Este drama es biográfico. Agustín, junto con su esposa, Soledad, son los protagonistas. Agustín, el dramaturgo, que crea personajes que hace revivir en el teatro, se desespera por la muerte de su hijo y el tormento de Soledad que es la madre desconsolada del hijo muerto. En el primer acto, Agustín habla con su amigo Enrique y decide dedicarse a la política para la gloria de su patria, después de lamentarse acerca de las obras y personajes que él crea para el teatro exponiéndose a la crítica ... En el segundo acto, Agustín está escondido en su propia casa debido a sus actividades políticas. Agustín critica a los amigos que le hicieron entrar en la política y ahora le piden que huya para salvarse de la persecución, por sus ideas. Agustín se niega a huir y va a la cárcel.

En el tercer acto, cuando Agustín regresa a casa después de su encarcelamiento, se cree traicionado por sus amigos y sólo quiere refugiarse en Soledad.

Algunos de los amigos regresan y le piden a Soledad que intervenga para que Agustín regrese al teatro. Soledad les pide que los dejen solos. Agustín no quiere conocer a los amigos. Se siente traicionado. Le pide a Soledad que lo arrulle como a un niño hasta que se duerma con ese sueño eterno que nunca termina. Agustín muere con el corazón destrozado, en los brazos de su Soledad.

RAQUEL ENCADENADA

Raquel Encadenada, otro drama en tres actos, es la misma lucha de la mujer que se desvive por ser madre y no puede tener hijos. Esta Raquel es una violinista que se gana la vida dando conciertos. Su marido, que no quiere hijos, administra su dinero y no permite que nada se interponga en la ganancia de más y más dinero.

Durante una entrevista entre el empresario, que fue novio de Raquel una vez, Raquel y su marido Simón, llega el concuñado de Simón, Manuel. Manuel habla aparte con Simón y le pide que él y Raquel se hagan cargo del hijo del hermano de Simón que él ha estado cuidando desde la muerte de éste, y que Raquel y Simón tienen dinero para hacerlo y él no, además, tiene cuatro hijos suyos que mantener. Simón se niega a hacerlo.

Aurelio, el empresario y antiguo novio de Raquel le dice a ésta que todavía la quiere. Raquel le dice que no se casó con él porque él había tenido un hijo con otra mujer y que se había casado con Simón porque él era un hombre más fuerte.

Todos se marchan. Raquel le dice a Simón que quiere tener un hijo. Simón no quiere porque interferiría con las ganancias de dinero por medio de los conciertos. Manuel viene a hablar con Raquel acerca del sobrino y Raquel demanda que ella y Simón lo adopten. Simón se niega a hacerlo.

Aurelio viene a ver a Raquel, muy alterado, porque su hijo está enfermo y le pide a Raquel que venga a su casa a cuidarlo. Raquel le dice a Aurelio que irá a hacerlo. Simón se interpone y trata de impedir que Raquel cuide del niño. Raquel anuncia que nunca más tocará el violín si no puede cuidar del niño enfermo. Raquel se marcha, cuida del niño y éste se cura. Raquel, que ahora ve realizados sus deseos de ser madre, abandona a Simón, cuyo único interés había sido el dinero de Raquel, y se va a vivir con Aurelio y su hijo.

EL PASADO QUE VUELVE

Este drama en tres actos, escrito en 1910, no se representó hasta 1918 en el Teatro del Liceo en Salamanca. En este drama, los hijos vuelven al camino de los padres; el pasado vuelve a repetirse en los hijos del presente.

Victor, el hijo de Don Matías, el usurero, sufre por la manera en que su padre ha ganado su fortuna. Victor, que en el primer acto tiene veinticinco años, se marcha a luchar por la patria, dejando a su novia, Amalia, y diciéndole a su padre que no quiere su dinero debido a la manera de como lo obtuvo. Es el drama de cuatro generaciones en que el protagonista, Victor, vuelve a encontrarse con su padre en su hijo Federico.

Victor manda a su hijo Federico fuera de su casa, porque según él, era igual que su abuelo, egoísta, con más interés por el dinero. Federico se marcha de su hogar y se casa. Tiene un hijo, Victor 2 (dos).

En las propias palabras de Don Miguel, "... el protagonista tiene 25 años en el primer acto, 50 en el segundo y 70 en el tercero. Al llegar a sus 70 años se ve reproducido en un nieto de 25 ... Un usurero tiene un hijo generoso y noble, que horrorizado de su padre huye de su casa; este hijo tiene a su vez un hijo en quien se reproduce el abuelo y que le echa en cara su prodigalidad, con la que quiere borrar los crímenes del primero; a su vez, este tercero tiene un hijo que es generoso y noble como su abuelo, y el viejo excita y azuza a su nieto contra su padre."[1]

---

1 Op.cit., p.19

SOMBRAS DE SUEÑO,
O TULIO MONTALBÁN Y JULIO MACEDO

Este drama en cuatro actos, escrito en 1926, se publicó en 1927 bajo el título de **Tulio Montalbán y Julio Macedo**. Más tarde, reapareció en 1930, con el nuevo título de **Sombras de Ensueño**. Fue representado en el Teatro del Liceo en Salamanca, el 24 de febrero de 1930.

Elvira Solorzano vive en una isla con su padre, Don Juan Manuel. Aunque Don Juan Manuel se pasa la mayor parte del tiempo leyendo sus libros llenos de recuerdos del pasado, también se preocupa por su hija de veinte y dos años. Se preocupa, porque en su opinión, no hay nadie en la isla que merezca ser el esposo de ella.

Elvira, que ha leído la biografía de Tulio Montalbán, el liberador de su patria, se enamora locamente del ideal que ella ha creado en su imaginación de lo que es Tulio. Un día, Elvira se encuentra en la playa con un hombre solitario, Julio Macedo. Julio le dice a Elvira que él había conocido a Tulio Montalbán y que le había dado muerte para evitar que se convirtiera en un tirano. Elvira, que se siente atraída por Julio, decide no verlo más.

Julio vuelve a ver a Elvira para despedirse de ella y le confiesa que en realidad, él es Tulio Montalbán. Elvira prefiere su ilusión de Tulio al Tulio real. Tulio, que comprende que Elvira es incapaz de amarle tal y como es, la deja sola, mirando el mar, y luego se suicida.

EL HERMANO JUAN
O
EL MUNDO ES TEATRO

Esta vieja nueva comedia, se desarrolla en tres actos. Escrita en 1927, no se publicó hasta 1934. Este Juan no es el Don Juan Tenorio de Tirso de Molina o de

José Zorrilla, aunque se refiere a los dos cuando habla con los otros personajes acerca de sus otras vidas.

Este Juan, el Hermano Juan, no es el seductor pero el seducido. Tanto Inez como Elvira lo persiguen y lo quieren para ellas mismas, al igual que quieren a Benito y a Antonio. Se sienten atraídas por el Hermano Juan, lo quieren para sí, a pesar de las habladurías y las advertencias de los dos hombres que las quieren a ellas. Se conoce que el Hermano Juan tiene un secreto - la novia Matilde que se suicidó.

En su lecho de muerte, el Hermano Juan pide hablar con las dos mujeres sin Antonio y Benito. Trata de hacerles comprender que ellas tienen un ensueño de él que podrán encontrar en los dos hombres que las esperan afuera. El moribundo pide que los dos hombres entren. Las dos parejas se unen. El Hermano Juan muere, y se imagina que irá a reunirse con Matilde en el mundo de ultratumba.

EL OTRO

El Otro es un misterio en tres jornadas[1] y un epílogo. En el primer acto nos encontramos con Ernesto (recién llegado de América), el hermano de Laura, que le pide a Don Juan, el médico de la familia, que le explique lo que le pasa a su hermana y lo que está sucediendo en la casa donde ella vive con su esposo, Cosme.

El médico explica que no sabe la causa del misterio, sólo que Cosme enloqueció desde el día del misterio y que no duerme con su esposa. Cuando su esposa, Laura, lo llama por su nombre, él dice que no, que es el otro. Se explica que Laura había hecho un viaje y al regresar se encontró a Cosme loco y siempre refiriéndose al otro.

Ernesto insiste en que Laura le diga cómo y por qué Cosme se ha vuelto loco. Ella le dice que se lo pregunte a su marido. Cosme comienza a relatar su confesión. Le explica a Ernesto que cuando Laura estaba fuera, le habían anunciado la llegada de una persona, un hombre. Cuando vió entrar al hombre, se reconoció a sí mismo en él - su doble. Mientras hablan, Laura y el ama entran.

---

1 jornadas: acts

44

Aparte, el ama le dice a Cosme que ha adivinado lo que él ha hecho pero que lo perdona y ahora debe de vivir.

En el segundo acto, Ernesto pide saber la verdad. El ama contesta que no quiere hablar de lo ocurrido y que ella había querido a los dos como si hubieran sido sus propios hijos. Eran mellizos.

Ahora es Laura la que accede a contarle a Ernesto que antes de ella casarse con Cosme, los dos hermanos gemelos la cortejaban, y como ella no podía decidirse entre los dos, les había pedido que decidieran entre ellos. Cosme se casó con Laura, y más tarde, Damián, el otro, se casó con otra mujer, Damiana.

Llega a la casa una mujer alterada, Damiana, buscando a su marido. Damián había venido a ver a Cosme el mes anterior y todavía no había regresado a su casa.

Las dos mujeres se disputan al gemelo que queda, cada una diciendo que es su marido.

Ernesto acusa al otro de ser un Caín; el otro replica que es los dos - Caín y Abel juntos.

El ama llama al médico y le explica que uno de los gemelos mató al otro y que nadie debe de enterarse de lo sucedido. Bajan todos a la bodega a ver el cadáver del otro. El otro explica que odiaba al otro porque siempre se veía reflejado, desde pequeñito.

En el tercer acto, las dos mujeres se disputan al otro que queda, reclamándolo como a su propio marido, sin importarle quién cual de ellos sea, en realidad. El otro se mata y Damiana, que está encinta, anuncia que va a tener gemelos, los otros dos, otra vez.

Termina el misterio cuando el ama anuncia que si ninguno de nosotros sabemos quienes somos, como se va a saber quién fue el otro - ¿quién el Caín o el Abel?

- Bueno, Don Miguel, aquí le vamos dando fin al teatro, éste su teatro. Tengo que decirle que he disfrutado mucho leyendo todas las obras y encontrando en muchos de los personajes, prototipos de otros que encontré y llegué a conocer en sus novelas. El zángano miñico de **La Tía Tula** y **Dos Madres**, en **Raquel Encadenada**. La crítica encarnizada de sus obras en su Agustín, en **Soledad**. Su Elvira en **Sombras de Sueño**, prefirió al Tulio Montalbán imaginado al real, al igual que su protagonista desconocido en **Don Sandalio, Jugador de Ajedrez**. Y el protagonista que intenta luchar por la patria, quizás para buscar renombre, que muere desilusionado, Ignacio en **Paz en la Guerra**, y Ángel en **La Esfinge**.

_ Bien, bien, estoy muy orgulloso de tí y de lo mucho que has aprendido, pero ¿no crees que se te ha olvidado algo?

_ Sí, es posible, pero, ¿a qué se refiere usted?

_ No creo posible que tenga que recordarte que no has escrito nada acerca de **Todo un Hombre** y **Medea.**

_ Perdóneme, Don Miguel. No me olvidé de ninguno de los dos. Decidí no incluír los resúmenes porque ya todos los que han leído o leerán sus obras, se darán cuenta de que el argumento de **Todo un Hombre**, es idéntico al de **Nada Menos que Todo un Hombre**. La razón por la cual decidí no incluír a **Medea** es que esta obra no fue más que una traducción de la tragedia original.

_ ¡Anjá! ¡con qué ésas tenemos![1] Te he estado ayudando y ahora quieres salirte con las tuyas.[2] Bueno, no importa, has aprendido bastante. Pero recuerda; tienes mucho más que aprender.

_ Muchas gracias, Don Miguel.

*   *   *

---

1 ¡Anjá! ¡con qué ésas tenemos!: So! That's the way you are going to be!
2 salirte con las tuyas: to get your own way

LOS TEMAS PRINCIPALES

El tema de Caín y Abel:

Génesis 4:1 "Conoció Adán a su mujer, Eva, la cual concibió y dió a luz a Caín, y dijo: Por voluntad de Jehová he adquirido varón.

4:2 Después dió a luz a su hermano Abel. Y Abel fue pastor de ovejas y Caín fue labrador de la tierra.

4:8 ... Y dijo Caín a su hermano Abel; Salgamos al campo. Y aconteció que estando ellos en el campo, Caín se levantó contra su hermano Abel y lo mató.

4:9 Y Jehová dijo a Caín; ¿Dónde está tu hermano? Y el respondió; ¿Soy acaso guardia de mi hermano?

4:16 ... Salió, pues, Caín de delante de Jehová, y habitó en tierra de Nod, al oriente de Edén."

No solamente este trozo de la Biblia, pero el Caín y Abel de Byron influenciaron mucho a Unamuno en su tratamiento de este tema en **ABEL SÁNCHEZ**, **EL OTRO**, y **PAZ EN LA GUERRA**.

Esta última es la lucha de pueblo contra pueblo - los carlistas contra los liberales - un grupo contra otro, familia contra familia, español contra español - no son hermanos de sangre, pero hermanos de suelo, compatriotas todos. Separados por pensamientos y luchas políticas que amenazan con destruir, no sólo la nación, pero el cimiento de los pueblos y las familias.

El ejemplo de la lucha entre dos hermanos lo encontramos en el drama de **EL OTRO**. Cosme mata a Damián, su gemelo, porque desde pequeñitos siempre se odiaron ya que uno se veía reflejado en el otro. Aún las mujeres con las cuales ambos se casaron buscaban a uno en el otro. El otro, destruyendo a su doble, no se alivia de su angustia, y tiene que morir porque no puede vivir con su culpa y su duda - no sabe si es él o el otro, no sabe si lo quieren a él o buscan al otro en él.

En **ABEL SÁNCHEZ**, el tema de Caín y Abel se intensifica. Aquí Don Miguel utiliza, no sólo el Caín y Abel de la Biblia, pero al Caín y Abel de Byron. Joaquín se somete a la lectura de este Caín y la discute con Abel.

Joaquín Monegro no es un Caín detestable, el lector siente pena por este Caín, no por Abel. A Joaquín lo destruye el demonio de su envidia por Abel. Todo el mundo parecía preferir a Abel, desde su niñez, y no a Joaquín.

El Caín de la Biblia envidiaba a su hermano al igual que el Caín de Byron. Ésta es la envidia tenebrosa que se convierte en un odio de tal intensidad que hace fratricida al que destruye la razón de su odio.

La duda, esa duda que desasosiega el alma y establece la lucha encarnizada entre la fe y la razón, en la mayoría de las obras de Don Miguel, ocupó gran parte de su pensamiento durante el curso de su vida. La duda llevó a San Manuel Bueno al borde del suicidio - el abismo, el fondo del abismo. La duda de creer en una fe ciega que garantiza la vida eterna creyendo en Dios Todopoderoso, hace un santo agonizante de Don Manuel; agoniza porque no cree, porque no puede creer, y por medio de esa duda convierte a Lázaro, el incrédulo, a que le ayude en su obra - que sus feligreses continúen creyendo en la fe ciega que les garantize la vida eterna por medio de un alma inmortal. La fe en un Dios vivo, omnipotente, infalible, que niega la razón.

De la lucha interna y encarnizada entre la fe y la razón, de la cual viene la duda, llega a su ansia de inmortalidad. No quiere morir, ha sido creado y quiere, demanda, que su creación continúe. Realiza la inmortalidad por su individualismo y voluntad creadora, por medio de sus obras, por medio de sus protagonistas, por medio de sus agonistas que viven, sueñan, sienten, padecen y agonizan. Agonizan como Don Miguel, su creador, agonizó.

* * *

CONCLUSIÓN

Don Miguel de Unamuno y Jugo, el pensador y escritor español que ejerció tan gran influencia en el pensamiento y el mundo de sus compatriotas, como miembro de la generación del '98, era un hombre de "carne y hueso". Él vivió, soñó, pensó, observó, sufrió, agonizó, escribió y murió. Se convirtió en el héroe de Cervantes que también hizo muy suyo, Don Quijote de la Mancha. No el Don Quijote ridículo a quien se refiere en sus ensayos, pero el idealista que trató de cambiar el mal por el bien y devolvernos el sueño de grandeza - la eterna felicidad de ser inmortales.

Este hombre de "carne y hueso", nuestro Don Miguel, aparentemente prefirió sus libros, en los cuales trató de hallar la verdad de su existencia o la nuestra - analizando el pasado para devolvernos un futuro sin olvidar las lecciones aprendidas; trató, como todavía trata y a veces logra conseguirlo, de sacudirnos de la abulia intelectual. Nos obliga a pensar y a actuar.

Como Don Quijote soñó con ser inmortal porque no quería morirse y no dejar huellas palpables de que había vivido. Este sueño se convirtió en realidad porque la razón de su vida, su razón de ser, sus obras, están con nosotros; continuan leyéndose y continuarán.

Como Augusto Pérez en **NIEBLA** y el protagonista desconocido de **DON SANDALIO, JUGADOR DE AJEDREZ**, a veces prefirió pasar la vida como observador de su idea de lo que era y no palpar la realidad de la existencia en que se desenvolvía.

Como su San Manuel y su Joaquín Monegro en **ABEL SÁNCHEZ**, sufrió, sufrió la duda de creer en la razón que niega la fe y agonizó. Agonizó, no sólo por la duda que expuso en muchos de sus ensayos, también, pero con la envidia que le mordió el alma cuando los críticos se negaban a aceptar su estilo y sus obras, reconociendo a otros que no llegaban a su estatura.

Hizo uso de su gran conocimiento de la Biblia, sus temas y caracteres representativos de las pasiones humanas para darnos retratos contemporáneos de las mismas flaquezas y virtudes humanas. Nos dió a Lázaro, que se salva, sin saberlo, por su asociación con San Manuel. Nos dió a Caín con Joaquín Monegro y Cosme en **EL OTRO**. Nos dió a Raquel. Y también nos dió algo más - el no querer ser como somos y el ansiar a querer ser lo que debemos ser.

Se vió como un creador que se identificó con la grandeza y desdeñó las clasificaciones que negaran su individualismo y su personalidad.

Sacudió a los crédulos y a los incrédulos, sacudió a los paralíticos intelectuales y continúa sacudiendo - sacude al hombre zángano, al miñico, al homúnculo, a que se haga todo un hombre. Y a la mujer le pide que sea más compasiva con el hombre y que se deje de ver en él sólo un objeto que la ayuda a perpetuarse, perpetuándose a sí mismo por medio de los hijos.

Añoró ser inmortal y lo consiguió -¿quién sabe de la vida de ultratumba, qué penas o qué felicidad nos esperan, quién sabe de la vida eterna? - pero esa felicidad de vivir en el pensamiento de otros, de la humanidad entera, por todos los siglos venideros - éso, Don Miguel lo consiguió.

*   *   *

BIBLIOGRAFÍA

Ayala, Francisco, **LA NOVELA**, Editorial Seix Barral, Barcelona, 1974.

Becarud, Jean, **MIGUEL DE UNAMUNO Y LA SEGUNDA REPÚBLICA**, Taurus, Madrid, 1965.

Blanco, Aguinaga, Carlos, **EL UNAMUNO CONTEMPLATIVO**, México, 1959.

Butt, John, **SAN MANUEL BUENO, MÁRTIR**, (Critical Guides to Spanish Texts), Tamesis Books, London, 1981.

De Nora, Eugenio G., **LA NOVELA ESPAÑOLA CONTEMPORÁNEA (1898-1927)**, Editorial Gredós, Madrid, 1979.

Edery, Moisés, **EL SENTIMIENTO FILOSÓFICO DE UNAMUNO**, Fundación Universitaria Española, Madrid, 1977.

Franco, Andrés, **EL TEATRO DE UNAMUNO**, Insula, Madrid, 1971.

García Blanco, Manuel, **EN TORNO A UNAMUNO**, Taurus, Madrid, 1965.

_____, **MIGUEL DE UNAMUNO: TEATRO**, Editorial Juventud, Barcelona, 1954.

González Martín, Vicente, **LA CULTURA ITALIANA EN MIGUEL DE UNAMUNO**, Universidad de Salamanca, Salamanca, 1978.

Guilón, Ricardo, **AUTOBIOGRAFÍA DE UNAMUNO**, Editorial Gredós, Madrid, 1964.

Marias, Julián, **MIGUEL DE UNAMUNO**, Harvard University Press, Cambridge, Mass., 1966.

Round, N.G., **ABEL SÁNCHEZ**, (Critical Guides to Spanish Texts), Tamesis Books, London, 1974.

Rudd, Margaret Thomas, **THE LONE HERETIC**, Gordian Press, New York, 1976.Salcedo, Emilio, **VIDA DE DON MIGUEL**, Amaya, Salamanca, 1964.

Sánchez Barbudo, Antonio, **MIGUEL DE UNAMUNO**, Taurus, Madrid, 1974.

Shaw, Donald, **THE GENERATION OF 1898 IN SPAIN**, London, 1975.

Turner, David G., **UNAMUNO'S WEBS OF FATALITY**, Tamesis Books, London, 1974.

Unamuno, Don Miguel de, **ABEL SÁNCHEZ**, Espasa Calpe, Madrid, 1968.

_____, **AMOR Y PEDAGOGÍA**, Espasa Calpe, Madrid, 1984 (17th edn.).

_____, **ANTOLOGÍA POÉTICA**, Editorial Alianza, Madrid, 1977.

_____, **ARTÍCULOS OLVIDADOS SOBRE ESPAÑA Y LA PRIMERA GUERRA MUNDIAL**, Tamesis Books, London, 1976.

_____, **CONTRA ESTO Y AQUELLO**, Espasa Calpe, Madrid, 1969.

_____, **DE MI VIDA**, Espasa Calpe, Madrid, 1979.

_____, **DEL SENTIMIENTO TRÁGICO DE LA VIDA EN LOS HOMBRES Y EN LOS PUEBLOS**, Espasa Calpe, Madrid, 1976.

_____, **LA TÍA TULA**, Espasa Calpe, Madrid, 1968.

_____, **LA RAZA VASCA Y EL VASCUENCE, EN TORNO A LA LENGUA ESPAÑOLA**, Espasa Calpe, Madrid, 1974.

_____, **NIEBLA**, Ediciones Cátedra, Madrid, 1982.

_____, **OBRAS COMPLETAS**, 9 vols, Las Americas Publishing Co., NY, 1966.

_____, **OBRAS SELECTAS**, Editorial Biblioteca Nueva, Madrid, 1977.

_____, **PAISAJES DEL ALMA**, Alianza, Madrid, 1979.

_____, **PAZ EN LA GUERRA**, Espasa Calpe, Madrid, 1960.

_____, **RECUERDOS DE NIÑEZ Y MOCEDAD**, Espasa Calpe, Mdrid, 1976.

_____, **SAN MANUEL BUENO, MÁRTIR Y TRES HISTORIAS MÁS**, Espasa Calpe, Madrid, 1983.

_____, **SOLILOQUIOS Y CONVERSACIONES**, Espasa Calpe, Argent. 1942.

_____, **TEATRO COMPLETO**, Aguilar, De Ediciones, Madrid, 1959.

_____, **TRES NOVELAS EJEMPLARES Y UN PRÓLOGO**, Espasa Calpe, Madrid, 1982.

Valdés, Mario & María Elena de, **AN UNAMUNO SOURCE BOOK**, Toronto University Press, 1973.

Zavala, Iris, **UNAMUNO Y SU TEATRO DE CONCIENCIA**, Salamanca, 1963.

Zubizarreta, A. F., **UNAMUNO EN SU NÍVOLA**, Taurus, Madrid, 1960.

EL MUNDO
DE
FEDERICO GARCÍA LORCA

**A Valerie Gluskin Levy, "my pal Val",
como recuerdo de cuando entablamos nuestra amistad
por primera vez en UVM, y a Mom Gluskin Q.E.P.D.**

EL MUNDO
DE
FEDERICO GARCÍA LORCA

(Vida y Obra)

RESUMEN CRONOLÓGICO DE LA VIDA
Y
OBRA DE FEDERICO GARCÍA LORCA

1898   Nace en Fuentevaqueros, cerca de Granada, el cinco de junio. El segundo hijo de Federico García Rodríguez y su segunda esposa, Vicenta Lorca Romero.

1909   Su familia se traslada a Granada. Ingresa en el Colegio del Sagrado Corazón. Cursa estudios que lo preparan para más tarde ingresar en la Universidad de Granada.

1914   Se gradua del Colegio del Sagrado Corazón.

1915   Comienza sus estudios en la Universidad de Granada. No se distingue como estudiante. Desaprueba un curso de literatura, entre otros.

1916   Entre 1916 y 1917 hace cuatro viajes por Castilla, León y Galicia con Don Martín Domínguez Berrueta, profesor de la Teoría del Arte en la Universidad de Granada. Don Martín ejerció gran influencia sobre su carrera literaria.

1918   Publica su primer libro, **IMPRESIONES Y PAISAJES**.

1919   Se traslada a Madrid. Comienza la carrera de derecho en la universidad y se establece en la famosa Residencia de Estudiantes hasta 1928.

1920   Se estrena su primer drama **EL MALEFICIO DE LA MARIPOSA**, en el Teatro Eslava de Madrid.

1921   Se publica su primer **LIBRO DE POEMAS**, escrito entre 1917 y 1921. Comienza a escribir el **POEMA DEL CANTE JONDO**, que no se publica hasta 1931.

1922   Organiza el Festival del Cante Jondo con Manuel de Falla, en la Alhambra de Granada. Lee poemas de su **CANTE JONDO** en el Hotel Palacio de la Alhambra, en Granada.

1923 Presenta un festival para los niños el Día de los Reyes, junto con Manuel de Falla. Se cree que termina la carrera de derecho que nunca ejerce.

1924 Comienza el **ROMANCERO GITANO**, **CANCIONES** y **MARIANA PINEDA**, que llega a estrenarse en 1927 en Barcelona y en Madrid.

1925 Pasa la Semana Santa en Cadaqués con Salvador Dalí y su familia. Escribe "El Paseo de Buster Keaton".

1926 Escribe el ensayo "La Imagen Poética en Don Luis de Góngora". Publica "Oda a Salvador Dalí" en la **REVISTA OCCIDENTE**. Escribe la primera versión de **LA ZAPATERA PRODIGIOSA**, que se estrena en 1930.

1927 Exhibe veinte y cuatro dibujos en junio en la Galería Dalmau de Barcelona. Publica **CANCIONES** y "Santa Lucía y San Lázaro". Se estrena **MARIANA PINEDA** el 24 de junio en Barcelona y el 12 de octubre en Madrid. Viaja con otros poetas a Sevilla a una celebración honrando a Góngora.

1928 Publica **EL ROMANCERO GITANO**, "Historia de este gallo", "Suicidio en Alejandría". Comienza a escribir **EL AMOR DE DON PERLIMPLÍN POR BELISA EN SU JARDÍN**. Escribe **EL RETABLILLO DE DON CRISTÓBAL** que se estrena en 1935. Como editor de la revista **GALLO**, publica su primera edición en abril y la segunda y última en julio. Durante el verano sufre una crisis emocional. Salvador Dalí se marcha a París.

1929 Termina **EL AMOR DE DON PERLIMPLÍN POR BELISA EN SU JARDÍN** en enero. Debido a la censura de esta obra, no se estrena hasta 1930. En junio sale de España con Fernando de los Ríos y visita París, Londres y Oxford. Se embarca de Southampton para Nueva York. Comienza a estudiar el inglés en la Universidad de Columbia entre julio y agosto. Visita a su amigo Phillip Cummings en Lake Eden Mills, Vermont, en agosto. En octubre abandona sus estudios en la Universidad de Columbia. Escribe el escenario de una película, "Viaje a la luna". Comienza a trabajar en **ASÍ QUE PASEN CINCO AÑOS** y **EL PÚBLICO**. Se estrena **MARIANA PINEDA** en Granada.

1930 Escribe su primera versión de **YERMA** y los poemas de **POETA EN NUEVA YORK**. Termina **EL PÚBLICO** que no se publica hasta 1976. Se estrena **LA ZAPATERA PRODIGIOSA** en Madrid. Lee su ensayo "Teoría y juego del duende", en Cuba.

1931   Se publica **POEMA DEL CANTE JONDO**. Comienza a escribir el "Diván del Tamarit", que se publica en 1936. Después de proclamarse la Segunda República, el Ministerio de Educación le nombra director de La Barraca - un grupo teatral ambulante que representa dramas en los pueblos de España. Termina **ASÍ QUE PASEN CINCO AÑOS**. Comienza los preparativos para **EL RETABLILLO DE DON CRISTÓBAL**.

1932   Comienza sus presentaciones teatrales con La Barraca y viaja por Galicia, Asturias y Santander. Comienza **BODAS DE SANGRE**, la cual termina y estrena en Madrid en 1933.

1933   Viaja a la Argentina donde dirige representaciones de sus obras: **BODAS DE SANGRE, MARIANA PINEDA** y **LA ZAPATERA PRODIGIOSA**, en Buenos Aires. Aquí lee un grupo de ensayos. Luego, en este mismo año, publica "Oda a Walt Whitman" en Méjico.

1934   Escribe **DOÑA ROSITA LA SOLTERA** que se estrena en Barcelona en diciembre. Publica "Seis poemas gallegos". En agosto, Ignacio Sánchez Mejías muere después de una trágica corrida de toros - en septiembre, escribe **LLANTO POR IGNACIO SÁNCHEZ MEJÍAS** que se publica en 1935. Regresa de Buenos Aires en octubre. **YERMA** se estrena en diciembre en el Teatro Español de Madrid.

1935   Se estrena en Madrid **EL TEATRO DE MARIONETAS DE DON CRISTÓBAL (EL RETABLILLO DE DON CRISTÓBAL** escrito en 1931). En diciembre se estrena **DOÑA ROSITA LA SOLTERA** en Barcelona. Presentación de **LOS TÍTERES DE CACHIPORRA**.

1936   Publica **PRIMERAS CANCIONES**, las cuales había escrito en 1922. Termina **LA CASA DE BERNARDA ALBA** en junio. Se estrena después de su muerte en Buenos Aires, en 1945. El 16 de julio regresa a Granada a visitar a sus padres. La Guerra Civil comienza el 18 de julio. El 9 de agosto se refugia en la casa de su amigo Luis Rosales. La guardia civil lo arresta el 16 de agosto. Lo fusilan el 19 de agosto y lo entierran en una fosa común[1] en un olivar cerca de Viznár.

---

1   fosa común: common grave/poor man's grave

OBRAS PRINCIPALES

IMPRESIONES Y PAISAJES, bosquejos, 1918

EL MALEFICIO DE LA MARIPOSA, drama, 1920

LIBRO DE POEMAS, poemas, 1921

LOS TÍTERES DE CACHIPORRA, teatro, 1923

MARIANA PINEDA, drama, 1927

CANCIONES, poemas, 1927

PRIMER ROMANCERO GITANO, poemas, 1928

LA ZAPATERA PRODIGIOSA, drama, 1930

POEMA DEL CANTE JONDO, poemas, 1931

EL AMOR DE DON PERLIMPLÍN POR BELISA EN SU JARDÍN, drama, 1933

BODAS DE SANGRE, tragedia, 1933

ODA A WALT WHITMAN, poema, 1933

YERMA, tragedia, 1934

DOÑA ROSITA LA SOLTERA, drama, 1935

LLANTO POR LA MUERTE DE IGNACIO SÁNCHEZ MEJÍAS, poema, 1935

EL RETABLILLO DE DON CRISTÓBAL, teatro, 1935

PRIMERAS CANCIONES, poemas, 1936

POETA EN NUEVA YORK, poemas, 1940

ASÍ QUE PASEN CINCO AÑOS, drama, 1945

LA CASA DE BERNARDA ALBA, tragedia, 1945

EL PÚBLICO, teatro póstumo, 1978

COMEDIA SIN TÍTULO, teatro póstumo, 1978

LA VIDA DE FEDERICO GARCÍA LORCA
(Extractos)

El cinco de junio de 1898 los ojos de Federico García Lorca vieron la luz del día, por primera vez, en Fuentevaqueros, cerca de Granada, en la provincia de Andalucía.

Su madre, que había sido maestra de escuela, enseñó al niño a leer y le dió sus primeras lecciones de música.

Según muchos que conocían a la familia y a Federico, desde su infancia, había sido enfermizo aunque inteligente y sensitivo. Se menciona que desde temprana edad había sido muy callado y retraído,[1] y que a veces tenía visiones. La madre lo llevaba a misa. El niño se entusiasmó tanto con las misas que construyó su propio altar y comenzó a celebrar misas para su familia, en su casa.

Hasta cierto punto, las misas, desempeñando el papel de cura y una representación de teatro de marionetas que llegó al pueblo, despertaron en él un profundo interés en el drama. Construyó su propio teatro de marionetas[2] y comenzó a presentar dramas para el deleite de su familia y sus vecinos.

Sus padres lo mandaron a Almería a un colegio, pero regresó a casa al poco tiempo, debido a una grave enfermedad.

Cuando Federico tenía más o menos once años, su familia se trasladó a Granada. Durante este tiempo, él quiso dedicarse exclusivamente a la música, pero su padre decidió que su hijo debía de hacerse abogado. Con la carrera de derecho señalando su destino, su padre lo manda al Colegio del Sagrado Corazón para prepararse a ingresar en la universidad. García Lorca se gradua del colegio en 1914 e ingresa en la Universidad de Granada en 1915, a la edad de 17 años.

En la Universidad de Granada no se distingue en sus estudios. El hombre que llegó a ser una de las estrellas más luminarias de la literatura española del siglo XX, falló un curso de literatura en esta universidad. Se rumora que muchos de los otros cursos los terminó con la ayuda de sus amigos.

Su sumo interés en la música, la poesía y el arte dramático lo consumían. Poco después de ingresar en la Universidad de Granada comenzó a frecuentar el

---

1 retraído: withdrawn
2 marionetas: puppets

Café Alameda. En un rinconcillo del café se reunían muchos artistas nocturnalmente, y participaban en las famosas tertulias donde Federico recitaba muchas de sus poesías. La inolvidable voz de Federico conmovía a cuantos lo escuchaban. Uno de los miembros del grupo que ejerció gran influencia sobre García Lorca fue Francisco (Paquito) Soriano. Se hicieron íntimos amigos. En él, García Lorca confiaba muchos de sus problemas.

Según muchos que han estudiado la vida y las obras de Federico García Lorca, a fondo, y entrevistas concertadas con sus amigos, resale el problema de la sexualidad. En Granada se le consideraba como un homosexual. Uno de sus amigos, Miguel Cerón, que solía pasar muchas horas hablando y leyendo con él, dijo una vez que a pesar de la amistad y debido a las habladurías de la gente en Granada, comenzó a sentir miedo de que todos creyeran que él también tenía las mismas tendencias que Federico y comenzó a alejarse de él.

Lorca, conciente de que era diferente con respeto al sentido de la virilidad del hombre granadino en particular y el español en general, se identificó con la persecución de los moros y los judíos por los cristianos de la Granada de 1492, ya que él era víctima de otro tipo de persecución y sufría, como éstos sufrieron en siglos anteriores. Según Lorca, los granadinos perdieron su alma cuando expulsaron a los moros y a los judíos de España - perdieron la belleza, la poesía y el arte creativo de esa civilización que dotó a España de una civilización sin par.

Entre 1916 y 1917 emprende varios viajes por Castilla, León y Galicia, bajo la tutela de Don Martín Domínguez Berrueta quien lo inspira a que escriba el libro **IMPRESIONES Y PAISAJES** basado en los apuntes de sus viajes por las provincias. Este libro, que se publica en 1918, por su cuenta, ejerce un profundo efecto sobre él y decide su vocación - la palabra escrita, que en él adquiere aún más resonancia cuando saborea cada una de ellas al recitar sus poemas, sus dramas, sus ensayos y las palabras de otros, también.

Después de trasladarse a Madrid en 1919, entabla amistad con un grupo de jóvenes brillantes que llegarían a conocerse como la generación del '27: Rafael Alberti, Jorge Guillén, Gerardo Diego, Dámaso Alonso y Luis Cernuda. Deleitaba a los amigos con sus improvisaciones en el piano y llegó a hacerse el líder de otro grupo aún más íntimo - el grupo de Pepín Bello, Salvador Dalí y Luis Buñuel.

Entre 1921 y 1923 dedicó sus energías a desarrollar su talento como poeta. Como evidencia del comienzo de esta madurez, tenemos su **CANTE JONDO**, el cual comenzó a escribir en este tiempo, y su brillante conferencia sobre el Cante Jondo que dió durante el Festival del Cante Jondo que organizó con Manuel de Falla en Granada.

Durante los años de 1924 a 1928 se intensificó, aún más, su amistad con Salvador Dalí. Esta amistad comenzó a ejercer gran influencia en su vida artística y personal. En 1925 viaja a la casa familiar de Salvador Dalí, con éste, en Cadaqués, y se prenda de la belleza de la Costa Brava. Escribe su "Oda a Salvador Dalí" que Ortega y Gasset publica en la **Revista Occidente**. Los críticos atacan la arrogancia de Lorca en su descripción del amigo, el amigo que a la edad de veinte y un años no ha hecho nada todavía para merecer tal elogio.

Sus padres le piden que piense en casarse. Él piensa que quizás deba hacerlo. Con ese fin le escribe a Jorge Guillén preguntándole lo que debe de hacer para hacerse catedrático al igual que Unamuno y muchos otros; abandona ambas ideas.

Regresa durante el verano de 1927 a Cadaqués con Salvador Dalí después de publicar sus **CANCIONES** y algunos de los romances del **ROMANCERO GITANO**. De Cadaqués viaja a Barcelona con Dalí donde exhibe veinte y cuatro de sus dibujos en la Galería Dalmau. La galería vende cuatro de los dibujos. Ve el estreno de **MARIANA PINEDA** en Barcelona, en junio, y el segundo en Madrid, en octubre del mismo año. El año de 1928 fue el año del triunfo artístico de Lorca. Sus obras se conocían y se aplaudían, sobre todo su **ROMANCERO GITANO**.

Si el año de 1928 fue el año de su triunfo artístico, también fue el año de su tragedia personal. Se desliga de Salvador Dalí y decide salir de España. Viaja a Los Estados Unidos con Fernando de los Ríos y su familia, y se instala en Nueva York en la Universidad de Columbia. Su espíritu agobiado no encuentra alivio en esta gran ciudad de concreto. Hace el sufrimiento de los negros en Harlem parte del suyo y comienza a escribir su **POETA EN NUEVA YORK**. De Nueva York va al Lago Eden Mills a visitar a su amigo Phillip Cummings, en Vermont. Regresa, después de visitar a Fernando de los Ríos, a la Universidad de Columbia. Debido a sus problemas con el inglés, abandona sus clases en la universidad y se muda a un apartamento en Riverside Drive. Continúa paseándose por Harlem.

Durante la primavera de 1930 recibe una invitación, por medio de Fernando de los Ríos, para dar unas conferencias en Cuba. Acepta la invitación y lee su ensayo "**Teoría y juego del duende**". Regresa a España a fines de 1930. Durante este año, Primo de Rivera cae del poder y se forma la Nueva República. Aterrado por la sangrienta demostración de la Guardia Civil, relata su visión en **ROMANCERO GITANO**, aunque no defiende la causa ni de un lado ni de otro.[1]

En 1932 la república crea dos misiones culturales. Nombran a García Lorca y a Eduardo Ugarte directores de una y a Alejandro Casona director de la otra.

---

1 ni de un lado ni de otro: does not take sides

Comienza el teatro universitario ambulante, mejor conocido bajo el nombre de **La Barraca**. Viaja dirigiendo representaciones de los dramas de Lope de Vega, Calderón de la Barca y otros, por los pueblos de España, y ... continúa escribiendo.

A fines de 1933 viaja a Buenos Aires donde dirige varias de sus obras con Margarita Xirgu desempeñando el papel principal. Es en este año que declara su independencia financiera. Hasta este tiempo dependía de su familia para sus gastos económicos. Quizás ésto fue una de las razones que contribuyeron a su interés en hacerse catedrático. Su padre desaprobaba de la vida que su hijo llevaba y quería que comenzara a hacer algo para ganarse la vida y casarse; en su opinión, la vida del teatro y escribiendo poesías y dramas no iban a proveer sustento para nadie.

Durante el año 1934, él escribe y estrena **DOÑA ROSITA LA SOLTERA**, en Barcelona, en diciembre. En agosto, su amigo Ignacio Sánchez Mejías, un brillante joven matador, recibe una cornada durante una corrida en la plaza de toros y muere dos días más tarde. La trágica muerte de su amigo, la vida truncada en todo el apogeo de su juventud, le conmueve de tal manera que escribe, en septiembre, su elegía y **"LAMENTO POR LA MUERTE DE IGNACIO SÁNCHEZ MEJÍAS"**. Regresa de Buenos Aires en octubre y no cabe en sí de contento[1] de como el público recibe su **YERMA** durante el estreno de ésta en diciembre en el Teatro Español de Madrid.

Sus obras continúan siendo agasajadas y disfruta de más elogio. Durante el año de 1935 se estrenan **EL TEATRO DE MARIONETAS DE DON CRISTÓBAL, DOÑA ROSITA LA SOLTERA** y **LOS TÍTERES DE CACHIPORRA**. A pesar de sus éxitos artísticos, tiene períodos deprimentes y se siente agobiado por la duda de quien es en realidad. Descontento con el ambiente de Madrid, le anuncia a sus amigos, durante una tertulia en la casa de Morla Lynch, que ha decidido abandonar Madrid y regresar a Granada. La Guerra Civil Española ya ha comenzado a reclamar muchas vidas.

Es un Lorca agobiado el que sale de Madrid alrededor del 16 de julio de 1936. Visita a sus padres y permanece en Granada cuando ellos se marchan al campo escapando el calor de la ciudad.

Escapando del ambiente de Madrid que tanto le agobiaba, huye a la Granada de su niñez y juventud buscando alivio. Lo que encuentra es una red de circunstancias que lo enredan aún más en un drama real que él nunca escribe. Lorca se convierte en el protagonista del drama que otros diseñaron para él.

En ese entonces, se desenvuelve un ataque contra el poeta. Varias versiones se han escrito acerca de las causas de su muerte. Unos dicen que la causa fue

---

1   no cabe en sí de contento: beside himself with happiness

porque él tenía asociación con los comunistas debido a sus ideas liberales, otros que la iglesia no le toleraba (sus obras aparecían en el Índice de la Iglesia Católica, prohibiendo así al vulgo leerlas), otros más, que había una lucha entre otros homosexuales en Granada, y aún otros, que era una vendetta contra su amigo Luis Rosales. Lo que sí se sabe con seguridad es que el 9 de agosto Lorca se refugia en la casa de Luis Rosales, creyendo estar seguro allí, ya que la familia Rosales era Falangista. El 16 de agosto, durante la ausencia de Luis, La Guardia Civil viene a la casa y arresta a Federico. Lo fusilan el 19 de agosto y entierran su cuerpo en una fosa común cerca de Viznár. Su muerte se llega a conocer como el **ASESINATO DE GARCÍA LORCA.**

EL TEATRO

El teatro de Federico García Lorca es un teatro en que el autor experimentó constantemente con diferentes estilos, pero casi siempre con los mismos temas. La diferencia en estilo y técnica lo llevó de los insectos, como representantes de las pasiones humanas en **EL MALEFICIO DE LA MARIPOSA**, a los títeres, las farsas, los dramas surrealistas y las tragedias al estilo de los griegos.

EL MALEFICIO DE LA MARIPOSA se presentó el 22 de marzo de 1920 en el Teatro Eslava de Madrid. Esta producción resultó ser un desastre, ya que el público madrileño no estaba acostumbrado a la novedad de tener como protagonistas de obras teatrales a insectos.

Como muchas de sus obras teatrales, **EL MALEFICIO DE LA MARIPOSA** tuvo su origen en un poema que el mismo Lorca escribió y luego destruyó. Según José Mora Guarnido el poema trataba de una mariposa que con un ala herida, cae sobre un nido de cucarachas. Éstas la cuidan hasta que la mariposa se cura. Mientras convalece la mariposa, el hijo de una de las cucarachas se enamora de ella. En cuanto la mariposa se repone, vuela fuera del nido y abandona a su amante.

Desalentado por el fracaso de su primera experiencia con el teatro, decidió que era necesario educar al público español a aceptar nuevos estilos.

Se encamina, pues, en su segunda salida, a presentar en el Teatro Goya de Barcelona a **MARIANA PINEDA** en junio de 1927. La compañía de Margarita

Xirgu, dirigida por el mismo Lorca con diseños de Salvador Dalí, la introduce al público con gran éxito.

MARIANA PINEDA se basa en la vida actual de la romántica heroína y el papel que desempeñó en la historia de Granada durante la oposición de los republicanos al gobierno de Fernando VII, a principios de 1800. Todavía existen documentos, en los archivos locales, acerca de su juicio y muerte.

MARIANA PINEDA y **EL MALEFICIO DE LA MARIPOSA** contienen los mismos temas que Lorca continuará desarrollando en el resto de sus obras: el amor, la pasión, la frustración y la muerte.

El interés de Lorca, desde su niñez, en los títeres y las representaciones que llevó a cabo en su casa, con la ayuda de la sirvienta, Dolores, lo llevaron a concebir **LOS TÍTERES DE CACHIPORRA** y **EL RETABLILLO DE DON CRISTÓBAL**. El mismo Lorca manejó las marionetas durante la primera presentación en la Feria de los Libros de Madrid, el 11 de mayo de 1935.

En 1928 trató de presentar **EL AMOR DE DON PERLIMPLÍN POR BELISA EN SU JARDÍN** en la Sala Rex de Madrid, pero las autoridades militares impidieron el estreno bajo la excusa de que la Reina Madre había muerto recientemente, pero hay quienes opinan que la verdadera razón por la cual no se permitió la presentación fue porque Don Perlimplín era un oficial del ejército y el papel que desempeñaba en la obra no era del agrado de los miembros de las fuerzas militares. Por fin se estrenó el 5 de abril de 1933 en el Teatro Español de Madrid.

EL AMOR DE DON PERLIMPLÍN POR BELISA EN SU JARDÍN y **LA ZAPATERA PRODIGIOSA** son ejemplos del argumento que tanto Cervantes como Alarcón usaron - el cuento tradicional del matrimonio de una mujer joven con un hombre viejo. En los dos están presentes el tema de la frustración de los maridos, el honor por la angustia que los protagonistas sufren debido a la habladuría de la gente, y la pasión por el deseo de las dos mujeres.

Del **AMOR DE DON PERLIMPLÍN POR BELISA EN SU JARDÍN** saltamos a **ASÍ QUE PASEN CINCO AÑOS** y **EL PÚBLICO**, ya que las otras obras, **YERMA, BODAS DE SANGRE, DOÑA ROSITA LA SOLTERA** y **LA CASA DE BERNARDA ALBA** están detalladas en las próximas páginas que ustedes están por leer.

Lorca comenzó a escribir **EL PÚBLICO** durante su estancia en Nueva York entre 1929 y 1930. Casi llegó a terminarlo en la Habana en 1930. A principios de 1931, leyó el drama a un grupo de amigos en la casa de Morla Lynch. Los amigos que escucharon la lectura de **EL PÚBLICO**, y **ASÍ QUE PASEN CINCO AÑOS**, los encontraron increíbles. Varios de sus amigos le dijeron que sería un escándalo presentarlos y además eran dificilísimos de comprender. El mismo poeta, en una entrevista con un periodista del periódico **LA NACIÓN** de Buenos Aires, en 1933, reafirmó que nadie se atrevería a representar su drama porque el público reaccionaría violentamente al ver a su propia imagen reflejada en la acción representada.

En 1972, Rafael Nadal, en una conferencia en la Universidad de Tejas, describe el drama y los estudiantes, entusiasmados, deciden representarlo.

En la acción de **EL PÚBLICO**, figuran los caracteres de Romeo y Julieta, pero el amor representado en la obra es un amor accidental. En una discusión de la obra, Lorca ofrece la observación que el amor que es independiente de la voluntad de los individuos, existe en todos los niveles con la misma intensidad, ya sea el amor entre una mujer y un hombre, el amor entre un hombre y otro hombre, o el amor entre un animal y otro. Ésto es precisamente el tema de **EL PÚBLICO** - el amor en sus diferentes formas, el amor cuando se desnuda en frente del público que observa la acción, refleja los mismos sentimientos de los observadores ... Aquí busca un amor puro y completo.

MARIANA PINEDA

MARIANA PINEDA es un romance adaptado a la escena en tres estampas. Escrito en 1925, Lorca se lo dedica a la protagonista principal de sus obras, Margarita Xirgu, en 1927.

Antes de comenzar la primera estampa, un corto prólogo anuncia, por medio de un triste poema, la suerte de Mariana Pineda - muere en el cadalso por bordar una bandera y negarse a declarar los nombres de unos conspiradores.

La primera escena de la primera estampa se desarrolla en la casa de Mariana. Aparecen Doña Angustias, la madre adoptiva de Mariana, y Clavela, la fiel criada. Hablan de la bandera que Mariana está bordando, obligada por sus amigos liberales - sobre todo por Don Pedro.

Durante la segunda escena entran las hijas del Oídor de la Cancillería que adoran a Mariana y conversan un rato con Angustias, ya que Clavela se enoja con sus bromas y se va. Mariana aparece en la tercera escena, se alegran de verse mutuamente. Mariana pregunta si ha llegado una carta para ella, y Angustias responde que no.

En la cuarta escena Mariana pregunta por Fernando y sus hermanas contestan que él viene a ver a Mariana pronto. De repente se levanta y pregunta si ha llegado alguien y Clavela responde que no. Todas se besan y entonces las jóvenes se marchan.

Fernando entra a visitar a Mariana, en la quinta escena, y ella se sorprende porque no le esperaba. Cuando se repone le pregunta si hay mucha gente en la calle y Fernando responde que sí, que parece que están buscando a un capitán liberal que se había fugado de la cárcel pero no duda que Pedrosa, el enviado del rey, lo coja y lo mate. Fernando le pregunta a Mariana si ella conoce a Pedrosa y ella le dice que sí, que viene por su casa sin que ella pueda impedirlo y que le infunde terror.

En la sexta escena, un jinete embozado pasa por la casa de Mariana, de noche, y le entrega una carta a Clavela para Mariana. La carta es de Pedro, el amante de Mariana. Mariana necesita ayuda y hace que Clavela llame a Fernando que ya había salido a la calle.

Fernando entra en la casa de Mariana al comienzo de la séptima escena. Mariana le pide que le haga un favor aunque va a ser peligroso, y le entrega la carta de Pedro para que la lea. En ella, Pedro le pide a Mariana que busque a alguien de confianza que le pueda traer su pasaporte que está escondido en la casa de ella. Fernando acepta llevarle el pasaporte a Pedro a pesar de que él está enamorado de Mariana, y se marcha después de besarle la mano. Después de marcharse Fernando, Angustias sale en busca de Mariana, durante la octava escena, para decirle que sus hijos habían encontrado la bandera que ella había estado bordando en secreto, y ahora estaban jugando con ella. Angustias continúa diciéndole que Mariana no piensa en los hijos y que debe de olvidar a su amante. Mariana está de acuerdo, pero dice que no puede hacerlo.

Al comienzo de la primera escena de la segunda estampa, los niños están jugando con Clavela en la sala principal de la casa de Mariana. En la segunda escena, Mariana entra y los besa, los acuesta, rezan juntos y les pide que duerman tranquilos, durante la tercera escena.

Durante la cuarta escena, Angustias le anuncia a Mariana que tiene visita y añade que ella está loca en permitir que Don Pedro venga a su casa. Mariana sale corriendo a ver a Pedro. Durante la quinta escena, Pedro le dice que la quiere pero que a pesar de ello, él no puede vivir sin la libertad. Se abrazan y Pedro le dice a Mariana que ella debe de ser fuerte mientras él lucha por la libertad.

Entran otros conspiradores durante la sexta y séptima escenas, todos esperando noticias del alzamiento. Llega el cuarto conspirador durante la octava y les anuncia a todos que trae malas noticias y que tendrán que aplazar el alzamiento y huir o morir.

Pedro le pide a Mariana que no se preocupe, que todo va a salir bien. Tocan a la puerta Pedrosa y su gente. Pedro se despide de Mariana y huyen todos. Uno de los conspiradores dice que no deben de abandonar a Mariana pero Pedro insiste en que deben de irse porque no pueden hacer nada por ella.

Pedrosa entra en la casa, al principio de la novena escena, y le informa a Mariana que él tiene en su poder la bandera que ella había estado bordando, después de preguntarle si ella sabe donde está Pedro de Sotomayor. Pedrosa le informa a Mariana que ella se podrá salvar si delata a los conspiradores y se entrega a él. La abraza, Mariana lo rechaza y le dice que prefiere la muerte. Al final de la segunda estampa, Pedrosa, enfurecido, arresta a Mariana. Angustias y Mariana se abrazan y baja el telón.

Al comienzo de la tercera estampa, las novicias del Convento de Santa María Egípciaca de Granada están hablando con Mariana, que está detenida en el convento. Dicen que ayer habían anunciado su sentencia de muerte por bordar una bandera.

En la segunda escena, Mariana le cuenta a la Hermana Carmen que va a morir porque amó mucho y ahora se da cuenta de que su amante, en realidad, nunca la quiso.

En la tercera escena Mariana habla con Alegrito, el jardinero, y le pregunta si Pedro sabe que ella va a morir. Alegrito le contesta que sí pero añade que Pedro no lo creía. Mariana lo manda a pedirle a Pedro que la ayude.

Durante la cuarta escena, hablándose a sí misma, le pide a Pedro que venga a salvarla.

En la quinta entra Pedrosa y le dice que se salve delatando a los conspiradores. Mariana se niega a hacerlo, de nuevo. Pedrosa le anuncia que ella morirá esa misma tarde.

En la sexta Mariana le pide a Pedro que se apure porque ya llega la hora de su muerte.

En la séptima, Mariana sigue sentada en un banco y las novicias hablan entre ellas que Mariana continúa esperando por el novio que nunca llega. Murmuran que llora y hablan de la injusticia de que va a morir sabiendo que había sido una mujer engañada. Entra la Hermana Carmen y anuncia que ha venido un hombre a verla con permiso del juez.

En la octava, Mariana se queda estupefacta. No es Pedro pero Fernando el que ha venido a verla. Fernando le dice a Mariana que Pedro se ha ido a Inglaterra y le ruega que se salve delatando a los conspiradores y añade que él quisiera poder morir para que ella viviera. Al final, Mariana le pide a Fernando que se marche ya que vienen a buscarla para llevarla al cadalso.

En la escena final, Mariana muere en el cadalso. Antes de caer el telón final, se oye a Mariana declarar que en realidad ella era la libertad herida por los hombres y se queja de que Pedro la abandonó por lo que él creía ser su ideal de la libertad. Después, unos niños cantan un coro que relata la triste historia de Mariana que murió en el cadalso por no declarar.

LA ZAPATERA PRODIGIOSA

LA ZAPATERA PRODIGIOSA es una farsa violenta en dos actos. Antes de comenzar el primer acto, sale el autor y se dirige al público. Este autor es uno de los personajes de la farsa. La Zapatera entra en la casa y cierra la puerta de un portazo. Toca un niño a la puerta que ha traído un par de zapatos para que el Zapatero los arregle. A la Zapatera le agrada el niño y éste le dice que la gente siempre está hablando de que ella nunca tendrá hijos porque su marido es muy viejo. Se va el niño. El Zapatero empieza a trabajar. La Zapatera se queja de la falta de dinero y de que su marido tiene cincuenta y pico[1] de años y ella tiene solamente dieciocho. Habla de sus muchos pretendientes del pasado y el Zapatero le pide que se calle, gústele o no le guste, él es su marido. Los dos se quejan de que no debieron haberse casado - el Zapatero que era la culpa de su hermana y la Zapatera le echa la culpa a su compadre.

Entra una vecina a traerle un par de zapatos para que se los arregle el Zapatero y le pide que se los arregle barato. El Zapatero y la Zapatera se pelean y la Zapatera sale. Entra el Alcalde y le pregunta al Zapatero como le van las cosas. El Zapatero se queja de que su mujer no lo quiere y la critica por ser coqueta. El Alcalde le responde que eso le pasa por casarse tan viejo, pero que él debe de dominar a su mujer tal como el Alcalde había dominado a sus cuatro mujeres antes de que se muriera cada una. El Zapatero confiesa que no lo hace porque él no quiere a su mujer y nunca debió de haberse casado. Entra la Zapatera, el Alcalde le

---

1 cincuenta y pico: over fifty

insinúa que es una lástima que ella tenga tan buen talle. Don Mirlo se aparece por la ventana y le echa piropos a la Zapatera. La Zapatera no le hace caso. Un Mozo se para en la ventana y le echa más piropos aún y le dice que la quiere. El Zapatero vuelve a quejarse de la Zapatera y de la habladuría acerca de ella y de los mozos. Entra el Niño y le dice a la Zapatera que su marido se ha marchado para no regresar jamás. La Zapatera se pone muy triste y no sabe que se va a hacer sola. El Alcalde entra y le dice que su marido se había ido porque ella no lo quería. La Zapatera se defiende y le contesta que lo que nadie sabe es que a pesar de todos los pretendientes, y muchos con dinero, el único hombre a quien ella ha querido, y al único que quiere es a su marido, el Zapatero.

En el segundo acto nos encontramos a la Zapatera sola, ya que su marido la ha abandonado. Ella ha abierto una taberna. Varios le proponen relaciones amorosas y ella los rechaza considerándose una mujer casada y honrada. Se indigna de las coplas que le han sacado con la insinuación de que ella es una mujer de virtud fácil. El Alcalde le propone vivir con él y cuando ella le insulta y le dice que es un viejo y que además le detesta, él la amenaza con meterla en la cárcel.

Llega el Zapatero disfrazado y nadie le reconoce. Pide tomar una copa y lo mira todo con disimulo. Luego saca un cartelón que representa y detalla el romance de un esposo viejo casado con una mujer joven que perseguida por un amante joven matan al marido viejo.

La Zapatera se pone nerviosa y le dice al Zapatero, todavía en disfraz, lo mucho que ella quería a su marido. El Zapatero le contesta que le envidia al marido y que a pesar de que su mujer le había dejado a él, él todavía la quiere.

Entra el Niño gritando que tres mozos se han herido con navajas y todos están diciendo que era la culpa de la Zapatera. Vienen a buscar a la Zapatera. Entretanto, el Zapatero se levanta para marcharse y la Zapatera le pide que si se encuentra con su marido que le diga que ella le adora. El Zapatero le pregunta que si por casualidad el Zapatero llegara a regresar, si ella le perdonaría. La Zapatera le contesta que ella le había perdonado hacía mucho tiempo. El Zapatero se descubre y los dos se abrazan. Los dos están contentísimos y un poco más tarde la Zapatera comienza a insultarle otra vez.

BODAS DE SANGRE

BODAS DE SANGRE, una tragedia en tres actos y siete cuadros, se estrenó en Buenos Aires en 1933. Entre todos los personajes que toman parte en el desarrollo de este drama, sólo uno tiene nombre propio - Leonardo Felix. Los otros han adoptado los nombres comunes de Madre, Padre, Novio, Novia. Aunque cada nombre se refiere a un personaje específico en el desarrollo de la tragedia, también pueden ser símbolos de otros muchos cuyas vidas pueden entrelazarse en una tragedia similar. **BODAS DE SANGRE** se basa en un hecho actual que ocurrió en Almería. Lorca leyó la noticia del acontecimiento, en un periódico, y decidió adaptarlo al teatro.

Cuando el primer cuadro del primer acto de la tragedia comienza, nos encontramos con el Novio y la Madre, en una habitación pintada de amarillo, conversando. El Novio le pregunta a la Madre si necesita algo ya que él va a la viña. La Madre le pide que almuerce pero el hijo le responde que comerá uvas y le pide la navaja para cortarlas. Mientras busca la navaja, la Madre murmura entre dientes maldiciendo las navajas, las escopetas y todo aquello que pueda truncar la vida de un hombre. El Novio le pide a la Madre que se deje de pensar en las tragedias del pasado. La Madre responde que no puede dejar de pensar en la muerte de su marido con quien sólo vivió tres años, y de su otro hijo.

La Madre le confiesa al Novio que tiene un presentimiento acerca de la Novia. Hacen preparativos para ir a visitar a la Novia y hablan de los regalos que van a comprar. La Madre quiere saber si la Novia había tenido otro novio antes de su hijo, pero éste no sabe.

El Novio se marcha y entra la Vecina a conversar con la Madre. La Vecina le cuenta a la Madre que la Novia había tenido otro novio antes de su hijo, pero que ese novio se había casado con una prima de la Novia hacía más de dos años. Cuando la Madre se entera que el antiguo novio de la Novia había sido Leonardo Felix, ella se levanta y escupe. Los Felix habían sido responsables por la muerte de su marido y de su otro hijo. La Vecina le pide que no eche a perder la felicidad de su hijo y la Madre entonces decide callar.

En el segundo cuadro nos encontramos a la Suegra de Leonardo y a su mujer. La Suegra está arrullando al niño, con la Mujer, cuando entra Leonardo, preguntando por el niño.

Leonardo se queja de que su caballo siempre está perdiendo sus herraduras. La Mujer le dice que quizás él lo hace correr demasiado. La Mujer le anuncia a

Leonardo que su prima va a casarse, éste se pone de muy mal humor y sale de la casa dejando a su mujer llorando.

La Madre y el Novio entran en la cueva que es la casa de la Novia, al comienzo del tercer cuadro. Después de la Madre quejarse de lo largo del camino para la visita, entra el Padre quien habla de juntar los capitales y comprar más tierra. La Madre y el Padre están de acuerdo que sus respectivos hijos son de buena semilla y podrán darles muchos nietos. Acuerdan celebrar la boda el próximo jueves.

Entra la Novia. La Madre le dice que casarse es tener un hombre e hijos. Le dan los regalos a la Novia. Después de marcharse el Novio y la Madre, entra la Criada que le pide a la Novia que le enseñe los regalos. La Novia le dice que la deje tranquila. La Criada le insinúa a la Novia que parece que no tiene ganas de casarse y le pregunta si había sentido el trote de un caballo a eso de las tres de la madrugada. La Novia responde que quizás fuera el Novio. La Criada le dice que no, que era Leonardo y hace que la Novia se asome a la ventana y ve que es Leonardo, de vuelta otra vez.

La Novia está preparándose para la boda en el primer cuadro del segundo acto. La Criada, que está ayudándola, le recuerda lo que es casarse; la Novia se quita el azahar y lo tira al suelo. De nuevo la Criada le pregunta si es que no quiere casarse.

Entra Leonardo a hablar con la Novia y le dice que se había casado con la prima porque la Novia lo había querido. Se había casado con otra por orgullo porque no tenía nada que ofrecerle a la Novia. Todavía la quiere y ella a él. La Criada le pide que se vaya.

Entran el Novio, la Madre, el Padre y la Mujer. La Novia está lista para casarse. Leonardo sale con su mujer después de una discusión - la Mujer tiene un presagio de que algo va a suceder.

Durante el segundo cuadro la Madre y el Padre hablan de los hijos que los dos esperan del matrimonio. La Madre se lamenta de que hay que esperar tan largo tiempo para tenerlos.

Después de la boda el Novio quiere besar a la Novia y ésta le pide que la deje porque la gente puede verlos, que espere un poco. En ese momento la Mujer entra buscando a Leonardo porque nadie lo ha visto, ni a él ni a su caballo. La Novia le pide al Novio que la deje un rato ya que quiere acostarse para sentirse mejor por la noche.

La Madre y el Padre preguntan por la Novia. El Padre la busca y no la encuentra. La mujer de Leonardo entra gritando que la Novia y Leonardo se habían huído y que iban abrazados sobre su caballo. La Madre pide que se formen dos bandos para que ayuden a su hijo a buscar a los fugitivos y anuncia que otra vez ha llegado la hora de la sangre.

El primer cuadro del tercer acto se abre en el bosque donde hay tres leñadores hablando del suceso ocurrido y de lo que ha de pasar. Aparecen la Luna y la Mendiga. La Mendiga le pide a la Luna que alumbre el paso para que los acechadores puedan encontrar a los que se han fugado. El Novio tropieza con la Mendiga y ésta se ofrece acompañarlo hasta encontrar a la Novia y a Leonardo.

La Novia le pide a Leonardo que huya y la deje sola para que él pueda salvarse. Leonardo se niega a dejarla sola. Los dos confiesan que se habían dejado arrastrar por el fuego de su pasión. Los dos deciden permanecer juntos aunque les cueste la vida.

Al final del primer cuadro la Luna aparece muy despacio, se oyen gritos desgarradores, se ve a la Mendiga de espaldas con el manto abierto, parada en el centro. La Luna se detiene.

En el último cuadro del tercer acto, la Mujer le dice a la Suegra que quiere saber lo que ha pasado. La Suegra le dice que regrese a su casa ya que no tiene marido.

La Mendiga anuncia que el Novio y Leonardo han muerto y que la Novia regresa cubierta de sangre. Después de marcharse la Mendiga, queda la escena sola y entran la Madre y la Vecina. La Madre le grita a la Vecina que deje de llorar. Entra la Novia a hablar con la Madre. La Madre le grita, la golpea y le reclama la honra de su hijo.

La Novia anuncia que quiere que la Madre la mate, pero antes quiere que sepa que no ha perdido su honra, que todavía es virgen. Admite que se fue con Leonardo porque la pasión la consumía pero añade que Leonardo nunca conoció su cuerpo. Le pide a la Madre que la deje llorar con ella, pero la Madre la manda a que llore en la puerta.

La Mujer, la Madre y la Novia recuerdan a los dos muertos - uno por la pasión, el otro por el honor; los dos sucumbieron a su destino - el cuchillo.

YERMA

Lorca se refirió a **YERMA** como un poema trágico en tres actos y seis cuadros.

Al abrirse la primera escena del primer acto, vemos a Yerma dormida y a un pastor que lleva de la mano a un niño vestido de blanco. El pastor se va y Yerma se despierta. Yerma comienza a llamar a Juan para que vaya al trabajo. Juan entra y Yerma le dice que debe de cuidarse y dejar de trabajar tanto. Juan le contesta que él está bien y que además no tienen hijos que gasten dinero. Yerma le contesta que se había casado contenta porque quería acostarse con él y tener hijos. Juan le contesta que debe de esperar y que no debe de salir de la casa. Yerma canta una canción preguntando dónde está el hijo que ella ansía.

María entra y Yerma le pregunta que hacía en la tienda tan temprano. María le confiesa que había ido a comprar cosas para hacerle una canastilla al hijo que espera. A Yerma le parece increíble que María esté encinta cuando ella solamente lleva cinco meses de casada, ya que Yerma lleva tres años de matrimonio y no ha salido en estado. María le pide que no se desespere y le explica que hay mujeres que tardan y que después de muchos años tienen un hijo. María le pide a Yerma que le cosa unos trajecitos para el niño ya que Yerma cose tan bien.

María se marcha y Yerma se pone a cortar unos pañales. En eso entra Victor buscando a Juan y nota que Yerma está cortando los pañales y le pregunta si son para ella. Yerma explica que no que son para María. Victor sugiere que el marido de Yerma, Juan, debe de pensar más en tener un hijo y menos en el trabajo. Cuando Victor se marcha, Yerma va hacia el lugar donde Victor había estado parado y aspira hondamente el aire tratando de aspirar la esencia del hombre. Después, se sienta a coser.

En el segundo cuadro, Yerma viene del campo con una cesta y se encuentra con la primera Vieja. Las dos se saludan. La Vieja se entera de que Yerma lleva tres años de casada y aún no tiene hijos. La Vieja le dice que ella tiene nueve hijos que son como nueve soles. Yerma, que le ha tomado confianza a la Vieja, le pregunta por qué está seca y le pide que le diga lo que tiene que hacer para tener hijos.

La Vieja le pregunta a Yerma si ella tiembla cuando su marido se le acerca. Yerma le contesta que no, que ella se había casado con Juan porque su padre lo había querido y que se entrega al marido buscando al hijo. También confiesa que el único hombre que la ha hecho temblar ha sido Victor. Cuando la Vieja recalca que Yerma está vacía, Yerma le dice que se está llenando de odio. La Vieja insinúa que Juan es incapaz de darle hijos porque es estéril. Despúes Yerma conversa con dos muchachas acerca de los hijos y cuando se marchan, oye el canto de Victor. Yerma tropieza con Victor y le pregunta que tiene en la cara y comienza a temblar. De repente oye algo como si fuera el llanto ahogado de un niño. Le pregunta a Victor si él también lo había oído, pero él le dice que no. Los dos se miran. Entra Juan y le dice a Yerma que debe de estar en casa; no comprende porque Yerma se ha entretenido y le preocupa que la gente hable de ella. Juan anuncia que se pasará la noche regando los campos y que Yerma no debe de esperarlo pero sí debe de acostarse a dormir.

Cuando se abre el primer cuadro del segundo acto, un grupo de lavanderas están hablando de Yerma. Nos enteramos que Juan ha traído a sus hermanas solteronas para que vigilen a Yerma. Una de las lavanderas sugiere que no es la culpa de Yerma que no tiene hijos. Otra comenta que no los tiene porque no quiere tenerlos porque bien puede buscarse otro hombre. Aún otra, añade que se la ha visto con otro hombre pero que solamente hablaban. El ambiente se hace más cargado cuando llegan a lavar Yerma y las dos cuñadas, vestidas de negro - ninguna se habla.

Juan pregunta donde está Yerma al principio del segundo cuadro y las hermanas le dicen que quizás esté en la fuente, Juan estalla. Les grita que ellas estaban en su casa para evitar que Yerma saliera sola, que él trabajaba muy duro y necesitaba que se cuidara su honra que era la misma que la de ellas. Entra Yerma. Juan le vuelve a decir que no quiere que salga y añade que el único lugar de la mujer es en su casa. Aunque Juan le dice a Yerma que le da todo lo que ella quiere, Yerma le tira en cara que no tiene el hijo que tanto quiere. Juan le pide que lo olvide, ya han pasado más de cinco años y no quiere que ella salga ni hable con nadie. María pasa casi corriendo por casa de Yerma, pero Yerma la para. María explica que no visita mucho a Yerma porque ésta siempre se está quejando de no tener hijos y se pone muy triste. Yerma le cuenta que ha perdido la esperanza de ser madre y que su marido y sus cuñadas la vigilan para que no se busque a otro hombre - algo de lo cual ella sería incapaz de hacer ya que su honra nunca se lo permitiría. María se marcha. Victor entra a despedirse de Yerma y los dos se hablan con doble sentido. Entra Juan a preguntarle a Victor por qué se marcha. Se despiden todos. Yerma sale con una muchacha. El segundo acto termina con las dos cuñadas llamando y buscando a Yerma.

El primer cuadro del tercer acto toma lugar en la casa de Dolores, la conjuradora. Yerma explica que no tiene hijos y no los tiene porque su marido no los quiere tener y por eso no se los da a ella. Dolores le dice que rece unas oraciones y logrará salir encinta. Juan se aparece a la puerta con las hermanas y acusa a Yerma de ser su deshonra. Dolores trata de explicarle que Yerma no ha hecho nada malo pero Juan se niega a escucharla. Juan empuja a Yerma diciéndole que desde que se casaron Yerma siempre está buscando algo, saliendo a la calle y la gente hablando de Juan. Yerma maldice su cuerpo que no le sirve para tener hijos y ... se baja el telón.

Durante una romería, al final del tercer acto, encontramos a la vieja alegre del primer acto. Ella está en la ermita adonde las mujeres van descalzas a llevar ofrendas. Yerma, que también se encuentra allí, habla con la vieja quien le pregunta dónde está su marido, Juan. Yerma le contesta que Juan está bebiendo. La vieja, que según ella no puede aguantar más, le dice a Yerma que Juan no puede tener hijos y le ofrece uno de sus propios hijos que la está esperando para llevársela con él. Yerma afirma que no quiere otro hombre, que su honor no se lo permite. Juan la oye y le dice que deben de olvidar todo y tratar de vivir felices porque no tienen hijos y se vive mucho mejor sin ellos. Confiesa que se había casado con Yerma por ella y que nunca había querido tener hijos. Mientras los dos están en el suelo Yerma pregunta si puede llegar a tener un hijo y Juan le responde que no. Juan la abraza y se propone hacerle el amor - Yerma da un grito y le aprieta la garganta con las manos, estrangulándolo. Antes de bajar el telón final, Yerma anuncia que ha matado a su hijo.

DOÑA ROSITA LA SOLTERA

DOÑA ROSITA LA SOLTERA es un poema granadino dividido en tres actos. Es la tragedia de una joven que después de dar la palabra a su prometido de esperar su regreso de Tucumán para casarse, le espera en vano por veinticinco años.

Cuando se abre el primer acto, el Tío está preguntándole a la Tía y al Ama por sus semillas y los tres entablan una conversación con referencia a las flores. Rosita entra buscando su sombrero y no lo halla. El Tío continúa quejándose del desastre que encuentra en su invernadero. Rosita vuelve a entrar buscando su sombrilla para salir con las Manolas. El Ama y la Tía se quedan hablando de Rosita y su novio, que son primos. La Tía dice que los quiere mucho a los dos. Entra el sobrino a decirle a la Tía que se marcha a Tucumán ya que su padre lo necesita y ofrece casarse con Rosita antes de irse. La Tía no lo permite y critica al sobrino por dejar a Rosita sola. Rosita regresa a casa con las Manolas. La Tía le dice que el novio se marcha. Rosita llora. Entra el novio, él y Rosita hablan - se dicen en poesia lo mucho que se quieren y él le pide que le espere ya que volverá pronto a buscarla para hacerla su esposa.

El segundo acto toma lugar en la casa de Doña Rosita. El Tío y el Señor X conversan; antes de marcharse el Señor X le pide al Tío que salude a Rosita de su parte y la felicite por ser el día de su santo. Entra el Ama y ella y el Tío discuten acerca de los pretendientes de Rosita y que ella no le hace caso a ninguno, ya que está comprometida y esperando el regreso de su novio, desde ya hace más de quince años.

La Tía y el Ama discuten sobre cual de las dos quiere más a Rosita. La Tía se incomoda y despide al Ama, pero después que una le dice a la otra que es la otra que quiere más a Rosita, se arreglan. El Tío y la Tía discuten.

Entra Rosita, ahora vestida a la moda de 1900 y pregunta si ha venido el cartero. Después sale a cortar rosas y la Tía la sigue. La Tía le dice que debe de salir y distraerse, Rosita contesta que le duele salir y ver como cambia la gente y darse aún más cuenta de como pasa el tiempo. Entran una señora y sus hijas solteronas a saludar a Rosita. Todas le preguntan a Rosita si ha tenido carta del novio. Llega el cartero. Rosita abre la carta del novio donde le dice que se casarán por poderes, ya que él no puede venir. Rosita acepta este pedido como prueba de que el novio aún la quiere y anuncia que él vendrá pronto a buscarla.

Cuando comienza el tercer acto han pasado diez años más. El Tío ha muerto. La Tía y el Ama conversan. La Tía se queja de que se está poniendo vieja y tanto ella como el Ama lo sienten más por Rosita. Sienten tener que morir y dejarla sola. En un arrebato la Tía dice que quisiera ser más joven para poder ir a Tucumán y hacer pagar al infame sobrino por las mentiras y el dolor que le ha hecho sufrir a Rosita por veinticinco años. Todo mentira, la había engañado, y Rosita, siempre esperando. El Ama dice que se había casado con la otra mujer hacía más de ocho años porque tenía dinero y ahora Rosita estaba pasada; demasiado vieja para que alguien quisiera casarse con ella. Al poco tiempo la Tía le dice al Ama que no le puede pagar su sueldo porque no tiene dinero, al Ama no le importa e insiste en quedarse con ellas. Debido a que el Tío había hipotecado la casa en que vivían y también los muebles, las tres se ven forzadas a salir de la casa familiar y mudarse a otro sitio ya que que lo habían perdido todo. Rosita les dice que ya ella había sabido, con anterioridad, que el novio se había casado con otra porque alguien se lo había dicho. Según ella, lo que más le había dolido era que la gente la señalara y se hablara de ella. Salen las tres de la casa. Comienza a llover y Rosita se alegra de que por lo menos nadie las podrá ver salir de su casa.

LA CASA DE BERNARDA ALBA

LA CASA DE BERNARDA ALBA también se conoce bajo el subtítulo de **EL DRAMA DE MUJERES EN LOS PUEBLOS DE ESPAÑA**. Mujeres que se ven tiranizadas por una madre dominante y tratan conciente o inconcientemente de rebelarse contra el yugo que las oprime. Cuando se abre el primer acto de este drama en tres actos, nos encontramos en una habitación blanquísima en el interior de la casa de Bernarda. La Criada y la Poncia salen y comentan que la única de las hijas que parece haber querido al padre muerto es Magdalena, ya que se había desmayado durante el responso. Continúan hablando de Bernarda y de su tiranía para con todos, sobre todo sus cinco hijas: Angustias de 39 años, Magdalena de 30, Amelia de 27, Martirio de 24 y Adela de 20.

Descubrimos por medio de[1] la Poncia que Angustias, la mayor, era la hija del primer marido de Bernarda y las otras del segundo que acababa de morir. Como el primer marido de Bernarda tenía dinero, Angustias heredó un capital pero las otras no tenían nada. Según La Poncia todas son feas menos Adela, la más joven.

Entra una mendiga pidiendo limosna y se la niegan. La vieja se va maldiciendo a todos los que viven en esa casa.

La Poncia le dice a Bernarda que debe de estar contenta ya que todo el pueblo ha venido al velorio. Bernarda, que detesta al pueblo y a todos cuantos viven allí, dice que han venido sólo para llenar su casa con el sudor y el veneno de sus lenguas.

Cuando Bernarda siente calor y le pide a Adela su abanico, lo arroja al suelo al ver que no es negro y anuncia que el luto durará ocho años - nadie podrá salir de la casa y las mujeres se dedicarán a coser y bordar el ajuar de Angustias.

Las hijas se quejan y Bernarda les dice que en la casa manda ella y todas harán su voluntad. En esto se oye una voz que le grita a Bernarda que la deje salir - es María Josefa, la madre de Bernarda, que tiene ochenta años. La Criada le dice a Bernarda que tuvieron que taparle la boca varias veces durante el velorio porque gritaba que le dieran agua de fregar para beber y carne de perro de comer ya que eso era lo que Bernarda siempre le daba, según ella.

---

1   por medio de: through

Bernarda le dice a la Criada que la deje salir al patio para que se desahogue y que ninguno de los vecinos la oiga. María Josefa pide que le den sus joyas porque se quiere casar.

Bernarda pregunta por Angustias y Adela, con intención[1] le dice que estaba en el portón mirando a los hombres. Bernarda regaña a Angustias y cuando nota que tiene polvo en la cara, le da una bofetada. La Poncia interviene y le dice a Bernarda que se deje de pegarle a Angustias aunque a ella también le había parecido mal que oyera lo que los hombres estaban en el patio.

Bernarda hace salir a todas sus hijas y le pide a la Poncia que le cuente lo que los hombres estaban diciendo. La Poncia relata que hablaban de Paca la Roseta - unos hombres habían atado al marido y se habían llevado a la Roseta al olivar. Después de haber gozado de ella había bajado con los pechos afuera. Bernarda dice que la Roseta es la única mujer mala que hay en el pueblo y que los hombres que se la habían llevado tampoco eran del pueblo.

Las hijas hablan de Pepe el Romano que viene a cortejear a Angustias. Magdalena dice que sólo viene por el dinero de Angustias, ya que su hermana es vieja y fea y sugiere que Pepe con sus veinticinco años sería mejor marido de Adela con veinte.

La Criada anuncia que Pepe viene por la calle y todas corren a ver si lo ven, menos Adela. La Criada le pregunta por qué no va. Las hermanas se pelean. María Josefa se escapa y le grita a Bernarda que quiere un varón para casarse. Bernarda manda que la encierren otra vez.

Cuando el segundo acto comienza, las hijas de Bernarda están sentadas en una habitación blanca, cosiendo. De nuevo las hermanas están peleando y Magdalena pregunta por Adela que está acostada. La Poncia dice que a Adela le pasa algo. Martirio contesta que a Adela le pasa lo mismo que a las demás. Continúan hablando. La Poncia dice que con el calor de la noche anterior ella, al igual que las demás, no había podido dormir bien y había oído a Pepe hablando con Angustias. Según ella, Pepe no se marchó hasta las cuatro de la madrugada. Angustias dice que no es verdad.

Adela sale y dice que no se siente bien y que tiene mal el cuerpo. Martirio le pregunta con mala intención si es que no había dormido bien la noche anterior. Adela le replica que deje de meterse en lo que no le importa y que ella puede hacer lo que le dé la gana con su cuerpo. La Poncia critica a Adela y le dice que se ha fijado que a Adela le gusta mucho Pepe el Romano. También la Poncia añade que

---

1 con intención: with evil intent

Adela debe de esperar hasta que Angustias se muera del primer parto y entonces Adela se podrá casar con Pepe el Romano. Adela le anuncia a la Poncia que ha llegado muy tarde con sus consejos y que ama a Pepe.

Entran las hermanas a preguntarle a la Poncia si les ha comprado lo que querían de la tienda y hablan de las compras, los nuevos segadores que han venido a los campos, y de la mujer de la vida que algunos hombres habían contratado.

Martirio se queja del calor. Amelia le dice que se acueste. Entra Angustias furiosa, acusando que le han robado el retrato de Pepe. Bernarda, como una fiera, quiere saber quien lo ha cogido. La Poncia va a registrar todos los cuartos y lo encuentra entre las sábanas de la cama de Martirio. Bernarda viene a pegarle a Martirio y Martirio la amenaza. Angustias agarra a Bernarda y le dice que deje a Martirio.

Bernarda le dice a la Poncia que Angustias tiene que casarse en seguida. La Poncia le responde que ella debe de abrir bien los ojos porque algo muy grande está pasando en su casa - Pepe está en una de las rejas de la casa hasta después de las cuatro y media de la madrugada. Martirio y Adela se pelean. Martirio acusa a Adela de ser amante de Pepe.

Afuera de la casa se oye una conmoción. La Poncia entra y le cuenta a Bernarda que la gente del pueblo estaba apedreando a la hija de la Librada, una soltera que había tenido un hijo no se sabía con quien, lo había matado y unos perros lo habían encontrado debajo de unas piedras. Bernarda grita que la maten por su pecado. Adela, cogiéndose el vientre pide que no.

Es de noche cuando comienza el tercer acto. Se oye el caballo que parece tumbar las paredes, tratando de escaparse para irse con las potras. Bernarda dice que se parece a un hombre. Prudencia, una amiga, viene a visitar la casa. Bernarda le dice que Pepe viene a pedir a Angustias dentro de tres días. Angustias le cuenta a Bernarda que encuentra a Pepe distraído, que no habla mucho, siempre se va pronto y no vendrá esa noche porque se ha ido con su madre a la capital.

La Poncia le dice a Bernarda que debe de vigilar a sus hijas. Bernarda le contesta que en su casa no pasa nada. La Poncia y la Criada hablan de Adela y Martirio. La Poncia encuentra a Adela levantada y Adela explica que quería un vaso de agua. Sale María Josefa con una oveja y dice que es su niño. Martirio empuja a María Josefa para que se vaya a la cama, y se dirige al corral. Allí llama a Adela que sale toda despeinada. Al ver como sale Adela, Martirio la amenaza porque ella también está enamorada de Pepe el Romano. Adela trata de abrazar a Martirio y le dice que no es su culpa que ella y Pepe se quieran.

Martirio llama a Bernarda y le cuenta que Adela estaba con Pepe. Bernarda trata de darle golpes a Adela con un bastón y Adela se lo quita de las manos y se lo rompe. Bernarda coge una escopeta y dispara. Angustias acusa a Adela de ser la deshonra de la casa. Martirio anuncia que Pepe está muerto. Adela corre y se encierra en un cuarto. La Poncia maldice a Martirio cuando se entera que Pepe está vivo y Martirio había dicho que estaba muerto, por maldad.

A la fuerza empujan la puerta del cuarto donde está Adela, y la encuentran ahorcada. Bernarda pide que descuelguen a Adela y la pongan en su cuarto vestida como una doncella y que avisen que al amanecer la iglesia de dos clamores de campanas - la hija menor de Bernarda Alba ha muerto virgen.

LA POESÍA

EL ROMANCERO GITANO

EL ROMANCERO GITANO es una colección de dieciocho poemas. Esta colección recrea el espíritu popular y primitivo de la Andalucía de nuestro poeta. En todos los poemas está presente la muerte. Los protagonistas, todos, sufren la pena negra que caracteriza el destino de los gitanos. Esa pena negra que siempre lleva el presagio de la muerte. El presagio de la muerte que siempre llega, la mayor parte del tiempo, de forma violenta. La sangre que brota del cuerpo con la ayuda de las navajas, los cuchillos, los puñales - el destino de los gitanos. Nacen, se crían, viven; sí viven esperando a que se cumpla su destino - viven esperando que llegue la muerte.

El fatalismo que inunda el alma de los gitanos, Lorca lo hizo muy suyo en todos sus poemas. Cantó la pena, la soledad y el amargo destino de la muerte violenta. Tanto sus dramas como sus poemas siempre tenían un sabor regional, se le refería, a él, como el cantor de los gitanos. El título de poeta de los gitanos siempre le chocaba[1], aún más, que muchos aludieran a que por sus venas corría sangre gitana. Quería que se le conociera como el poeta de temas universales, pero nunca logró este deseo, aunque trató de hacerlo con su **POETA EN NUEVA YORK**. Nunca logró concebir los temas universales porque lo único que conoció a fondo fue el regionalismo de la pena, el dolor, la pasión y la violencia de la

---

1 chocarle: did not sit well with him; it upset him

82

muerte que siempre está acosando a sus protagonistas con los cuchillos, las navajas y los puñales.

En el primer romance del **ROMANCERO GITANO**, el "Romance de la Luna", un niño está mirando la luna y Federico anuncia que cuando regresen los gitanos encontrarán al niño muerto. Le pide a la luna que huya ya que el niño se ha ahogado. La luna, como símbolo de la muerte, se lleva al niño de la mano dejando a los gitanos llorando.

En "Preciosa y el Aire", el segundo romance, Preciosa va por el camino, tocando su tamboreta, cuando se encuentra con el viento que trata de seducirla. Preciosa huye y busca refugio en la casa del cónsul inglés, mientras el viento ruge afuera porque su presa se le escapó.

En "Reyerta", el tercer romance, dos mujeres lloran la muerte de Juan Antonio el de Montilla, después de una lucha a muerte, con navajas, el poeta anuncia al juez que llega con la Guardia Civil a investigar el suceso, que había ocurrido lo de siempre - habían muerto cuatro romanos y cinco cartagineses.

Quizás el más famoso de todos sus romances es el cuarto de esta colección - "Romance Sonámbulo". Este romance comienza con su "Verde que te quiero verde"; ese verde que repite y rezumba en los oídos. Ese verde que parece ser el lamento de la gitana que muere esperando que llegue su amante. El amante llega, llega demasiado tarde con su compadre, los dos sangrando. Uno pregunta al otro donde está la niña amarga y la respuesta es que lo esperó pero ya está muerta, lo mismo que él va a morir.

En "La Monja Gitana", el quinto romance, la monja está bordando, al mismo tiempo que sueña despierta con dos caballistas que vienen a hacerle el amor. A lo lejos "gruñe" la iglesia, dándole a saber que la fantasía de su imaginación, sus pensamientos sensuales y eróticos, están contra los mandamientos de la iglesia.

En el sexto, "La Casada Infiel", el poeta expresa el sentimiento erótico de una mujer casada que se va al río con un gitano, donde él le hace el amor. Es el gitano, en el poema, el que relata la unión amorosa y el regalo que le hizo de un costurero, después de añadir que no quiso enamorarse de ella porque tenía marido, aunque ella le había dicho que no lo tenía.

Soledad Montoya, en el séptimo romance, el "Romance de la Pena Negra", es una terrible figura que baja de la montaña buscando su persona. El romance comienza en la oscuridad en que Soledad quiere encontrarse fuera de su pasión y Lorca le pide al final que se bañe en el agua clara para quitarse esa pena negra que le abrasa el alma, la pena negra del dolor de la pasión que la consume y no tiene expresión. Soledad Montoya es un símbolo de las emociones que el poeta recalca con la pena negra. Soledad no es verdaderamente una mujer, pero sí la representante del dolor de una pasión que se siente hondamente, consume al poeta, y no puede expresarse abiertamente.

Los romances octavo, noveno y décimo se refieren a los respectivos santos: San Miguel de Granada, San Rafael de Córdoba y San Gabriel de Sevilla. En estos tres romances, de momento, abandona su uso constante de los gitanos como protagonistas y mira hacia la iglesia con su recreación de los santos. En estos romances adapta las ideas típicas de los miembros de la generación del '98 de rebelarse, con cierta hostilidad, contra las enseñanzas de la iglesia.

Los próximos dos romances son acerca de Antonio Torres Heredia, Antoñito el Camborio. El primero es el "Prendimiento de Antoñito el Camborio". En el camino de Sevilla, la Guardia Civil lo lleva preso y lo encierran en un calabozo. El segundo es la "Muerte de Antoñito el Camborio" - por envidia sus cuatro primos Heredia lo asesinan.

El décimo tercero romance, "Muerto de Amor", anuncia la tristeza de la muerte de un joven gitano; no se sabe por qué murió, pero él le pide a su madre que le avise a los señores del Sur al Norte la noticia de su muerte por medio de telegramas azules.

El décimo cuarto romance es el "Romance del Emplazado". Éste es otro romance acerca del Amargo. Al Amargo le han anunciado el presagio de su muerte el 25 de junio. En el presagio le anuncian que haga sus preparativos para dejar esta vida, ya que va a morir a los dos meses justos, o sea el 25 de agosto. Éste es el mismo Amargo del **CANTE JONDO**; el mismo que cuando Lorca era chiquito trató de hablarle cuando vino a visitar su casa, el joven gitano, en vez de dirigirle la palabra, escupió en el suelo.

El "Romance de la Guardia Civil Española", el décimo quinto, describe a los guardias civiles vestidos de negro, caballos negros con herraduras negras. Símbolos de la muerte y la pena negra que es el presagio del fin de la vida de los gitanos.

Pinta a la Guardia Civil como gente que hace lo que le da la gana - anuncia que matan, saquean, se emborrachan y destruyen todo lo que encuentran en su camino; pegan fuego a las casas y seducen a las mujeres.

El décimo sexto, el décimo séptimo y el décimo octavo son tres romances históricos. El décimo sexto es el "Martirio de Olalla". Al principio del poema nuestro poeta describe el panorama de Mérida; en la segunda parte detalla el martirio de Olalla. A Olalla le han cortado las manos, los senos y la garganta. Cuelgan su cuerpo desnudo de un árbol; en la tercera parte, el infierno, los ángeles la reciben en el cielo diciendo: Santo, Santo, Santo.

El romance de "Don Pedro a Caballo" también se conoce bajo el título de "Burla de Don Pedro a Caballo". El poeta anuncia que Don Pedro venía llorando en busca de amor y sustento. Don Pedro llega a las lagunas y cuando pregunta lo que quiere, la respuesta es siempre no, o veremos. Dos mujeres y un viejo encuentran el caballo de Don Pedro muerto, y en la última laguna nos enteramos que Don Pedro estaba debajo del agua, muerto.

El último romance del **ROMANCERO GITANO** se titula "Thamar y Amnón". Este romance describe el amor incestuoso entre Thamar y su hermana Amnón. Thamar seduce a Amnón y luego huye en su caballo, perseguido por las flechas que le disparan los negros.

POEMA DEL CANTE JONDO

EL POEMA DEL CANTE JONDO es una colección de poemas cortos y dos bosquejos dramáticos. El bosquejo de la "Escena del Teniente Coronel de la Guardia Civil", presenta al Teniente Coronel hablando con un gitano que ha sido arrestado. El Teniente Coronel quiere saber lo que es un gitano, el gitano le contesta que puede volar con alas que ha inventado, aunque no las necesita, y lleva azufre y rosa en los labios. El Teniente Coronel comienza a retorcerse y a gritar. Luego cae muerto y su alma sale por la ventana. Más tarde sacan al gitano al patio del cuartel y lo apalean cuatro guardias civiles.

El "Diálogo del Amargo" es el segundo bosquejo del **CANTE JONDO**. Éste es el mismo Amargo del **ROMANCERO GITANO**. En este diálogo, aparece el Jinete como símbolo de la muerte. El Jinete le regala un cuchillo de oro al Amargo. Este cuchillo va a ser responsable de su muerte.

El **POEMA DEL CANTE JONDO** termina con la "Canción de la Madre de Amargo". Ella anuncia la muerte de su hijo el veintisiete de agosto y pide a sus vecinas que no lloren porque el Amargo está en la luna.

La muerte siempre está acechando en el **POEMA DEL CANTE JONDO**. Los protagonistas de los bailes - la siguiriya, la soleá, la petenera, todas mueren. La muerte camina en el poema "Clamor". En "Malagueña", entra y sale de la taberna. En "Café Cantante", Parrala sostiene una conversación con ella y en "Candil", es la llama tenebrosa que se asoma a los ojos del gitanillo muerto.

En sus poemas del **CANTE JONDO**, García Lorca trató de recrear el corazón del antiguo cante de Andalucía. Cuando los gitanos, huyendo de las invasiones de Tamerlano[1], finalmente llegaron a España en 1440, trajeron con ellos sus tradiciones de un elemento de canción que unidos a otras formas que ya existían, crearon el cante. La siguiriya es la más vieja, después formaron los soleares, las saetas religiosas y las peteneras. Las sevillanas, de donde nace el flamenco, son más recientes. Los temas del Cante son los temas universales del amor y la muerte. La muerte siempre acechando[2] en varias formas, sobre todo con la navaja, el cuchillo, el puñal y la flecha, está presente en todos los poemas - la muerte y la pena negra. Las dos, nuestro poeta pareció cogérselas para sí. La muerte que tanto acogió, lo abrazó el 19 de agosto.

POETA EN NUEVA YORK

Alrededor de 1928, cuando comienza a disfrutar de los frutos de su labor y a saborear sus triunfos artísticos, sufre una crisis emocional y espiritual. Para este tiempo rompe definitivamente sus relaciones con Salvador Dalí y decide salir de España, buscando alivio por otras tierras. Se marcha a los Estados Unidos y se establece en las gran ciudad de concreto - Nueva York. Aquí trata de buscar otros temas para su poesía que no posean el íntimo lamento gitano. Aquí trata de deshacerse del título de poeta de los gitanos.

Su estado de depresión es tan intenso, su soledad y sentimiento de alienación tan profundo, que nunca logra deshacerse, por completo, del presagio de la muerte y su tormento fatal.

Durante su estancia en Nueva York y breves visitas a Lake Eden Mills a ver a su amigo Phillip Cummings y a Fernando de los Ríos en las afueras de la ciudad, comienza a recoger los temas y la materia que comprenden la mayoría de los poemas en esta colección. Visita Harlem y continúa paseándose por esta parte de Nueva York, multitud de veces. Esgrime su pluma entre 1929 y 1930 y escribe los versos de los poemas del dolor de los negros que hace muy suyos, en Nueva York. Termina la colección de su **POETA EN NUEVA YORK** con los poemas de su visita a la Habana, Cuba.

---

1 Tamerlano: Tamerlayne
2 acechando: lurking

Hablando y leyendo el o acerca del **POETA EN NUEVA YORK**, no puede justificarse a menos que se usen las palabras del autor que leyó y analizó los poemas en su memorable conferencia del 16 de diciembre de 1932 en el Hotel Ritz de Barcelona.

"No os voy a decir lo que es Nueva York por fuera ... pero sí mi reacción lírica con toda sinceridad y sencillez ... Los dos elementos que el viajero capta en la gran ciudad son: arquitectura extrahumana y ritmo furioso. Geometría y angustia ... pero hay que salir de la ciudad y hay que vencerla ... Y me lanzo a la calle y me encuentro con los negros. En Nueva York se dan cita las razas de toda la tierra, pero chinos, armenios, rusos, alemanes, siguen siendo extranjeros. Todos menos los negros. Es indudable que ellos ejercen enorme influencia en Norteamérica y pese a quien pese son lo más espiritual y delicado de aquel mundo. Porque creen, porque esperan, porque cantan y porque tienen una exquisita pureza religiosa que los salva ... Yo quería hacer el poema de la raza negra en Norteamérica y subrayar el dolor que tienen los negros de ser negros en un mundo contrario; esclavos de todos los inventos de los blancos ... lo ... salvaje y frenético no es Harlem ... Lo impresionante por frío y cruel es Wall Street. Llega el oro en ríos de todas partes de la tierra y la muerte llega con él ... El tiempo pasa y ya estoy en el barco que me separa de la urbe arrolladora, hacia las hermosas islas Antillas ... La Habana surge entre cañaverales y ruidos de maracas, cornetas divinas y marimbos ... Y salen los negros con los ritmos que yo descubro típicos del pueblo andaluz, negritos sin drama que ponen los ojos en blanco y dicen nosotros "somos latinos."[1]

La cronología de los poemas sigue los pasos que guiaron al poeta desde su llegada a los Estados Unidos: llega con las memorias nostálgicas y dolorosas de su país; se encuentra de repente en una ciudad desconocida e impersonal; viaja al campo a recobrarse en Vermont, regresa más aliviado y trata de desenmarañar el caos que encuentra en la ciudad; se marcha después de toparse consigo mismo.

Presentes están dos temas, según él: el poeta trata de analizar y resolver la crisis de una ciudad muerta en vida y resolver la crisis de su propia vida - no quiere morir y tiene ansia de vida.

Los poemas son difíciles de leer ya que están llenos de simbolismos. pero algo muy importante que resalta es que el poeta de la muerte busca algo que no es ella - Lorca busca la vida, ¡quiere vivir!

---

1   García Lorca, Federico, **POETA EN NUEVA YORK**, Editorial Lumen, Barcelona, 1976, pp. 8, 16, 19, 20, 28, 30, 95 y 96.

LOS TEMAS PRINCIPALES

Al leer y estudiar a fondo las obras de Federico García Lorca, encontramos cuatro temas que resalen tanto en sus dramas como en sus poemas. La pasión, la muerte, el honor y la frustración son los temas más evidentes. La pasión y la muerte se encuentran entrelazadas[1]. Ambas llevan a o son la causa de la violencia. El sentido del honor es un sentido puramente español. Este honor que desempeña tan importante papel es parte de una vieja cultura que para muchos es muy difícil de comprender, pero es típico, sobre todo en la época en que las obras fueron escritas. La frustración es un sentimiento irracional que embarga[2] a los protagonistas - la frustración de la maternidad no realizada y la frustración sexual. Aliándose a estos temas, encontramos los varios símbolos que ayudan a nuestro autor a dotar de más realidad a los temas que aquí se aluden.

Entre los temas ya mencionados, también se encuentran otros temas que dan más vitalidad y reafirman los que vamos a examinar. Estos temas fueron arrancados de su experiencia personal o inspirados por canciones o temas populares de romances viejos.

En 1921 escribió su primer libro, **LIBRO DE POEMAS**, el cual se dice que estuvo bajo la influencia de Rubén Darío y Juan Ramón Jiménez, poetas contemporáneos. En este libro, él toma su inspiración de temas de canciones populares, añadiéndoles un valor poético nuevo en forma y contenido. En su segundo libro, **CANCIONES**, resalta su famosa "Canción del Jinete" por el contraste entre la concepción dramática de la vida y la nota lírica. Este concepto lírico se encuentra también en su **PRIMER ROMANCERO GITANO** (1928) y **EL POEMA DEL CANTE JONDO** (1931). En estas dos obras hay una visión del hombre dominado por el destino fatal de la pasión y la muerte. El poeta describe elementos de la naturaleza, transformándolos en un mundo fantástico e irreal en el cual las fuerzas de la naturaleza se hacen cargo de la tragedia humana que perciben y se convierten en protagonistas del drama. En 1934 redescubrió para el drama, la figura trágica, introduciéndola en su primera tragedia, **BODAS DE SANGRE**. El argumento de esta tragedia se basa en la rivalidad de dos familias y dos hombres por el amor de una mujer, mezclados con el tema del fatalismo, la pasión y la muerte. Continúa desarrollando la figura trágica con su concepción del

---

1 entrelazadas: entwined
2 embarga: overwhelms

tema de la esterilidad y la maternidad frustrada en **YERMA** (1935). Culmina la trilogía de sus tres tragedias principales con **LA CASA DE BERNARDA ALBA** (1936). En **LA CASA DE BERNARDA ALBA**, aunque el tema de la virginidad y la soltería resaltan, el más importante es el tema del honor, que también desempeña un papel importante en **YERMA**.

En **BODAS DE SANGRE**, la pasión del amor de la Novia por Leonardo, y éste por ella, los arrastra a escaparse juntos después del matrimonio de la Novia. La Madre demanda que se persiga a los amantes para reparar la honra de su hijo. El Novio y Leonardo mueren, empujados, uno por la pasión y el otro por el honor. La Novia regresa a hablar con la Madre para que ella se entere que aún es virgen, virgen y honrada porque su amante nunca conoció su cuerpo.

En **YERMA**, la protagonista está frustrada por su deseo de ser madre. Yerma busca en su marido la solución de su anhelo de ser madre, pero Juan o no quiere o no puede tener hijos. A Yerma se le presenta la solución a su agonía - un hombre que le dé un hijo, pero su honor le impide realizar su gran deseo. Ella es una mujer honorable, no puede concebir el hijo que desea más que ninguna otra cosa. Cuando su frustración llega a punto de enloquecerla, ella estrangula a su marido. Al matar a su marido, destruye la única manera de realizar sus ilusiones y su sueño de llegar a ser madre. Otra vez la muerte - la muerte de Juan, y la muerte del hijo que quizás pudiera llegar a tener. El honor, de nuevo, se interpone en el camino de su felicidad. Sueña con Victor y el olor de Victor, pero no sucumbe a la pasión para resolver la frustración que la consume, su honor no se lo permite.

En la tragedia de **LA CASA DE BERNARDA ALBA**, Bernarda es la madre dominante y tiránica que mantiene a sus hijas prisioneras de lo que ella considera su gran sentido del honor. Ese honor que se refiere más que nada a lo que otras personas puedan decir, no a los hechos, pero a lo que otros puedan pensar que llegue a manchar el nombre de la familia. Hasta cierto punto Bernarda, también, es una prisionera del honor que ella guarda con tanto recelo. Todas las hijas de Bernarda están frustradas porque necesitan el calor de un hombre; hasta la vieja María Josefa quiere un varón para casarse. Angustias es la que está destinada a casarse con Pepe el Romano, pero es Adela, la más joven, la que llega a tener relaciones amorosas con él. A Adela no le importa el honor de la familia, la pasión por el hombre la arrastra. Esa pasión la lleva a la muerte porque cree que su madre le ha dado muerte a su amante. Adela se quita la vida pero Bernarda les dice a todas que nadie debe de enterarse de lo que había ocurrido, las campanas de la iglesia deben de tocar, su buen nombre lo reclama. Todos deben de saber que la hija de Bernarda Alba ha muerto virgen. Que Adela haya muerto no es la desgracia de la familia, la deshonra que tuviera un amante y saliera en estado es la verdadera desgracia. Hay que taparlo todo, salvar el honor de la familia a toda costa. La pasión de Adela culmina con su muerte. Su muerte carece de importancia con tal que el honor de la familia continúe sin mancha, pero la pasión, la pasión continúa a pesar de la tragedia - Martirio termina señalando que a pesar de todo Adela fue dichosa porque pudo disfrutar de un hombre.

La pasión continúa aliada con la muerte en **MARIANA PINEDA**. La pasión de Mariana por Pedro la lleva a bordar una bandera que señala su muerte. Muere en el cadalso sin delatar a su amante, y éste se fuga sin tratar de ayudarla. Para ella no existe nada más que Pedro y muere sabiendo que había sido una mujer engañada. Pudo haberse salvado entregándose a Pedrosa, pero su honor y su pasión no se lo permiten.

La Zapatera en **LA ZAPATERA PRODIGIOSA** sueña con hombres jóvenes, muchos la cortejan, pero le sigue fiel al Zapatero a pesar de que éste la ha abandonado. Su honor no le permite otra cosa. A pesar de las habladurías de la gente, ella siempre le sigue fiel a su marido porque su honor no le permite hacer otra cosa, ya que es una mujer casada.

A Rosita en **DOÑA ROSITA LA SOLTERA**, lo que más le duele no es que el novio la dejara sola y la engañara por veinticinco años y se casara con otra, pero que la gente del pueblo lo supiera y hablaran de ella. Cuando sale de su casa con la Tía y el Ama, agradece la lluvia que no permite que los vecinos salgan a sus balcones y la vean abandonar su casa con su familia.

Al revés de las figuras trágicas, que casi siempre están representadas por mujeres, tenemos la figura trágica de Don Perlimplín en **EL AMOR DE DON PERLIMPLÍN POR BELISA EN SU JARDÍN**. Don Perlimplín, un viejo, enamorado de Belisa, su mujer joven, trata de hacerse pasar por joven. La pasión le domina y trata de poseer el cuerpo de su mujer. Se suicida porque no puede enfrentarse a la situación que se le presenta. Su pasión termina con su muerte.

Hasta ahora hemos visto como la pasión, la muerte, el honor y la frustración desempeñan papeles importantes en las obras de Lorca, sobre todo en sus dramas, pero discutiendo los temas no podemos separar los símbolos que usa para desarrollarlos. Tanto en sus dramas como en sus poemas, siempre están presentes anunciando la tragedia de la vida que es la muerte; dando rienda suelta a la pasión; enumerando las causas de la frustración o añadiéndole más énfasis al sentido del honor - el pundonor.[1]

García Lorca es un poeta simbólico, sus obras están llenas de simbolismo. Los instrumentos de la muerte: los cuchillos, las navajas, los puñales; la luna, el

---

1 pundonor: Spanish high sense of honor

tiempo, en sus diferentes etapas: horas, días, años; los colores; las mujeres y la Naturaleza que nos rodea, forman la mayor parte de su repertorio de símbolos.

La muerte toma diferente aspecto en sus obras. En **BODAS DE SANGRE**, Lorca pinta a la muerte como una Mendiga, y a la Luna como su acómplice, que alumbra el camino para que la muerte pueda enterrar el cuchillo que apagará la vida de los dos hombres. En **YERMA**, la protagonista, Yerma, es el símbolo de la muerte cuando ella estrangula a Juan. En **LA ZAPATERA PRODIGIOSA**, los puñales son los símbolos de la muerte cuando los mozos se matan por el amor de la Zapatera, y la sangre corre de sus cuerpos dándole entrada a la muerte. La muerte casi siempre ocurre de noche o a la caída del sol cuando ya comienza a oscurecerse el día. En su famoso **LAMENTO POR LA MUERTE DE IGNACIO SÁNCHEZ MEJÍAS,** la muerte ocurre a las cinco de la tarde.

El tiempo, las horas, el reloj, todos están entrelazados con su representación de la muerte. En **DOÑA ROSITA LA SOLTERA**, el tiempo pasa y su alma sucumbe al dolor de verse engañada; la muerte de Ignacio ocurre a las cinco de la tarde y Pedrosa le señala a Mariana en **MARIANA PINEDA** que el reloj hace tiempo que había dado las once - señalando que la hora de su muerte está cerca.

Como la muerte y el tiempo, la luna es simbólica. Está unida a sus mujeres y a la muerte como figura trágica representativa de las mujeres. Lorca se refiere a la luna como amiga de la muerte en **BODAS DE SANGRE**.

En **LAMENTO POR LA MUERTE DE IGNACIO SÁNCHEZ MEJÍAS**, él se vuelve a la luna y le pide que cubra la sangre de Ignacio sobre la arena. La luna, en **LA CASA DE BERNARDA ALBA**, alumbra con su luz al caballo que trata de derribar las paredes del corral con intención de irse con las potras.

El caballo siempre está presente como símbolo de la virilidad y el deseo sexual; en **BODAS DE SANGRE**, la nana del caballo indica la pasión desenfrenada de Leonardo que culmina en su muerte. El caballo, en Lorca, como la luna, aparecen como el tema de una sinfonía que se repite una y otra vez. En **BODAS DE SANGRE**, el caballo es negro. El caballo ayuda en la fuga de los amantes. En **LA CASA DE BERNARDA ALBA**, el caballo trata de tumbar las paredes para liberarse, mientras Adela siente arder en su corazón el fuego de su deseo por Pepe el Romano. Sus caballos son negros, sus toros son negros también. ¿Puede ser que esta negrura esconda la fuerza de la pasión?

Don Perlimplín oculta su verdadera identidad detrás de una máscara negra. Él sabe que es viejo, pero quiere engañar a su mujer infiel con la apariencia de juventud y así poseerla. Él se mata porque no puede vivir impotente.

Como el caballo negro, el viento también es un símbolo de la virilidad y el deseo sexual. El viento persigue a Preciosa en "Preciosa y el Aire". Él quiere levantarle el vestido para conocerla carnalmente, pero ella se le escapa y corre a buscar refugio en la casa del inglés.

El viento, los caballos, los toros son símbolos de la virilidad, y Lorca los usa en concierto con la luna para añadir más énfasis a sus momentos de sensualidad.

García Lorca se rebela contra las convenciones de la sociedad; el deseo, en Lorca, puede más que el deber o el honor; la pasión agobia a las almas más nobles y las obliga a satisfacer su deseo.

El tema del simbolismo de Lorca es difícil de capturar. El poeta está ligado íntimamente a sus obras de la misma manera que está ligado a sus símbolos. En casi todas sus obras, **YERMA** y **BODAS DE SANGRE**, en particular, encontramos los olivos y el color verde; la muerte siempre ocurre de noche entre los olivos o cerca de ellos. El color verde da la apariencia de algo viejo, podrido o de la muerte misma. Él hace uso del color blanco para indicar la pureza y la virginidad, como las paredes blanquísimas en **LA CASA DE BERNARDA ALBA**. En **EL AMOR DE DON PERLIMPLÍN POR BELISA EN SU JARDÍN**, Don Perlimplín es un hombre viejo vestido de verde, las paredes son verdes. En el "Romance del Sonámbulo", el viento es verde, la baranda es verde, y por supuesto, las ramas de los árboles son verdes también.

Lorca continúa añadiendo a este impresionante grupo de símbolos figuras alegóricas. Cuando Don Perlimplín está durmiendo, el dramaturgo introduce a dos pequeños duendes que le ponen tarros a cada lado de la cabeza del infortunado amante, señalando, de esta manera, la infidelidad de Belisa. En **DOÑA ROSITA LA SOLTERA**, el autor usa el lenguaje de las flores que alguien le había mencionado con anterioridad, y de una manera impresionante, marca la marcha del tiempo en la vida de Rosita. La flor es roja por la mañana, blanca por la tarde y, se le caen los pétalos por la noche.

Como ya hemos descubierto, Lorca hace uso de su gran conocimiento de la naturaleza humana y sus experiencias personales. Los nombres que le da a muchos de sus caracteres son representativos de los papeles que desempeñan en sus obras: Martirio - tortura; Angustias - ansiedad; Yerma - estéril; y La Poncia - ¡ah, La Poncia!

La Poncia es un personaje que Lorca creó basado en su propia ama. El ama que conoció durante su niñez. El ama tan típica de tantas casas españolas. El ama que no era miembro de la familia pero que se comportaba y se trataba como si lo fuera. La Poncia era la Dolores de su niñez que inmortalizó en el tablado[1].

Lorca era un poeta lírico, un poeta trágico, un poeta musical que hizo uso de su conocimiento de la guitarra para anunciar el presagio de la muerte de sus protagonistas. El trágico fin de tantas muertes a tantas vidas. Lorca constantemente entrelazó las cuerdas de la tragedia con los dedos de la muerte que le dan fin a la vida.

La pasión, la muerte, el honor, la frustración sexual, todas éstas él representó, él sufrió y aguantó. Todas éstas lo llevaron a una muerte prematura, irónicamente, entierran su cadáver en una fosa común al lado de unos olivos. "Verde que te quiero verde".

*　　　*　　　*

---

1 tablado: stage

CONCLUSIÓN

En conclusión, ¿qué podemos decir acerca de Federico García Lorca? ¿Podemos decir que era hijo legítimo de Granada y de Andalucía? ¿Qué era puro español y lo rigió todo aquello que era puro españolismo? Sí, podemos contestar todas esas preguntas con un sí absoluto y podemos añadir mucho más. Lorca abraza la tradición; en todas sus creaciones busca lo español, lo extranjero siempre le llegaba por vías españolas. Quizás sea por ésto que muchos consideran sus poemas de **POETA EN NUEVA YORK** tan extraños. Tan extraños porque carecen de la resonancia de su **CANTE JONDO**. Su **CANTE JONDO** de raíces andaluzas, su **CANTE JONDO** de gitanos, cuchillos y navajas, su **CANTE JONDO** sensual y apasionado.

Pero además de su **POEMA DEL CANTE JONDO**, sus **CANCIONES**, su **LIBRO DE POEMAS**, tenemos sus dramas que están llenos de sus cantos y de su poesía. Muchas veces, cuando se habla o se escribe acerca de García Lorca, se dice que era, pero aquí no vale usar era, ya que todo lo que nos ha dejado no era, pero sí es. García Lorca es un poeta lírico, y como dice Sánchez, su poesía debe de ser leída ante un repertorio, pero Lorca es un poeta profundo; el alcance de su poesía no se halla solamente en unas palabras escogidas que suenan bien al oído del que escucha, pero trás el significado escondido de sus palabras. Lorca pinta la vida - tristezas, alegrías, sueños, esperanzas, pero más que nada, la tragedia del alma humana; las ansias y deseos que consumen lo más hondo de los seres humanos. Él no sólo pinta los sentimientos de los protagonistas, sino juega con las emociones que los consumen y derrama en su escritura las fuerzas que caracterizan y hacen latir el corazón de un hombre y una mujer.

Lorca era un pesimista en el fondo de su corazón y de su conciencia. Su optimismo era más bien físico y artístico; su pesimismo, intelectual y espiritual. Él está enamorado del dolor - concibe la tragedia sin esperanza, el amor sin sustento; da rienda suelta a la pasión que la mayoría de las veces parece ser más grande que los mismos protagonistas, consumiéndolos con el calor de su fuego. En todas sus obras hay calor de sensualidad y amor a la vida. Sus versos son íntimos, llenos de intensa emoción; en ellos, él parece haber derramado lo más íntimo de su ser.

Hay muchos que lo colocan a las alturas de un Lope de Vega o Calderón de la Barca, otros, que no lo aprecian tanto, son de la opinión que si su muerte no hubiera sido tan trágica y prematura no hubiera alcanzado la estatura de la cual disfruta hoy día. Lo que si vale la pena, no sólo recordar, pero si mencionar, es que él, por medio de sus obras, nos ha dejado una rica herencia de letras españolas que continuarán leyéndose, discutiéndose, apreciándose por mucho tiempo. García Lorca devolvió al teatro español algo muy suyo que había perdido - la riqueza de su historia, su romance y su folklore.

*   *   *

BIBLIOGRAFÍA

Adams, Mildred, **GARCÍA LORCA: PLAYWRIGHT AND POET**, George Braziller, New York, 1977.

Allen, Rupert, **PSYCHE AND SYMBOL IN THE THEATRE OF FEDERICO GARCIA LORCA**, University of Texas Press, Austin and London, 1974.

Babín, María Teresa, **GARCÍA LORCA, VIDA Y OBRA**, Las Américas, New York, 1955.

Barea, Arturo, **LORCA: THE POET AND HIS PEOPLE**, Grove Press, New York, 1949.

Borel, Jean-Paul, **EL TEATRO DE LO IMPOSIBLE**, Ediciones Guadarrama, Madrid, 1966.

Buero Vallejo, Antonio, **GARCÍA LORCA ANTE EL ESPERPENTO. EN TRES MAESTROS ANTE EL PÚBLICO**, Alianza, Madrid, 1973.

Cano, José Luis, **GARCÍA LORCA: BIOGRAFÍA ILUSTRADA**, Ediciones Destino, Barcelona, 1962.

Correa, Gustavo, **LA POESÍA MÍSTICA DE FEDERICO GARCÍA LORCA**, Gredos, Madrid, Segunda Edición, 1975.

Dalí, Ana María, **SALVADOR DALÍ: VISTO POR SU HERMANA**, Editorial Juventud, Barcelona, 1949.

Dalí, Salvador, **SECRET LIFE OF SALVADOR DALÍ**, translated by Haakon M. Chevalier, Dial Press, New York, 1942.

De la Guardia, Alfredo, **GARCÍA LORCA, PERSONA Y CREACIÓN**, Editorial Schapire, Buenos Aires, 1944.

Del Río, Angel, **VIDA Y OBRA DE FEDERICO GARCÍA LORCA**, Heraldo de Aragón, Zaragoza, 1952.

Edwards, Gwynne, **LORCA: THE THEATRE BENEATH THE SAND**, Marion Boyars, London and Boston, 1980.

García Lorca, Federico, **CARTAS A SUS AMIGOS**, Preface by Sebastian Gash, Editorial Cobalto, Barcelona, 1950.

_____, **OBRAS COMPLETAS**, Aguilar, Madrid, 6th edn., 1963.

_____, **SELECTED LETTERS**, Edited and translated by David Gershator, New Directions Publishing Corp., New York, 1983.

Gibson, Ian, **THE ASSASSINATION OF FEDERICO GARCIA LORCA**, Penguin, Harmondsworth (England), 1983.

Griffiths-Forment, Anne, "**García Lorca: Su Simbolismo**", Thesis, University of Vermont, 1956.

Guillén, Jorge, **FEDERICO EN PERSONA: SEMBLANZA Y EPISTOLARIO**, Editorial Emecé, Buenos Aires, 1959.

Higginbotham, Virginia, **THE COMIC SPIRIT OF FEDERICO GARCÍA LORCA**, University of Texas Press, Austin and London, 1976.

Honig, Edwin, **GARCÍA LORCA**, New Directions Publishing Corp., New York, 1963.

Martínez Nadal, Rafael, **FEDERICO GARCÍA LORCA: EL PÚBLICO Y COMEDIA SIN TÍTULO, DOS OBRAS TEATRALES PÓSTUMAS**, Seix Barral, Barcelona, 1978.

Morla Lynch, Carlos, **EN ESPAÑA CON FEDERICO GARCÍA LORCA: PÁGINAS DE UN DIARIO ÍNTIMO, 1928-1936**, Aguilar, Madrid, 1958.

Sánchez, Roberto, **GARCÍA LORCA**, Editorial Gredo-Madrid, Madrid, 1952.

Valbuena Pratt, Angel, **LA POESÍA ESPAÑOLA CONTEMPORÁNEA**, Ibero-Americana, Buenos Aires, 1930.

EL MUNDO
DE
ANA MARÍA MATUTE

A mis amigos Kathleen y Frank por su gran ayuda.

EL MUNDO
DE
ANA MARÍA MATUTE

(Vida y Obra)

RESUMEN CRONOLÓGICO DE LA VIDA DE ANA MARÍA MATUTE

1929   Nace en Barcelona, la capital de Cataluña, España, el 26 de julio. La segunda de cinco hijos de Facundo Matute, catalán, y María Ausejo, castellana.

1930   Casi muere de una grave y prolongada enfermedad de los riñones.

1934   Continúa luchando contra graves enfermedades. Sus padres la mandan a vivir con sus abuelos por un año, para recuperarse en Castilla. Aquí asiste a la escuela por un año y da paseos por el campo, llegando a conocer más a fondo la vida dura de los castellanos del campo.

1936   Comienza la Guerra Civil el 18 de julio. Confiscan la fábrica de paraguas de su padre y obligan a la familia a permanecer en la casa. Terminan por un tiempo las visitas familiares a los abuelos en Castilla. Cierran los colegios religiosos y para entretenerse y entretener a sus hermanos y primos, comienza a escribir y produce una revista para niños. A los diez años comienza su actividad juvenil literaria con *La Revista de Shybil*.

1939   Cae el gobierno Republicano y regresa al colegio para estudiar el bachillerato, aunque no regresa al colegio religioso ya que no le gustaban las monjas francesas.

1941   Abandona sus estudios de bachillerato para dedicarse a escribir, pintar y estudiar el violín.

1942   Escribe "El chico de al lado" que aparece en la *Revista Destino* de Barcelona.

1943   Abandona sus estudios musicales y la pintura para dedicarse exclusivamente a la escritura. Comienza a escribir su **PEQUEÑO TEATRO**.

1945   Escribe **LOS ABEL**.

1947   Presenta **LOS ABEL** en la competencia del Premio Nadal y aunque no gana el premio, termina como finalista.

1948   Publica **LOS ABEL**, dando así comienzo a su carrera como novelista.

1951   Gana su primer premio literario, Tertulia Café del Turia, con su cuento, "No hacer nada". Comienza a escribir **LOS HIJOS MUERTOS**. En noviembre se publica una traducción en italiano de **LOS ABEL**.

1952   Termina **FIESTA AL NOROESTE** y gana el Premio Café Gijón. En noviembre contrae nupcias[1] con otro escritor, Ramón Eugenio de Goicochea.

1954   Nace su hijo Juan Pablo. Gana el Premio Planeta por su **PEQUEÑO TEATRO**.

1955   Publica **EN ESTA TIERRA**, una nueva versión de su anteriormente censurada **LAS LUCIÉRNAGAS**. Aunque no está de acuerdo con la censura, accede a ciertos cambios y cambia el título de **LAS LUCIÉRNAGAS** a **EN ESTA TIERRA**.

1956   Comienza a abrirse paso en el campo de la ficción juvenil con **EL PAÍS DE LA PIZARRA**. Publica **LOS NIÑOS TONTOS** y **LOS NIÑOS VAGABUNDOS**. Muere su padre.

1957   Publica **EL TIEMPO**, otra colección de cuentos en la mayoría de los cuales los adolescentes son los protagonistas. Muchos de estos cuentos habían sido previamente publicados en revistas y periódicos.

1958   Publica **LOS HIJOS MUERTOS** y gana el Premio de la Crítica, Premio Nacional de literatura como la mejor novela del año. Ahora se establece como novelista de primera categoría. Esta obra monumental, acerca de la Guerra Civil, que comenzó a escribir en 1951, se divide en tres partes: *El Tiempo, El Hambre y La Sed, y La Resaca.*

1959   Gana el Premio Miguel de Cervantes por **LOS HIJOS MUERTOS** y recibe 50,000 pesetas de la Fundación March que la ayuda a comenzar su trilogía de *Los Mercaderes:* **LOS SOLDADOS LLORAN DE NOCHE** y **LA TRAMPA**.

---

1   contraer nupcias: to marry

1960 Presenta **PRIMERA MEMORIA** bajo un seudónimo a la competencia por el Premio Eugenio Nadal. No declara su verdadera identidad hasta después de ganar el premio por la primera parte de su famosa trilogía, *Los Mercaderes*, que incluye **LOS SOLDADOS LLORAN DE NOCHE** en 1964 y **LA TRAMPA** en 1969. Se publica **PRIMERA MEMORIA** y se traduce al francés. Publica **PAULINA, EL MUNDO Y LAS ESTRELLAS**, una novela para jovencitas, y **EL SALTAMONTES VERDE**, un libro de ficción para niños. La Sociedad Hispana de América la hace miembro honoraria.

1961 Publica su colección de cuentos cortos: **EL ARREPENTIDO, LIBRO DE JUEGOS PARA LOS NIÑOS DE LOS OTROS, HISTORIAS DE LA ARTAMILA, TRES Y UN SUEÑO,** y **LA MITAD DEL CAMINO**. Visita París por primera vez. Se traduce **FIESTA AL NOROESTE** al francés y al italiano, **PRIMERA MEMORIA** al portugués y **LOS NIÑOS TONTOS** al alemán.

1962 Aparece **PEQUEÑO TEATRO** en francés, y publica **CABALLITO LOCO**.

1963 Se separa de su marido. Viaja por Grecia, Francia, Bélgica, Alemania y Suiza. Se traduce **LOS HIJOS MUERTOS** al francés. Publica **EL RÍO**. **PRIMERA MEMORIA** aparece por primera vez en ediciones publicadas en los Estados Unidos y en Inglaterra.

1964 Publica el segundo volumen de su trilogía sobre *Los Mercaderes*: **LOS SOLDADOS LLORAN DE NOCHE**. Hace su primer viaje a Los Estados Unidos y da conferencias acerca de sus obras en algunas universidades estadounidenses.

1965 Obtiene separación legal de su marido y logra quedarse con su hijo. Viaja por Escandinavia y la Europa Central. Gana el Premio Lazarillo con **EL POLIZÓN DEL "ULISES"**, un libro para niños. Regresa a los Estados Unidos y acepta el cargo de catedrática conferenciante en la Universidad de Indiana.

1966 Regresa a Barcelona y comienza a dar conferencias durante el verano en Salamanca, Avila, Segovia y otras ciudades.

1968   Se establece con su hijo en Sitges en la Costa Brava. Publica **ALGUNOS MUCHACHOS**, una colección de cuentos cortos.

1969   Regresa a los Estados Unidos. Se establece durante los primeros meses del año en la Universidad de Oklahoma como conferenciante. Viaja a varias ciudades al sur y al oeste de los Estados Unidos dando conferencias. Publica la tercera y última parte de su trilogía acerca de *Los Mercaderes*: **LA TRAMPA**.

1971   Simpatiza con los separatistas vascos y ayuda a redactar y firma el *Manifiesto de Montserrat*. Las autoridades le imponen una multa de 50,000 pesetas por su participación en el *Manifiesto*, en diciembre de 1970. Publica **LA TORRE VIGÍA**.

*   *   *

RESUMEN CRONOLÓGICO DE *LA OBRA DE ANA MARÍA MATUTE*

LOS ABEL, novela, 1948

PEQUEÑO TEATRO, novela, 1954

EN ESTA TIERRA (LAS LUCIÉRNAGAS), novela, 1955

LOS CUENTOS VAGABUNDOS, cuentos, 1956

LOS NIÑOS TONTOS, cuentos, 1956

EL PAÍS DE LA PIZARRA, libro para niños, 1956

LOS HIJOS MUERTOS, novela, 1958

FIESTA AL NOROESTE, novela, 1959

PRIMERA MEMORIA, novela, 1960

PAULINA, EL MUNDO Y LAS ESTRELLAS, novela para jovencitas, 1960

EL SALTAMONTES VERDE, cuentos para niños, 1960

EL ARREPENTIDO, colección de cuentos, 1961

LIBRO DE JUEGOS PARA LOS NIÑOS DE LOS OTROS, bosquejos, 1961

HISTORIAS DE LA ARTAMILA, cuentos, 1961

TRES Y UN SUEÑO, colección narrativa, 1961

A LA MITAD DEL CAMINO, colección de artículos y bosquejos, 1961

CABALLITO LOCO, cuentos para niños, 1962

EL RÍO, bosquejos, 1963

LOS SOLDADOS LLORAN DE NOCHE, novela, 1964

EL POLIZÓN DEL "ULISES", libro para niños, 1965

ALGUNOS MUCHACHOS, colección de cuentos, 1968

LA TRAMPA, novela, 1969

LA TORRE VIGÍA, novela, 1971

LA VIDA DE ANA MARÍA MATUTE
(EXTRACTOS)

Ana María Matute nació el 26 de julio de 1926 en Barcelona. Es muy posible, aunque hasta ahora no se ha podido comprobar, que sus padres le pusieron el nombre de Ana porque nació el día de Santa Ana, y María, por su madre.

Su padre, Francisco Matute, era dueño de una fábrica de paraguas en Barcelona y su madre se dedicaba a los quehaceres del hogar. Como la madre de Ana María era oriunda de Castilla, y sus padres continuaban viviendo en esa provincia, era my natural que la familia Matute Ausejo se pasara temporadas[1] de visita en casa de los abuelos. Por lo general, la familia se pasaba los veranos en Mansilla de la Sierra, un pueblecillo en las montañas entre Navarra y Castilla. De estas frecuentes visitas proviene una de las tantas molestias de nuestra escritora. Cuando estaba en Mansilla de la Sierra se referían a ella como catalana y cuando estaba en Barcelona la llamaban castellana. El no ser parte de un lugar o del otro donde vivía, añadió a su sentido de aislamiento y hasta cierto punto de soledad ya que no pertenecía ni a un lugar ni a otro. Estos sentimientos los expresa en la mayoría de sus obras.

Como lo más natural en familias españolas, los padres de Ana María Matute eran parientes lejanos;[2] el padre, era tío lejano de la madre. Los padres eran conservativos y religiosos aunque no muy intelectuales. Aunque parece haber existido gran afecto entre los padres y los hijos, existen muy pocas referencias acerca de la madre en sus obras, pero sí muchas acerca del padre. El padre, un hombre afectuoso con sus hijos, acostumbraba viajar por el extranjero.[3] Siempre que regresaba de los viajes solía contar a sus hijos cuentos relacionados con las visitas y observaciones que traía consigo de los países que visitaba en viajes de negocios. Durante uno de sus viajes a Inglaterra, le trajo a su hija Ana María un muñeco negro. Ana María, muy apegada a su padre y adorando su muñeco negro, le pone de nombre Gorogó. Éste es el Gorogó que aparece en **PRIMERA MEMORIA**.

Enfermiza desde temprana edad, muchas veces enferma de gravedad, se ve forzada a pasar largas temporadas convaleciendo y por ello aislada del contacto con niños de su propia edad. Las frecuentes visitas a Castilla de Barcelona, el

---

1 temporadas: holidays or long periods of confinement
2 parientes lejanos: distant relatives
3 viajar por el extranjero: to travel abroad

período de convalecencia en Mansilla y las largas ausencias de un lugar u otro donde vivía, añadieron poco a poco a su sentimiento de aislamiento y soledad que tanto refleja y a los que alude en sus obras. Debido a tantos períodos de soledad, comienza a crear su propio mundo - el mundo de la fantasía; ese mundo de fantasía que recrea una y otra vez en muchas de sus obras. La fantasía es preferible a la realidad dolorosa que comienza a experimentar durante el año que pasa en casa de los abuelos en Mansilla de la Sierra.

Durante este año que pasa en Mansilla, recuperándose de una de sus muchas enfermedades, comienza a dar sus paseos por el campo y a observar la vida dura del campesino castellano y la crueldad de unos hacia otros. Las vicisitudes de los pobres y sobre todo de los niños que se veían forzados a trabajar en los campos a la tierna edad de ocho años, los huérfanos y la manera brutal con que el hijo del capataz agolpeó a uno de los hijos de los reos que vivía cerca, la afectaron de tal manera que escribió de estos incidentes sobre la pérdida de la inocencia o sea de la niñez, la injusticia y la crueldad de los niños en muchas de sus obras. **EL TIEMPO**, **HISTORIAS DE LA ARTAMILA**, **LOS NIÑOS TONTOS**, **LAS LUCIÉRNAGAS** y **LOS HIJOS MUERTOS**, capturan muchas de estas observaciones y experiencias.

Hasta ahora, aunque ha observado muchas de las flaquezas y la maldad que los seres humanos infligen en otros, no es hasta que regresa a Barcelona y ve los comienzos de la Guerra Civil hasta que finalmente estalla el 18 de julio de 1936, que estas experiencias cambian su vida por completo. Es durante este período, a la edad de diez años, que se intensifica su preocupación con el tema de Caín y Abel. Aunque la familia Matute Ausejo no perdió a ningún miembro de la familia durante la guerra, si perdieron a conocidos y amigos respetados - varios profesores conocidos. Para este tiempo el gobierno clausura todos los colegios religiosos, confisca la fábrica de paraguas de su padre y obliga a la familia a permanecer en la casa. Para entretenerse, funda su revista juvenil *La Revista de Shybil* y comienza a escribir cuentos para niños, algunos en forma de series que no se llegan a terminar.

Después de la caída del gobierno Republicano, regresa al colegio a continuar sus estudios de bachillerato después de convencer a sus padres que no la manden al colegio religioso ya que detesta a las monjas francesas. Nunca termina sus estudios de bachillerato ya que abandona éstos para dedicarse a escribir, a pintar y a estudiar el violín, alrededor de 1941. En 1942, la *Revista Destino* de Barcelona publica su cuento "El chico de al lado". La publicación de este cuento le da fuerza para continuar en el campo de la escritura y decide abandonar sus estudios de música y pintura y dedicarse exclusivamente a la escritura. En 1943 comienza a escribir **PEQUEÑO TEATRO** y escribe **LOS ABEL** en 1945. En 1947 presenta **LOS ABEL** a la competencia por el Premio Eugenio Nadal y termina como finalista. Su carrera como novelista comienza cuando publica **LOS ABEL** en 1948.

No es hasta 1951 que gana su primer premio literario. Es en este año que se le otorga el premio Tertulia Café del Turia por su cuento "No hacer nada". Inspirada por el reconocimiento de su labor, comienza a escribir **LOS HIJOS MUERTOS**. Hasta ahora, esta obra es su labor más ambiciosa y la más larga de todas sus novelas. No la termina hasta 1958. Es en esta novela que derrama todas sus experiencias de la Guerra Civil y los destrozos que causa en la conciencia española. En este año también se publica una traducción italiana de **LOS ABEL**. Con la traducción de **LOS ABEL** se comienza a conocer fuera de España y da comienzo a innumerables traducciones que continuan hasta hoy día.

En 1952 termina su celebrada **FIESTA AL NOROESTE** y se casa con Ramón Eugenio de Goicochea en noviembre. Desde el principio, el matrimonio es un desastre. Ella misma ha dicho varias veces que nunca debió casarse porque el matrimonio no era para ella. Ana María Matute nunca habla ni de su matrimonio ni de su marido; lo poco que se sabe de su matrimonio se debe a algunas personas que los conocían a los dos antes, durante y después del matrimonio. Según éstos, Ramón Eugenio de Goicochea sólo estaba interesado en sí mismo y estaba muy celoso de los triunfos de su mujer. Cuando alguien venía a la casa a entrevistarla, él siempre trataba de acaparar la conversación y hablar de las cosas que él había escrito. Goicochea llevó a Ana María Matute a vivir a Madrid, una ciudad que a ella no le gustaba, y desde un principio insistía en que ella asistiera a tertulias con otros escritores en la ciudad. Fue durante estas tertulias que Ana María llegó a conocer a otros escritores de su tiempo y comenzó el intercambio de ideas. Goicochea no ganaba dinero y manejaba las ganancias de su mujer, muchas veces derrochando el dinero sin pagar las cuentas. En 1954 nace su hijo Juan Pablo.

Según nuestra autora, su hijo Juan Pablo ha sido la mejor parte de su vida y que valió la pena el dolor de su matrimonio infeliz, ya que sin el matrimonio, nunca hubiera tenido al hijo adorado. Durante este mismo año, 1954, gana el Premio Planeta por su **PEQUEÑO TEATRO**. Siguen los triunfos y la carrera creativa aunque recibe un golpe moral cuando tiene que volver a escribir y a cambiar ciertas partes de **LAS LUCIÉRNAGAS** debido a la censura del gobierno. Hace los cambios necesarios y publica **LAS LUCIÉRNAGAS** bajo el título de **EN ESTA TIERRA**. A partir de este momento detesta esta versión y decide que de todas las cosas que ha escrito, ésta es la que menos le gusta.

En 1956 comienza a abrirse paso en el campo de la ficción juvenil con **EL PAÍS DE LA PIZARRA**. Publica **LOS NIÑOS TONTOS** y **LOS CUENTOS VAGABUNDOS**. Es en este año que la tragedia la hiere muy hondo con la muerte de su padre. Desde pequeña había sido muy allegada al padre cariñoso. Encuentra el refugio de su dolor en su escritura y con su hijo, ya que su matrimonio va de mal en peor.

En 1957 publica **EL TIEMPO**, otra colección de cuentos en la mayoría de los cuales los adolescentes son los protagonistas. Por fin gana el Premio de la Crítica, Premio Nacional de Literatura con **LOS HIJOS MUERTOS**, que se considera como la mejor novela del año y la establece como novelista de primera categoría. Esta novela, que se desarrolla en el ambiente de la Guerra Civil le coge siete años para completarla. Es con esta novela que gana el Premio Miguel de Cervantes en 1959 y recibe 50,000 pesetas de la Fundación March para ayudarla a continuar su labor en la trilogía de *Los Mercaderes*. Durante este mismo año presenta **PRIMERA MEMORIA** bajo un seudónimo a la competencia por el Premio Eugenio Nadal; no declara su verdadera identidad hasta después de haber ganado el premio, lo cual causa un gran furor. La controversia que se forma debido a la manera en que ganó el premio es responsable, de cierta manera, a que **PRIMERA MEMORIA** se traduzca inmediatamente al francés y al alemán.

En 1961 publica sus libros de y para niños. Aparece **EL ARREPENTIDO, LIBRO DE JUEGOS PARA LOS NIÑOS DE OTROS, HISTORIAS DE LA ARTAMILA**, **TRES Y UN SUEÑO** y **A LA MITAD DEL CAMINO**. Comienza a viajar y visita París por primera vez. **FIESTA AL NOROESTE** aparece en traducciones en francés e italiano. Se traduce **PRIMERA MEMORIA** al portugués y **LOS NIÑOS TONTOS** al alemán. **PEQUEÑO TEATRO** también aparece en francés y publica **CABALLITO LOCO** en 1962.

A pesar de los triunfos y la multitud de premios que gana, su vida personal continúa siendo una tragedia, su único consuelo es su hijo. Su marido continúa malgastando su dinero, incurriendo deudas que ella se verá obligada a pagar más tarde. El que ella continue sobresaliendo con su escritura y él no, da fin al matrimonio. Ana María Matute se separa de Ramón Eugenio de Goicochea en 1963 y comienza a viajar por Grecia, Francia, Bélgica, Alemania y Suiza. Publica **EL RÍO**. **PRIMERA MEMORIA** aparece por primera vez en ediciones publicadas en Inglaterra y los Estados Unidos. **LOS HIJOS MUERTOS** aparece en una traducción al francés.

En 1964 hace el primero de muchos viajes a los Estados Unidos, dando conferencias en varias universidades norteamericanas. También en este mismo año publica el segundo volumen de su trilogía con el título de **LOS SOLDADOS LLORAN DE NOCHE**.

No es hasta 1965 que logra obtener una separación legal de su marido, ya que en España no se aceptaba el divorcio. Después de la separación legal obtiene custodia de su hijo y viaja por la Europa Central y Escandinavia. Gana otro premio con **EL POLIZÓN DEL "ULISES"** y acepta el cargo de catedrática en la Universidad de Indiana, por unos meses, en los Estados Unidos.

Ahora Ana María Matute se ha establecido como una escritora de renombre con fama internacional. Sus obras se han traducido a innumerables idiomas y ha ganado todos los premios literarios más codiciados de España. El último que se le otorgó fue el Premio Lazarillo por **EL POLIZÓN DEL "ULISES"**.

En 1966 regresa a Barcelona y comienza a dar conferencias por muchas de las ciudades de España, entre ellas: Salamanca, Ávila y Segovia. Después de los viajes y los triunfos decide establecerse permanentemente y dónde mejor que hacerlo que en su Cataluña. Se establece en Sitges, en la Costa Brava, con su hijo, y continúa escribiendo. En 1968 publica **ALGUNOS MUCHACHOS**, una colección de cuentos. Éste es el mismo año en que se establece en Sitges.

En 1969 regresa a los Estados Unidos y permanece, durante los primeros meses del año, dando conferencias en la Universidad de Oklahoma. Viaja a varias ciudades en el Sur y el Oeste de los Estados Unidos dando conferencias. Publica la tercera y última parte de su trilogía acerca de *Los Mercaderes*, **LA TRAMPA**.

En 1971, de regreso a España, recibe una multa de 50,000 pesetas impuesta por el gobierno español por su participación en redactar y firmar el *Manifiesto de Montserrat*, en diciembre de 1970.

Después de publicar **LA TORRE VIGÍA** en 1970, escribe **OLVIDADO REY GUDÚ** que no se publica hasta mucho más tarde. Su salud no le permite viajar tanto aunque regresa a dar conferencias a los Estados Unidos en 1982. Después de una seria operación, se recupera pero escribe muy poco debido a que le falla la vista y sufre de una artritis que la lisia.

*　　　*　　　*

LAS OBRAS

Antes de dar comienzo a los relatos de diez de las obras de Ana María Matute es necesario leer y re-leer, no solamente las obras seleccionadas, pero también las otras que ha escrito y se mencionarán brevemente. También hay que hacer uso de entrevistas y estudios acerca de la autora y la multitud de obras que ha escrito.

Cuando leemos los comentarios despasionados y críticos de Eugenio G. Nora, encontramos que coloca a Ana María Matute como miembro de un grupo de escritores que pertenecen a la clasificación de la "nueva oleada". Otros la clasifican como objetivista y aún otros, como Adelaide Burns, en su introducción a **PRIMERA MEMORIA**, nos informa que Ana María Matute desafía todas las clasificaciones y no pertenece a o puede identificarse con ningún grupo. Según A. Burns, nuestra autora protesta contra la injusticia moral y social y denuncia la violencia, la traición, la hipocresía, la falsedad, el egoísmo y la indiferencia. Continúa añadiendo que lo que más le importa a la autora es la persona o sea el individuo, y nos cuenta, por medio de sus caracteres, los sufrimientos físicos y espirituales que cada uno sufre; ya sean sufrimientos causados por su propia cuenta o por la cuenta de otros.

Vamos ahora a explorar, en orden cronológico, las obras de Ana María Matute. Algunas en forma de cápsulas, fáciles de digerir, y otras, más detalladas para llegar a formular una idea del estilo y los temas que sobresalen por medio de ellas.

LOS ABEL es la primera, publicada en 1948. Es el estudio de la desintegración de una familia donde están presentes sus temas principales: la soledad, el egoísmo, la desilusión, la indiferencia, la decadencia moral y espiritual y el tema bíblico de Caín y Abel. En otras páginas leerán con más detalle el relato de **LOS ABEL**.

Seguimos a **LOS ABEL** con **FIESTA AL NOROESTE**. A pesar de que este relato toma unas escasas 130 páginas, es un estudio complejo de tres generaciones que abarca un período de treinta años en lo que parece ser dos distintas narrativas. También como **LOS ABEL**, hemos detallado **FIESTA AL NOROESTE** en otras páginas más adelante.

De **FIESTA AL NOROESTE** nos mudamos al **PEQUEÑO TEATRO** que gana el Premio Planeta cuando se publica en 1954. **PEQUEÑO TEATRO** se desarrolla en un pueblecillo de la costa bajo el nombre ficticio de Oiquixa. La mayor parte del pueblo le pertenece a un hombre rico, Kepa Deva, de orígines humilde, fabrica un lujoso hotel en el pueblo, como símbolo de la riqueza que ha sabido obtener debido a su esfuerzo, sin la ayuda de nadie. A pesar de su enorme riqueza, Keva no es un hombre feliz. Su mujer, que murió al dar a luz a su hija Zazu, nunca lo quiso. La gente del pueblo lo trata bien en su presencia, pero lo desprecian y encuentra casi imposible mantener una relación de afecto con su hija. Zasu, cuando crece, se pasa de las manos de un pescador a otro sin parecer importarle lo que hace con su vida o con su cuerpo.

De Zazu llegamos a Ilé Eroriak, un jovencito huérfano, que de vez en cuando si no duerme en la playa, duerme entre las marionetas del titiritero jorobado, Anderea. Anderea es la única persona en el pueblo que trata a Ilé con bondad. Ilé gasta lo poquito que gana, a menudo, emborrachándose. Un día, la monotonía del lugar cambia con la misteriosa llegada de un tal Marco.

Cuando Marco llega al pueblo, la gente cree que él es un hombre rico que está cansado de vivir una vida ociosa. Marco, que engaña a todos los del pueblo, entabla amistad con Ilé y trata de enamorar a Zazu. Todos se tragan los cuentos de Marco menos Zazu que se siente atraída por él pero lo rechaza porque cree que es capaz de perderla. Marco decide vengarse de Zazu por rechazarlo y decide que va a hacerla enamorarse de él y después que se enamore la abandonará. A manera que continua la novela, Marco convence a la gente del pueblo que Ilé es una inteligencia suprema y que debe recibir una buena educación. Marco incita a la gente del pueblo a que contribuyan dinero para la educación de Ilé y el pueblo lo hace porque creen que Ilé es un genio. Marco planea huir del pueblo con el dinero recaudado, llevándose a Ilé con él. Zazu se ha enamorado de Marco y cuando Marco manda a Ilé a avisarle a Zazu que se prepare para escaparse con él, Zazu se ahoga. Marco reacciona como un cobarde a la muerte de Zazu y destruye las ilusiones que de él tenía Ilé. Al ver que su ídolo tenía pies de barro, Ilé denuncia a Marco a las autoridades quienes lo apresan ya que en realidad él era un reo escapado.

EN ESTA TIERRA es la nueva versión de la censurada **LAS LUCIÉRNAGAS**. **EN ESTA TIERRA** se desarrolla en Barcelona durante la Guerra Civil. En su libro *LA HORA ACTUAL DE LA NOVELA*, Alborg se refiere a **EN ESTA TIERRA** como uno de los triunfos de la novelista, pero este elogio fue escrito antes de haberse publicado **LOS HIJOS MUERTOS**. Vale notar, que desde el principio, Alborg ha sido uno de los críticos más bondadosos con nuestra autora. Como **LOS ABEL** y **FIESTA AL NOROESTE**, esta novela está más detallada en otras páginas.

De **EN ESTA TIERRA** pasamos a **LOS NIÑOS TONTOS**, una colección de veintiún relatos cortos. Muchos se han referido a esta colección como una colección de veintiún poemas en prosa. Nuestra autora se ha referido a ellos como una colección de cuentos tristes para niños alegres, pero en realidad ninguno de los cuentos son para niños. El tema prevalente en la colección es la muerte, ya sea la muerte en realidad o la muerte de la inocencia - la niñez. La muerte está presente en catorce de los relatos o bosquejos. Digo bosquejos porque algunos de los relatos no pasan de un párrafo y otros cogen tres o cuatro páginas para relatarlos.

Después de **LOS NIÑOS TONTOS** continuamos con **LOS HIJOS MUERTOS** que gana el Premio de la Crítica como la mejor novela del año en 1958. Ya que detallamos **LOS HIJOS MUERTOS**, pasamos más adelante a **PRIMERA MEMORIA**, **HISTORIAS DE LA ARTAMILA**, **TRES Y UN SUEÑO**, **LOS SOLDADOS LLORAN DE NOCHE** y **LA TRAMPA**.

Más tarde, después de completar la trilogía de *Los Mercaderes*, decidí completar esta parte con un bosquejo de **LA TORRE VIGÍA**.

LOS ABEL

Ana María Matute escribió **LOS ABEL** cuando solamente tenía diecinueve años. Presentó la novela a la competencia por el premio Eugenio Nadal en 1947 y terminó como finalista, aunque no ganó el primer lugar. **LOS ABEL** es una novela bastante ambiciosa para una joven de sus pocos años. Al leerla, se nota de inmediato el gran conocimiento de la autora acerca de las relaciones de las personas con otros y consigo mismas. En esta novela, la autora nos da a conocer los miembros de una familia por medio de las memorias que uno de ellos dejó escrita y un extraño las encuentra escondida en el cajón secreto de un viejo escritorio. **LOS ABEL** es la historia de la desintegración de una familia, si es que acaso fue alguna vez una familia en el verdadero sentido de la palabra, y nos presenta, al final de la novela, el tema de Caín y Abel que luego usará en tantas de sus obras.

En el primer capítulo nos encontramos a un niño que va de visita, con su madre, a la casa de Los Abel, ya que son parientes lejanos. El niño relata los detalles del lugar, la casa, y los personajes que conoce por primera vez. Desde el principio nos informa que la madre le había dicho de ante mano que debía de ser fuerte al llegar a la casa. Al comienzo de la visita, vemos a la madre de Los Abel que recibe al niño y a su madre. Lo único que podemos entrever es que la madre parece ser una mujer interesante, pero su caracter nunca se desarrolla. Nos damos cuenta de la existencia de su madre, pero nos quedamos con nada que se parezca a una personalidad concreta.

La madre de Los Abel manda que una criada lleve al niño a jugar con sus hijos, mientras ella conversa con su visita. La criada busca a los niños, y cuando los encuentra jugando en el río, les habla y deja al otro niño con ellos. Ninguno de Los Abel le hace caso y cuando llega la hora de marcharse, el niño se alegra de irse de allí.

La narración de la novela continúa cuando el niño ha crecido y se ha hecho hombre. El niño, ya hombre, regresa al pueblecillo con gran curiosidad por saber lo que había pasado con la familia de Los Abel y visitar la casa. Cuando llega al pueblecillo no encuentra alojamiento, pero cuando hace saber que era pariente lejano de Los Abel, se le permite pasar la noche en la casa de una viuda, donde llega a conocer al médico mediocre del lugar. Al otro día alquila, por un tiempo, la casa semi-destruída y vacante de Los Abel, y se instala allí por un tiempo, tratando de revivir los recuerdos de su niñez.

El médico del lugar, Eloy, que se pasa la mayor parte del tiempo borracho, le cuenta algo de Los Abel y nos permite ver que los hijos eran egoístas y carecían de buen corazón. El médico continúa haciendo visitas a la casa y conversando con nuestro desconocido narrador. Un día, nuestro narrador, registrando un viejo escritorio, se encuentra un manojo de planillas[1] que comienza a leer. Estas planillas eran las memorias de la hija mayor de la casa, Valba Abel, que había comenzado a escribir a la edad de catorce años. Desde este encuentro, continuamos con las memorias de Valba y no volvemos a saber nada más del protagonista anterior, ya que parece desaparecer por completo. He aquí la historia de Los Abel, según los recuerdos de Valba Abel - su diario:

Valba Abel comienza la historia de su familia señalando como está recorriendo la casa ya que se va a ir pronto porque no quiere envejecer allí y nos da a entender que ella es la única que queda de la familia. Los padres y la criada, Paula, ya han muerto. Habla de los hermanos en el pasado y de las cosas que encuentra relacionadas con ellos. Durante su recorrido, ya sea dentro o fuera de la casa o rebuscando su memoria, nos da un vistazo de cada uno de los habitantes y de ella misma.

La madre de Valba ha muerto y Valba regresa a la casa familiar a los catorce años después de pasarse varios años estudiando en el colegio de monjas de

---

1 manojo de planillas: handful of pages from a diary

la ciudad. Hace los preparativos para la fiesta de Navidad, y nos encontramos con los otros hermanos. Nos introduce a Aldo que es el único de los hermanos que tiene interés en la tierra y las posesiones de la familia en el lugar. Aldo es huraño y siempre está peleando. Luego conocemos a Tito, a quien todo le parece salir bien sin ningun esfuerzo. Nos encontramos a la más chiquita de cinco años a quien nadie parece hacerle caso. Pasan los años y Valba la lleva al mismo colegio de religiosas al cual ella asistió anteriormente, y la deja allí. Juan es el otro hermano que se enferma de una fiebre y termina con una cojera que le amarga la vida. Gus, que aspira a ser escultor, se marcha a la ciudad con la mediocridad de su vida y nunca logra realizar nada que valga la pena; durante un discurso por una causa, las autoridades lo apresan y algunos de la familia van a visitarlo en la cárcel. Tito y Tavi, el otro hermano, también se marchan del hogar. Tito se establece en la ciudad como vendedor de automóbiles usados y Aldo se queda en la casona trabajando la tierra.

Durante la enfermedad de Juan, Valba llega a conocer al médico del lugar, Eloy, y a veces se siente atraída y repulsada por éste, a la misma vez. Un día llega Jacqueline, la nieta del Gnomo del lugar, y ella y Valba se hacen media amigas. Jacqueline se enamora de Tito. Hay un fuego en la iglesia y el padre de Los Abel manda a Tito fuera ya que se cree que él había sido responsable por el incendio. Jacqueline se marcha del lugar para seguir a Tito. En la ciudad se hacen novios. Valba huye del hogar y de Eloy y se marcha a la ciudad, también. Valba se instala en la casa de Jacqueline y la madre de ésta y conoce a Galo. Entabla cierta relación con Galo pero no termina en nada. Jacqueline se enferma de tuberculosis y se marcha de nuevo con su abuelo ya que sus relaciones con Tito no avanzan. Valba regresa a la casa familiar y se encuentra que Aldo y Jacqueline van a casarse. Aldo se marcha del lugar con su nueva esposa. El padre de Los Abel muere de un ataque al corazón. Tito regresa con maquinarias a trabajar la tierra. Aldo vuelve al poco tiempo sin Jacqueline y se faja con Tito porque Jacqueline lo quería a él y no a Aldo. Aldo amenaza a Tito y le indica que se marche del lugar con sus maquinarias y se vaya con Jacqueline. Los hermanos se pelean y Aldo mata a Tito. Al final de la novela, Valba se moja las manos con la sangre de Tito y anuncia que le parece como una caricia.

En estas páginas hemos detallado un corto resumen de lo que, según la autora, el niño-hombre de la novela leyó en las cuartillas de Valba, ¿pero qué fueron ciertas causas de las acciones de los protagonistas que detalló Valba?¿Por qué no avanzaban las relaciones de Tito y Jacqueline? Jacqueline, aunque estaba enamorada de Tito, descubre que Tito mantenía relaciones amorosas con su propia madre, Alicia, ¿Por qué se marcha Valba, si cree haber encontrado en Galo su salvación? Alicia le cuenta que ella y Galo habían sido amantes por mucho tiempo. Valba hace que Galo la lleve a su casa y le haga el amor. Galo y Valba pasan la noche juntos y Valba se da cuenta de que no existe nada entre ellos. Valba regresa a su casa y Eloy le pide que se case con él pero ella no lo acepta. Aldo se casa con Jacqueline que no lo quiere y prefiere al hermano que la traicionó con su propia madre. Aldo regresa lleno de odio contra Tito. El Tito que sin tratar parece conseguir todo lo que la vida parece ofrecerle, muere a manos de su propio hermano en un arranque de odio y de celos.

Esta novela traza, punto por punto, la destrucción y desintegración física y moral de una familia. Todos viven aislados el uno del otro. Todos son miembros de la misma familia porque llevan el mismo apellido y han tenido el mismo padre y madre, pero son extraños que conviven bajo el mismo techo. Se ve que sienten y padecen, pero lo que sienten y padecen no nos conmueve. Cuando leemos la novela, leemos un relato que detalla la vida de una familia que parece existir al borde de la vida. No sentimos ni lástima ni piedad por ninguno de los protagonistas. Es un relato de la inutilidad de la existencia de un grupo de individuos que no contribuyen nada a la vida. Pasan por el mundo buscando la huella del pasado y encuentran solamente el vacío.

Cuando leemos el **ABEL SÁNCHEZ** de Miguel de Unamuno sentimos lástima por su Caín que es Joaquín Monegro; y no por su Abel, pero cuando nos topamos con el Caín de Ana María Matute, en la figura de Aldo, no sentimos nada ni por él ni por la muerte de su Abel/Tito.

FIESTA AL NOROESTE

FIESTA AL NOROESTE es una novela corta que consiste solamente de ocho capítulos. El protagonista principal es Juan Medinao. Juan Medinao es el hijo de Juan Padre y nieto de Juan Abuelo. Vive en la casa de los Juanes. La casa vieja y desolada que domina, como sus habitantes, presentes y pasados la vida de todos los habitantes de la aldea de la Baja Artamila.

Al comienzo del relato la autora introduce a Dingo, un titiritero de regreso a su antigua aldea después de treinta años de ausencia. Al divisar su antiguo hogar, Dingo recuerda su extraña y dolorosa niñez. Cae la lluvia mientras Dingo maneja su carreta hacia el pueblo. De repente un niño atraviesa su camino y Dingo no puede impedir atropellarlo. La rueda de la carreta parte el cuerpo del niño en dos y Dingo maldice su mala suerte que lo va a obligar a pertenecer en el odiado lugar.

Dingo llega a la aldea con el cadáver del niño y entrega el cuerpo muerto a las autoridades.

Ya entrando la noche, las autoridades se aparecen en la casa de Juan Medinao, que se encuentra rezando como siempre, y le dicen que su viejo amigo Dingo había sido responsable por la muerte accidental del niño y le pedía su ayuda ya que eran viejos amigos. Juan Medinao les informa que irá a la cárcel con ellos a visitar a su amigo. Juan comienza a recordar el dolor de su infancia.

Juan Medinao llega a la cárcel y abraza a Dingo y promete ayudarlo a pesar de que Dingo lo había traicionado cuando eran niños. Durante su niñez y adolescencia, todos se burlaban de Juan Medinao porque era cabezón y tenía las piernas torcidas. El único que se había portado bien con él había sido Dingo, su único amigo. Dingo le promete que si ahorran bastante monedas, los dos podrán escaparse de la odiada aldea y de los castigos de los padres. Dingo lo traiciona y se roba el dinero escondido y lo deja solo. La madre de Juan Medinao se había suicidado anteriormente porque la amante de su marido había tenido un hijo. El padre de Juan le pide perdón a su hijo diciéndole que por su culpa su madre había muerto.

Las burlas continúan y la soledad de Juan Medinao aumenta. No tiene a nadie y busca y trata de ganarse al hermano. El padre muere y Juan Medinao hereda todos sus bienes. Juan trata por todos los medios a su alcance de atraer al hermano que lo ignora. Un día, su hermano organiza una huelga contra él y Juan le pide a Salomé, la antigua querida de su padre y la madre de su hermano Pablo, que lo ayude a atraer a Pablo, pero Pablo se niega a hacer las paces y regresar con él. Juan Medinao se entera que Pablo está enamorado de una joven, Delia Corvo, y le propone a la familia de Delia matrimonio con la hija, creyendo que si se casa con la muchacha, Pablo se quedará con él y los dos podrán repartírsela. Juan le pide a Salomé que le comunique a Pablo sus deseos pero Pablo ignora el pedido y anuncia que se marchará del lugar. Juan, viendo sus deseos de retener al hermano frustrados, ve en Salomé la imagen del hermano que no puede conquistar y seduce a la madre.

Juan Medinao regresa a la aldea a ver a Dingo cuando las autoridades van a llevárselo a Nájera para juzgarlo por la muerte del niño y le dice que no se preocupe ya que él lo va a ayudar porque son amigos y además le ha perdonado todo. Le ha perdonado a Dingo su traición al igual que le perdonó al padre el dolor de su niñez. Lo único que Juan tiene que puede utilizar contra otros es el perdón. Dingo, en lo único que piensa es en poder sacarle un poco de dinero a Juan y alberga la esperanza de que Juan le compre otra carreta para continuar su recorrido por el mundo. Juan piensa que podrá quedarse con Dingo y volver a tener un amigo.

Es por medio de la introducción de Dingo, en el primer capítulo de **FIESTA AL NOROESTE**, que llegamos al estudio de Juan Medinao. Llegamos a conocer a fondo la inutilidad de su existencia, su aislamiento y la soledad que lo consume. Se refugia en la iglesia, en las plegarias y en Dios. Siempre está buscando el perdón y pide perdón por su alma impía y por la impiedad de los demás, pero nunca encuentra consuelo. Siempre se mantiene al margen de la vida, lo mismo que el resto de los habitantes de la aldea. Aborrece la soledad pero la mantiene porque haga lo que haga, no puede librarse de ella.

LOS HIJOS MUERTOS

LOS HIJOS MUERTOS se desarrolla en el pequeño pueblo de Hegroz situado en el valle entre las montañas de un lugar en la provincia de Castilla, muy semejante a Mansilla de la Sierra donde Ana María Matute pasó tantas temporadas visitando la casa familiar de los abuelos Ausejo. **LOS HIJOS MUERTOS** se divide en tres partes: *El Tiempo, El Hambre y La Sed y La Resaca* - la guerra, el exilio y el regreso. Es la historia de tres generaciones.

Desde el principio de la novela, Ana María Matute nos deja saber que el pueblecillo de Hegroz nunca perteneció a la gente del pueblo ya que desde un principio había pertenecido al Duque. Durante muchos siglos los habitantes del lugar habían tenido que darle al Duque, fuera quien fuera, la mitad de todas sus cosechas por el derecho de labrar sus tierras. Nunca habían visto al Duque, pero siempre hablaban del Duque. Uno de los pobres labradores de la tierra de Hegroz emigró a América y se hizo inmensamente rico. Los nietos de este "indiano" regresan a Hegroz y compran la mayor parte de la propiedad y construyen una enorme casona en La Encrucijada. Es aquí como comienza nuestra historia de la familia - los Corvo (cuervos).

De repente nos encontramos con Gerardo Corvo, medio borracho, recordando los buenos tiempos y la desgracia de perder toda su fortuna. Eran dos primos que se llevaban más como hermanos. Elías, el mayor, era más fino y educado que Gerardo, el menor. Gerardo se casa con una mujer de buena familia, Margarita, y tiene tres hijos: un varón, Cesar y dos hembras, Isabel, la mayor y Verónica, la menor. Elías se casa poco después con la hija de otro hombre rico que había venido a Hegroz. El padre deshereda a la hija cuando oye decir que no era hija verdadera. Del matrimonio de Elías nace Daniel. Pasan los años y las dos familias parecen ser felices a pesar del odio de la gente del pueblo. Ninguno trabaja y continúan gastando y gastando. Un día se aparece Elías bastante turbado y le dice a Gerardo que el banco se había declarado en bancarrota y habían perdido todo su dinero. Elías se marcha a la Argentina a ver si puede rescatar parte de la fortuna perdida. Deja a su hijo Daniel con la familia de Gerardo, ya que su mujer ha muerto y se marcha solo. Elías no logra rescatar nada y se suicida. Gerardo se entera de la muerte de Elías y le echa la culpa de haber perdido la fortuna. Se encierra en su cuarto y trata de ahorcarse pero Daniel, todavía un niño, le salva la vida y Gerardo se queda con el cuello virado y un poco jorobado. Lo único que Gerardo atina a hacer es emborracharse y no ajustarse a su nueva situación. Muere su mujer y la hija mayor, Isabel, se hace cargo del gobierno de la casa.

Isabel gobierna la casa y a todos con una mano de acero a pesar de su juventud y manda que todos tienen que trabajar. Daniel, el hijo de Elías, ahora el huérfano, sufre insultos continuamente de Gerardo, de Isabel, de César, de todos menos Verónica, la hija menor. Daniel comienza a huirse más y más de la casa y a frecuentar los pobres del pueblo ya que se siente más a gusto con ellos. Es por medio de estas escapadas que llegamos a ver el mundo sórdido y las condiciones casi inhumanas en que viven la mayoría de las familias del lugar.

A pesar de los insultos y el maltrato de Isabel hacia Daniel, Isabel está enamorada de él aunque trata de ocultarlo. Isabel siempre está buscando a Daniel y Daniel siempre le está huyendo, escapándose por el bosque con Verónica. Llega un hombre viejo y rico a pedir la mano de Verónica para casarse con ella aunque ella sólo tiene unos escasos catorce años. Verónica se niega a aceptar la oferta de matrimonio que sería la salvación de la familia, por el dinero, a pesar de las insistencias y amenazas de Isabel. Isabel se encuentra un día con Daniel y Verónica haciéndose el amor y obliga al padre a que eche a Daniel fuera de la casa. Daniel se marcha y consigue un trabajo en la ciudad y regresa tres años más tarde a buscar a Verónica. Verónica se fuga con Daniel. Verónica sale en estado y Daniel se marcha a luchar en la guerra al lado de los Republicanos.

Isabel arregla el matrimonio de su padre con una rica solterona de cuarenta años, Beatriz. Beatriz muere de parto después de dar a luz a su hija Mónica que se parece mucho a Verónica.

Durante la Guerra Civil en 1938, cuando Daniel estaba luchando en las trincheras, Verónica y el hijo, que no llega a nacer, mueren durante un bombardeo. Daniel huye a Francia después que se acaba la guerra y pasa un tiempo en un campo de concentración. Contrae una enfermedad incurable de los pulmones después de hacer labor forzada en una mina. Cuando recibe una carta de Isabel diciéndole que todo está perdonado, regresa a Hegroz en 1948 un hombre destrozado y sin ilusiones. Se niega a vivir en la casona y acepta el puesto de guardabosques cuando se entera que el antiguo empleado ha muerto.

César, el hermano de Isabel, se opone al regreso de Daniel ya que había luchado en el lado opuesto durante la guerra, pero no llega a convencer a nadie ya que todos son nulos contra la voluntad de Isabel.

De regreso a Hegroz, Daniel entabla amistad con Diego Herrera, el jefe de la colonia de presos cerca de Hegroz. Diego es un hombre idealista que trata de mejorar la vida de los prisioneros. Durante varias visitas con Daniel, los dos recuerdan las memorias del pasado al mismo tiempo que tratan de olvidarlo.

Pasa el tiempo y Mónica crece. A los diez y seis años, es ahora el símbolo de la nueva generación muy parecida en todo a la difunta Verónica. Mónica se enamora de un prisionero, Miguel. Miguel está sirviendo una sentencia, no por actividades políticas, pero por haber traficado con drogas. Ansioso de obtener su libertad, Miguel mata a un hombre tratando de escaparse. Daniel esconde a Miguel por un tiempo, pero luego lo obliga a salir de su casa a pesar de que tiene el pie herido y le dice que deje a Mónica. Miguel se va. Se oyen dos disparos, Daniel mata a un lobo, al mismo tiempo que los soldados matan a Miguel.

Daniel, como un muerto, va a visitar a La Tamaya y le pregunta si ha tenido más hijos y ella le contesta que sí, unos han muerto y otros viven y la vida sigue igual. Las víctimas inocentes de la guerra habían sido los niños, los que habían nacido y ahora estaban muertos, o los que no lograron nacer porque murieron antes de tiempo.

LOS HIJOS MUERTOS no sólo se refiere a los que han cesado de respirar en esta vida, pero a los que viven como muertos, según Mónica le gritó a Isabel.

LOS NIÑOS TONTOS
(Colección de Cuentos)

La edición de **LOS NIÑOS TONTOS** que aquí he usado es la edición Destino Libro con ilustraciones de José María Prim de 1981. Esta colección consiste de veintiún bosquejos[1] cuyos relatos toman de un párrafo a cuatro o cinco páginas. Hay críticos que se refieren a estos bosquejos como a poemas en prosa. La misma autora se refirió a ellos, no como poemas, pero sí como cuentos de

---

1 bosquejos: sketches

122

niños tristes para niños alegres. Todos los niños padecen de cierta deformidad, ya sea física o espiritual. Son niños a quienes nadie parece comprender o querer y viven dentro de un mundo de fantasía que muchas veces, al toparse con[1] la realidad, mueren. En esta serie, la autora se vale de varios de sus temas predilectos: la soledad, la crueldad, la violencia y la muerte.

LA NIÑA FEA

La niña fea con la cara oscura iba todos los días a la escuela y las otras niñas se burlaban de ella y le decían que era una niña fea y no la dejaban jugar con ellas. La niña fea las miraba jugar desde lejos mientras se comía su manzana, triste y solitaria. Un día, la tierra le dijo que tenía su color y la invita a estar con ella. Cuando la niña fea muere, le ponen flores de espino en la cabeza y flores de trapo y papel en la boca; entonces, todos dicen que la niña fea es bonita.

EL NIÑO QUE ERA AMIGO DEL DEMONIO

Todo el mundo le decía cosas crueles del demonio y el niño sintió lástima por él. Todas las noches se refería al demonio como a su amigo. La madre le decía que él no sabía lo que era el demonio y el niño decía que él sabía bien lo que era pero como el niño era su amigo, el demonio lo iba a dejar ir al cielo tranquilo.

POLVO DE CARBÓN

La niña de la carbonería siempre estaba cubierta de polvo negro y abría el grifo del agua para ver el agua clara correr, nunca podía deshacerse del hollín que

---

1   toparse con: to face

la cubría. Una noche ve la luna cerca de la ventana y piensa que si pudiera meter sus manos en la luna se quitaría toda su negrura. Mira la luna que parece bajar más y más abajo hasta el fondo de la tina y la niña se mete a buscarla. Al día siguiente, encuentran a la niña ahogada.

EL NEGRITO DE LOS OJOS AZULES

Una noche nació un negrito de ojos azules y creían que era tonto porque nunca lloraba y era negro. Un gato, que le tenía envidia, le sacó los ojos y le hacía daño siempre que el niño no podía hacerle nada porque era ciego. Un día llegó un viento y se lo llevó fuera de la casa. El niño se encontró en el bosque y pensó que le hacían falta sus ojos azules. En eso llegan unas gitanas con un oso que al ver al niño sin ojos comienza a gemir y las gitanas le obligan a irse con ellas. Pasa el tiempo y llega un perro a quien el niño le pregunta si ha visto sus ojos azules. El perro le lame la cabeza y llora por el niño. El niño muere y el perro lo entierra donde nadie lo pueda encontrar. En el lugar donde está enterrado el niño florecen dos miosotosis gemelos.

EL AÑO QUE NO LLEGÓ

Un niño está al cumplir un año a las diez y ve un rayo de luz por el cual desaparece y muere antes de llegar a cumplir el año que esperaba a las diez.

EL INCENDIO

Un niño con lápices de colores naranja, rojo, amarillo y azul prende fuego a una esquina y muere abrasado por el fuego que pintó con los colores.

EL HIJO DE LA LAVANDERA

Los hijos del administrador tiraban piedras y le silbaban al hijo de la lavandera cuando pasaba, porque era diferente. Tenía las piernas flacas y llevaba la cabeza alargada y gris con costurones, rapada. Un día la madre lo baña y le pone jabón en la cabeza y le besa el cabezón; donde mismo besa al hijo, los hijos del administrador le dan una pedrada y le sacan sangre. Detestan la cabezona porque nadie tenía una semejante.

EL ÁRBOL

Todos los días un niño que soñaba veía un árbol dentro de una ventana. El niño no lo podía comprender y cuando habla con su madre acerca del árbol, ella le dice que no importa. El niño continúa viendo el árbol y dice que está ahora en su habitación y parece que lo está buscando para llevárselo la madre siente miedo pero le vuelve a decir al hijo que no importa. Por fin, un día llegó la noche y el árbol entró en el cuarto y se lo llevó todo. El niño, perdido entre las ramas del árbol le dice a la madre que es un árbol muy grande, y la madre contesta de nuevo que no importa, aunque el niño no puede oirla.

EL NIÑO QUE ENCONTRÓ UN VIOLÍN EN EL GRANERO

Nadie oyó hablar nunca a Zum-Zum, el hijo del granero. Cuando alguien le hablaba o le requería, siempre se alejaba. Todos se olvidaban de él. Una tarde que Zum-Zum sube al granero encuentra un viejo violín y se lo da a un hermano para que lo toque. Cuando comienza la música del violín todos dicen que es la voz de Zum-Zum. Zum-Zum cae muerto y todos dicen que no era un muchacho sino un muñeco y lo abandonan. El perro lo recoge y se lo lleva entre los dientes.

EL ESCAPARATE DE LA PASTELERÍA

El niño pequeño soñaba siempre que estaba dentro del escaparate de la pastelería. Una noche se levanta con los ojos abiertos y va hacia el escaparate. Encuentra el escaparate frío y oscuro. No puede ver nada y se marcha descorazonado. Una señora le ofrece algo de comer y no quiere nada. Siempre dice que no tiene hambre. Se presume que el niño muere de nostalgia.

EL OTRO NIÑO

El otro niño no era un niño como todos los demás. Era un niño ejemplar el que llegó a la escuela de la señorita Leocadia con dos dedos de la mano derecha unidos. La maestra cae de rodillas y dice que el niño del altar había venido a su escuela porque estaba triste. Era el Niño Jesús.

LA NIÑA QUE NO ESTABA EN NINGUNA PARTE

Todas las cosas en el cuarto pertenecían a una niña. La niña no estaba muerta, pero era como si fuera un fantasma. Todo lo que le pertenecía estaba allí, pero ella no.

EL TIOVIVO[1]

Cada vez que el niño miraba el tiovivo decía que era una tontería que sólo daba vueltas y no iba a ninguna parte. Un día de lluvia se encuentra una chapa brillante y la cambia por vueltas en el tiovivo. Aunque el tiovivo está cubierto con una lona[2], el niño se mete debajo de la lona y monta un caballo de oro con alas grandes. Desde ese día nadie quiere montar el tiovivo porque allí encontraron al niño muerto.

EL NIÑO QUE NO SABÍA JUGAR

El niño que no sabía jugar iba y venía y nunca jugaba. La madre decía que no sabía jugar porque no era un niño corriente, según ella era un niño que pensaba mucho. Un día la madre siguió al niño y se puso a vigilarlo, escondida, para que el niño no la viera. Vió que de un estanque el niño sacaba una variedad de animalitos y los metía en una caja. Después se sentó y le cortó la cabeza a cada uno con sus uñas sucias.

EL CORDERITO PASCUAL

Al hijo del ropavejero le regalan un corderito. El niño era gordo y no tenía amigos. Todos se burlaban de él, todos menos el corderito que era su único amigo. El día de Pascuas se sienta a la cena y ve que su padre va a cortar el cuerpo cocinado de su corderito. El niño salta de su silla y va a la cocina donde ve la cabeza de su amigo y en sus ojos ve una mirada que jamás vió en nadie.

---

1 tiovivo: merry-go-round
2 lona: canvas tent cloth

EL NIÑO DEL CAZADOR

El niño del cazador siempre iba detrás de su padre cuando éste cazaba en las montañas y contaba el número de disparos. El niño del cazador siempre soñaba con escopetas, cacerías y perros. Una noche de luna se roba la escopeta y caza todo lo que encuentra en su paso. A la aurora bajan el cuerpo muerto del niño tonto del cazador.

LA SED Y EL NIÑO

El niño que tenía sed siempre iba a la fuentecita del surtidor a beber agua y apagarse la sed. Una tarde que tenía sed no encontró agua porque unos hombres se habían llevado el surtidor. Muriéndose de sed, el niño se vuelve ceniza que el viento esparce lejos. Un día regresan los hombres y arrancan la fuente. Toda la tierra está reseca, pero el niño vuelve y pregunta quién se llevó el surtidor. Comienza a brotar agua que se convierte en un gran río que nadie puede parar y llega hasta el océano.

EL NIÑO AL QUE SE LE MURIÓ EL AMIGO

Una mañana el niño se levanta y le dicen que su amigo se ha muerto. El niño dice que su amigo volverá y lo espera. Se queda afuera sin comer o beber y cuando entra de nuevo en la casa la madre nota que ha crecido mucho y necesita ropa más grande.

EL JOROBADO

El niño siempre estaba triste porque su padre lo mantenía escondido debajo de una lona y no dejaba que nadie lo viera salir para que no se burlaran de él por su corcova.

EL NIÑO DE LOS HORNOS

Al niño de los hornos le trajeron un hermano que no le gustaba, y se lo llevó una noche mientras todos dormían y lo asó en el horno.

MAR

Al niño enfermo le recomiendan baños de mar. Cuando llega al mar quiere ver hasta donde le llega y anda y anda hasta que se ahoga.

PRIMERA MEMORIA

PRIMERA MEMORIA, publicada en 1960, es la primera parte de la ya famosa trilogía de *Los Mercaderes*. Aunque el verdadero significado de *Los Mercaderes* no aparece hasta la segunda parte con **LOS SOLDADOS LLORAN DE NOCHE**, Ana María Matute hace uso frecuente de sus temas principales, tales como: la Guerra Civil, la lucha entre Caín y Abel, la pérdida de la inocencia, la crueldad, el odio, el aislamiento de las personas, la soledad, la injusticia, la hipocresía y el materialismo en **PRIMERA MEMORIA**.

La acción en **PRIMERA MEMORIA** se desarrolla en la Isla de Mallorca, aunque no se menciona como tal. La isla es otro símbolo más del aislamiento, ya que todos los protagonistas, a pesar de la soledad, son seres aislados - de otros y aún de sí mismos. **PRIMERA MEMORIA**, que hasta cierto punto se considera como un estudio psicológico, se divide en cuatro partes: *El Declive* - la muerte; *La Escuela del Sol* - el amor; *Las Hogueras* - el odio; y *El Gallo Blanco* - la traición.

Al comienzo de **PRIMERA MEMORIA** conocemos a la narradora de la novela, una huérfana adolescente de unos catorce años, que ha venido a la isla a vivir con su abuela, Doña Praxedes. La narradora, nuestra protagonista, es Matía.

En la primera parte de la novela, *El Declive*, Matía describe el odio que siente por la abuela y que siempre la deja saber que está en la isla contra su voluntad. La madre muerta de Matía era hija de Doña Praxedes. Según la abuela, el padre de Matía nunca sirvió para nada y Matía lo veía en raras ocasiones. Después de la muerte de su madre, que no parece haberla conmovido mucho, la cuida una criada, en una casa semi-destruída, en la península. Allí vive disfrutando de la vida del campo con sus libros y su muñeco Gorogó. Raras veces la visita su padre. La criada, Mauricia, se enferma y le avisan a la abuela de Matía que venga a buscarla. La criada muere y la abuela viene a buscar a Matía que para ese entonces tenía unos doce años. La abuela mete a Matía en un colegio de religiosas de donde la expulsan por darle una patada a la directora. Regresa a la odiada isla con la odiada abuela cuando ya tiene catorce años. En la isla están su primo Borja y su madre de vacaciones. Pasan los días y estalla la guerra. Borja y su madre, Emilia, no pueden regresar a la península y todos se quedan aislados de todo en la isla.

Ya que ninguno de los dos primos pueden ir al colegio, la abuela hace que Lauro el Chino, el hijo de su criada que había pasado muchos años en el monasterio, les de clases todos los días. Borja, que a los quince años es un chico malcriado y odioso, insulta y hiere a Lauro a cualquier oportunidad. Matía, aunque no de tan mal corazón como Borja, hace lo mismo muchas veces para seguirle la corriente[1] a Borja. Los dos primos, aunque no se quieren bien, se hacen aliados porque no tienen a nadie más. Siempre desandan juntos[2] y esconden las cosas que le roban a la abuela: dinero, bebida, cosas del abuelo muerto, y las esconden en una barca vieja y abandonada - Joven Simón. Bajan a menudo a la playa a fumar y a beber.

Un día que Matía y Borja van en su barca a Santa Catalina, encuentran al lado del Joven Simón el cadáver de José Taronjí. Manuel, el hijastro de José

---

1 seguirle la corriente: to go along with him, to humour him
2 desandar juntos: to hang-out together

Taronjí aparece y le pide a Borja que le preste su barca para llevarse el cuerpo muerto del que llama su padre. Borja acepta contra su voluntad pero demanda que Manuel le devuelva la barca pronto, al mismo lugar. Borja y Matía esperan pero Manuel no regresa. Ellos suben por las rocas para regresar a la casa y se encuentran con Lauro. Borja encuentra la barca que Manuel ha traído y amarrado al muelle. La abuela los regaña por llegar tan tarde y llevarse con la gente del lugar.

Hay dos grupos de muchachos en la isla. Borja se ha hecho el líder de uno. Los padres de los chicos con Borja quieren que sus hijos jueguen con Borja por su familia, pero los muchachos no quieren bien a Borja. A veces los dos grupos hacen las paces por unos días. Es durante uno de estos momentos que Borja se va al Port con el líder del otro grupo a ver a Es Mariné, el dueño de un café que es contrabandista y vende drogas y artículos robados. No permiten que Matía vaya con ellos y cuando ella se queda en casa, ve que Manuel viene a buscar agua al pozo de su casa. La familia de Manuel no puede usar el agua de su propio pozo porque alguien había tirado un perro muerto en él. Matía le habla a Manuel y lo sigue hasta su casa. Se reúnen varias veces y se cuentan las respectivas historias de sus vidas. Matía se entera de que Manuel no era el hijo verdadero de José Taronjí pero que otro hombre era su verdadero padre.

Borja y Matía se pelean acerca de sus respectivos padres que están luchando en lados opuestos en la guerra. El padre de Matía lucha al lado de los Republicanos y el padre de Borja, un coronel, al lado de los Nacionalistas.

Borja siente una extraña fascinación por un pariente lejano que no se lleva con la familia, Jorge de Son Mayor. Jorge de Son Mayor, un aventurero, vive como un recluso en la isla. Los cuentos acerca de él lo convierten en el ídolo de Borja, quien trata de conocerlo. Borja, que no respeta ni a nada ni nadie, encuentra una vieja carta de su madre a Jorge de Son Mayor y decide, después de enseñársela a Matía, que Jorge de Son Mayor es su padre.

Borja descubre a Matía hablando con Manuel y forza una visita con Jorge de Son Mayor, a la cual Manuel acuerda asistir sin mucha gana. Durante la visita Jorge prefiere a Manuel y rechaza a Borja. Borja, destrozado que su ídolo pueda preferir a Manuel en vez de a él, decide destruir a Manuel.

Borja, lleno de odio hacia Manuel, decide destruirlo, sobre todo cuando se entera de que Jorge de Son Mayor es el verdadero padre de Manuel. Con este propósito, él prepara un plan elaborado. Le da un paquete a Manuel y le pide que se lo dé a Es Mariné para que se lo guarde hasta que lo necesite. Luego, va a confesarse en la iglesia y le dice a Mosen Mayol que Manuel lo había obligado a robarle a su abuela. Mosen Mayol lleva a Borja a hablar con su abuela y le hace la falsa confesión, de nuevo.

Mandan a Manuel a un reformatorio. Matía, que sabe la verdad, no dice nada para defender a Manuel y con su silencio contribuye a que se lleven a Manuel al reformatorio. Manuel está destrozado, pero no tanto por la calumnia de Borja como por la traición de Matía.

HISTORIAS DE LA ARTAMILA
(Colección de Cuentos)

HISTORIAS DE LA ARTAMILA es una colección de veintidós cuentos previamente publicados en revistas y periódicos y recogidos para formar esta primera edición que se publica en 1961 por Ediciones Destino. Esta edición consiste de los títulos siguientes: *El Incendio, Don Payasito, La Felicidad, Pecado de Omisión, El Río, Los Alambradores, La Chusma, Los Chicos, Caminos, La Fiesta, El Gran Vacío, Bernardino, El Mundelo, El Rey, La Conciencia, La Rama Seca, Los Pájaros, El Ausente, Envidia, El Árbol de Oro, El Tesoro y El Perro Perdido.*

Aquí, solamente vamos a relatar seis de los veintidós cuentos que leerán a continuación: *El Incendio, La Felicidad, Pecado de Omisión, El Río, La Chusma y Los Chicos.*

EL INCENDIO

Este es el cuento de un muchacho que apenas contaba cinco años. Vivía en Pedrerías con su padre que era maestro de escuela. Le llamaban maestrín, ya que su padre era maestro, pero nadie esperaba que llegara a ejercer esa profesión ya que era un chico inútil. Pasan los años y el niño se enferma de una enfermedad que le dura de los ocho a los catorce años. Su padre, que es un hombre pobre, se emborracha todos los días. Por un tiempo disfrutan de la compañía de una mujer, Olegaria, que les cocinaba y les mantenía el hogar limpio. Como su padre y

Olegaria no estaban casados, el párroco les dice que no pueden vivir en la misma casa y Olegaria se marcha. Un día de su cumpleaños llegan unos cómicos al pueblo a representar comedias en el Salón de Maximiliano el negro que siempre tenía problemas con la policía. El chico, que ahora tenía diez y seis años, se prendió de una bailarina del grupo y pidió, como los otros hacían, bailar con ella. Después del baile, ella le permitió que le hiciera el amor y después le dijo que se iba al próximo día. El chico, lleno de furor, prende fuego a los carros de ruedas grandes para evitar que ella pueda irse. Todos salen a tratar de apagar el fuego y el muchacho ve a la bailarina tratar de apagarlo, también. La ve completamente diferente a lo que había creído que era, le parece vieja y fea. El muchacho va hacia ella y le dice que él había sido responsable por el fuego porque no quería que ella se fuera; después de contarle lo que había hecho, se va a sentar debajo del puente hasta que la policía, avisados por la mujer, lo apresan.

LA FELICIDAD

Un médico nuevo llega casi de noche a un pequeño pueblo y le dicen que no hay casa donde él pueda albergarse, pero que tratarán de hallarle alojamiento para el próximo día. Mientras tanto, se hospeda en la casa muy limpia y muy bien cuidada de una viuda. La viuda le enseña la habitación que el médico usará y le advierte que es el cuarto de su hijo que está fuera por un tiempo, pero que volverá. La viuda le cuenta al médico todo acerca de su hijo. A la mañana siguiente, el alguacil que había ido a esperar al médico donde paraba el auto de línea y que también le había advertido al hombre que la viuda era loca, le dice al médico que le ha encontrado alojamiento permanente, pero el médico le dice que no quiere irse de la casa de la viuda porque está muy bien ahí. El médico añade que la viuda no tiene nada de loca y que además tiene un hijo. Cuando el alguacil oye lo que el médico le cuenta acerca del hijo de la viuda, le dice al médico que la viuda no tiene hijo ya que su hijo había muerto cuatro años atrás.

PECADO DE OMISIÓN

En Pecado de Omisión tenemos la tragedia de un jovencito inteligente y huérfano. Lope, al quedar huérfano a la edad de trece años, va a ver a su único pariente lejano, el alcalde del lugar. Como su madre había estado enferma por tres años, él no había podido asistir a la escuela porque tenía que trabajar para ganarse algo para mantenerse a él y a su madre. El alcalde, un hombre rudo, con una mujer é hija que tampoco eran eminencias, recoge al muchacho que pasa la primera noche en el granero. Luego, le da un trabajo cuidando de las ovejas en las montañas, sin tener a nadie con quien hablar. El joven inteligente se embrutece. Un día que baja al pueblo, se topa con un viejo compañero de la escuela que está para hacerse abogado. El compañero le ofrece un cigarrillo que Lope casi no llega a sacar de la pitillera ya que sus dedos se habían hecho gruesos y ásperos. Al hacerlo, nota la mano fina y los dedos ágiles del viejo compañero y realiza lo que pudo haber sido y se da cuenta en que se ha convertido. Lope recoge una piedra y marcha hacia donde está el alcalde sentado y le da una pedrada en la cabeza. El alcalde muere y todos dicen que Lope era un mal agradecido; Lope lloraba y lloraba, se lo llevan preso y dice sí ...

EL RÍO

En este cuento, la narradora nos introduce al mundo de las supersticiones y las creencias de la gente del pueblo. Nos habla de diferentes flores que crecen a la orilla del río con nombres de misterio y diferente veneno en el tallo. Según la narradora, Donato, uno de los chicos del lugar que se había hecho amigo de ellos, se lo había contado. Comienza el cuento hablando acerca del terrible maestro de escuela que se llama Don Germán. Hay muchos cuentos que van de boca en boca acerca de Don Germán. Según los muchachos, el maestro, que bebía demasiado, siempre estaba dándole golpes a los muchachos y martirizándolos. Habían quienes decían que él había matado a un muchacho a golpes. Todos los muchachos le tenían odio y miedo a la misma vez. Un día, Donato viene a ver a sus amigos sin sus hermanos y cuando le preguntan donde están los otros, Donato les contesta que estaban en la escuela, que el maestro lo había botado a él de la clase, pero que se lo iba a pagar. Llegan las lluvias y crece el río hasta que se desborda. Se muere el maestro de una pulmonía y todos los muchachos van detrás del entierro alegres y tirando piedras, todos, menos Donato. Donato ni come ni habla. Una noche, Donato sale de casa y se va al río, donde se ahoga. Deja una carta dirigida a su padre donde le dice que no puede seguir viviendo ya que le remuerde la conciencia porque era un asesino. Según él, él había sido responsable de la muerte del maestro ya que le había dado, mezclado en el vino, la flor encarnada de la fiebre dura, la flor amarilla de las llagas y la flor de la dormida eterna.

LA CHUSMA

La Chusma se refiere a grupos de familia de mineros que van a los pueblos a trabajar las minas pero como no son oriundos de los lugares donde viven, los habitantes del pueblo los tratan muy mal y se portan mal con ellos. La mayoría de las veces, después que los mineros cobran su sueldo, van a la taberna a emborracharse, todos menos el padre de una familia de nueve hijos, Los Galgos. Para la fiesta de Navidad, el padre de Los Galgos compra el besugo más grande y durante la cena se le atraganta una espina del pescado en la garganta y comienza a ahogarse. Llaman al médico borrachón del pueblo que en ese momento se encuentra cenando en la casa de la narradora y de mala gana va a la casa de Los Galgos. Cuando llega a ver al padre de Los Galgos les dice que no salvará al padre a menos que le paguen 250 pesetas que le deben y los hijos se vieron obligados a ir por todo el pueblo recaudando dinero para pagarle al médico para salvarle la vida a su padre. El médico toma y toma más vino y se burla de los mineros y de la maldad que les había hecho porque según él, esa Chusma no se merecía otra cosa.

LOS CHICOS

Los Chicos recrea otra crueldad que nuestra autora presenció durante su niñez en el campo. Los Chicos se refiere a los hijos de los presos que vivían en condiciones semi-humanas cerca de la colonia penal. Las familias del lugar ni los conocían ni les hablaban pero les tenían miedo porque eran diferentes, no eran miembros de su casta. Los Chicos les tiraban piedras y se burlaban de ellos. Un día, el hijo del administrador llega al lugar; él era un muchacho grande y fuerte. Cuando Los Chicos comienzan a tirar piedras, el hijo del administrador coge a uno de los chicos y le da una paliza que lo deja casi muerto. La narradora presencia ésto y nos dice que le dió lástima ver lo que sucedía. Aunque siente pena y lástima por lo que observa, no dice nada y permite el abuso del grandulón contra el más pequeño.

TRES Y UN SUEÑO
(Colección de Cuentos)

TRES Y UN SUEÑO es una colección de tres cuentos en los cuales reina la fantasía. Los tres cuentos o narraciones, aunque dos de los cuales consisten de varios capítulos, se dividen en tres partes: *La Razón, La Isla* y *La Oveja Negra*. El protagonista de *La Razón* es un chico que se llama Ivo. *La Razón* consiste de siete capítulos. *La Isla*, la más corta de las narraciones que consiste de sólo dos capítulos, tiene a Perico como protagonista. La tercera y última narración o cuento largo, al igual que *La Razón*, consiste de siete capítulos también. *La Oveja Negra* tiene como protagonista una chica que todos dicen que es mala porque no se comporta como los demás. El Sueño es la fantasía que une las tres narraciones aunque las tres son muy diferentes.

En *La Razón* tenemos de nuevo al huérfano en la figura de Ivo. Ivo, un huérfano solitario y soñador, que cree en la fantasía, vive en el granero de un labrador que lo estima, llamado Lucas. Todos se burlan de Ivo porque es tan soñador. Ivo es el único que puede ver a los únicos tres enanos que quedan en el mundo porque es el único que se ha quedado en el mundo con imaginación ya que al nacer, la luna le había puesto dos gotas de luna en los ojos para que fuera soñador. Porque la existencia de los enanos o gnomos depende de la credulidad de los seres humanos, para continuar su existencia, Tano, uno de los gnomos, lleva a Ivo en un recorrido del mundo mágico de la primavera eterna, para lograr que Ivo nunca deje de soñar. La visita impresiona tanto a Ivo que se llena de tristeza y no puede vivir en el mundo de la realidad. Temiendo la muerte de Ivo y el fin de la existencia de los gnomos, Tano le quita las gotas de luna de los ojos a Ivo. Los gnomos se vuelven ceniza al devolverle a Ivo la realidad. Ivo sale del granero y le pide trabajo a Lucas diciéndole que ha recobrado la razón. Ivo recobra la razón con la pérdida de sus sueños. El sueño de Ivo bien puede ser la imaginación de la niñez que cuando crece el niño y entra en el mundo de los adultos, mueren sus sueños con la muerte de sus esperanzas.

En *La Isla* abandonamos el mundo de la fantasía de los gnomos pero entramos en el mundo de Perico que durante una feria gana una isla que ve alzarse del mar después de dar en el blanco tres veces. Perico se muere de frío a pesar de haber ganado. La isla, que se alza mágicamente del fondo del mar simboliza la muerte ya que se alza de nuevo, esta vez con Perico, a la muerte del Aya de Perico. Perico muere porque es inocente y no hay lugar en el mundo para la inocencia ya que este mundo está lleno de decepción, según la autora.

La tercera narración, *La Oveja Negra*, se trata de una niña extraña que todos dicen que es mala porque es diferente. La niña extraña tiene una marioneta que ella misma ha hecho y su perro destruye en una noche. La niña acaricia al perro, Lucio, que había destruído a su muñeco, Tomboctú, y el perro muere. La niña se enferma y dos hermanos negros vienen a visitarla durante su enfermedad. La niña se mejora y se marcha con los dos hermanos negros a buscar a su muñeco Tomboctú. Los hermanos la abandonan en el bosque después que ella los señala como los hermanos Caín y Abel. La niña continúa desandando buscando su muñeco negro y se topa con unas mujeres que le dicen, después de darle de comer, que tiene que trabajar, hacer lo que se dice y no poner reparo en nada. La niña se niega a aceptar el papel dócil de las mujeres que aceptan hacer lo que se les manda y viven en un campamento de soldados. La niña se fija un día en la cadena que un soldado solitario lleva colgada del cuello y a ella le parece que la medalla que cuelga de su cadena es su Tomboctú. El soldado la obliga a que le siga y luego, cuando el soldado muere, ella coge la medalla entre las manos y se da cuenta que no es su Tomboctú pero una moneda sucia. Una mañana, cuando despierta, nota que hay un niño con ella que la llama madre. El niño crece, se hace hombre y un día la abandona y se marcha montado sobre un caballo negro. Después de perder al niño se entristece más y más, todos se burlan de ella y le hacen muchas maldades. Los niños le tiran piedras y le gritan preguntándole dónde está Tomboctú. Un organillero la ayuda y la deja en un solar vacío. Luego se aparecen tres perros y ella les pide que la ayuden a regresar al bosque y los perros lloran. Llegan tres hombres con carteras de negocio y le hablan diciéndole que aunque no quieren ayudarla lo harán porque ella es su hermana y les da vergüenza. La llevan a su casa y la acuestan en la cama. Todos la señalan y dicen que es el demonio, que es una bruja. Ella contesta que no, que es sólo una niña. Entran unos niños a martirizarla con sus espadas que se las clavan en el pecho pero que no le hacen nada porque están hechas de hojas de lirio y se doblan. Al final la niña dice que ese juego continuaría mientras los niños no crecieran y pudieran venir todos los días a matarla.

LOS SOLDADOS LLORAN DE NOCHE

Ana María Matute toma el título de la segunda novela de la trilogía de *Los Mercaderes* del poema del italiano Salvatore Quasimodo. En este poema, el poeta habla de la inutilidad de la guerra y de que nada en la vida puede destruir la inutilidad de la existencia de los horrores que causa. Según el poeta *los soldados lloran de noche antes de morir.*

LOS SOLDADOS LLORAN DE NOCHE se divide en tres partes: la primera es *La Arena,* la segunda es *La Lluvia* y la tercera es *La Niebla.* Al comienzo de cada una de las tres partes, encontramos una descripción relacionando varios sucesos, en etapas, acerca de *Un hombre al que llamaban Jeza.* Es Jeza el que une las tres partes de la novela.

Al comienzo de la novela, encontramos de nuevo a Manuel, el mismo Manuel de **PRIMERA MEMORIA** que injustamente acusado de un robo que nunca cometió padece una sentencia en un reformatorio, acusado por Borja, el primo de Matía quien prefiere guardar silencio en vez de ayudar al amigo acusado. De regreso a la isla, Manuel se encuentra en el monasterio conversando con el abad que le cuenta que Jorge de Son Mayor había muerto pero antes de morir le había reconocido como su hijo legítimo y en su testamento le declaraba heredero de todos sus bienes. Son Mayor pide que Manuel asista a su funeral y lo honre. Manuel dice que no puede aceptar lo que se le pide y añade que su verdadero padre había muerto hacía ya mucho tiempo - refiriéndose, por supuesto, a José Taronjí. El abad le pide que olvide el pasado y le recuerda que Manuel siempre fue bueno y que él, el abad, nunca perdió la confianza en él. Amargado, Manuel le pregunta si no la había perdido cuando lo mandaron, acusado falsamente, a un reformatorio. El abad le responde que todos sufrimos las culpas ajenas y que Manuel había sido elegido por El Señor. Le dice que su madre lo está esperando y le pide que sea piadoso con ella. Manuel se encuentra con su madre que nunca le escribió cuando estaba en el reformatorio y ella le pide que acepte la herencia de Jorge de Son Mayor para que sus hermanos no pasen hambre. Mosen Mayol, que tanto le odiaba y ayudó a mandarlo al reformatorio lo trata como a un hijo ahora y le dice que se ocupará de sus cosas. Manuel va a la casa de Jorge de Son Mayor y le informa al criado que él se puede quedar a vivir en la casa, porque él, Manuel, nunca vivirá allí. Manuel se rebela contra la hipocresía y la crueldad. Su verdadero padre nunca lo reconoció en vida y ahora todos los demás, todos falsos, que ocultaron la verdad de su existencia y hasta fueron acómplices de su desgracia cuando lo internaron en un reformatorio por la acusación de otro mas poderoso porque era miembro de una familia rica, Borja, lo tratan como si fuera otro.

Manuel sale de la casa después de hablar con Sanamo, el criado, y se dirige al Port a hablar con Es Mariné, el dueño del café donde se reunían José Taronjí, Jeza y los hermanos Simeón y Zacarías. Le pide ver el lugar donde se reunían los hombres y Es Mariné le pide que olvide todo, que la guerra ya está por terminar. Manuel recuerda que fueron los hermanos Taronjí los que mataron a su padrastro, José. Al preguntar por Jeza, Es Mariné contesta que no sabe de él pero que debe de estar en la cárcel todavía. Cuando pregunta por la mujer de Jeza, Es Mariné le contesta de nuevo que no sabe donde está y que debe de olvidarse del pasado que la guerra va a terminar.

Antes del comienzo de la segunda parte de la novela, leemos el segundo mensaje acerca de Jeza en que éste le pide a su mujer que si algún día le ocurriera algo a él, ella debería de entregar ciertos documentos a un hombre. Después que encarcelan a Jeza, la mujer se refugia en el interior de la isla y oculta los documentos. Jeza muere, ejecutado, a mediados de octubre de 1938.

Al comienzo de *La Lluvia*, la segunda parte de la novela, Manuel se apea de un autobus al reconocer a dos mujeres con un niño que él había visto afuera de la cárcel durante varias visitas que le había hecho a Jeza, poco antes de éste morir. Manuel le había escrito varias cartas a Mercela, una de las dos mujeres, para que le diera noticias de Jeza a Marta, la segunda mujer. Manuel convence a Marta que se vaya con él en el autobus, al día siguiente, y la instala en la casa que antes pertenecía a Jorge de Son Mayor. *La Lluvia* es la historia de Marta. Marta le cuenta a Manuel la historia de su vida y lo que Jeza significaba para ella - su salvación y la promesa de una vida mejor que le diera significado a su existencia.

Durante la narración de su vida, Marta le cuenta a Manuel que desde que ella era pequeña, su madre la mantuvo escondida sin que nadie supiera que Elena, la madre, tenía una hija. La única persona que tenía conocimiento de su existencia era la amiga de su madre, Dionisia. Marta vivió aislada de todo y de todos hasta que llego a cumplir los dieciocho años. La madre era dueña de un hotel donde se alquilaban cuartos para asignaciones amorosas, se hacían abortos y se vendían drogas. Elena, la madre, una mujer de unos cuarenta años, tenía una flaqueza por los hombres y se había hecho amante de un hombre mucho menor que ella, de treinta años, Raul. Raul, Elena y Dionisia se ganaban la vida con el dinero que la gente con flaquezas pagaba para frecuentar los hoteles que tenían, uno de los cuales estaba situado en Irún. Marta, que escuchaba detrás de las puertas cerradas, llegó a comprender lo que pasaba a su alrededor. Un día, la sorprenden a una de las puertas. Raul se entera de que ella es la hija de Elena y poco a poco la seduce en su propia habitación. A fines del verano, Raul lleva a Marta a Irún y allí permanecen por tres días hasta que Elena los descubre. Manuel continúa escuchando la historia de Marta y se da cuenta de que ella, al igual que él, había sido víctima de la crueldad, la hipocresía y la vanidad de otros y que los dos necesitan hacer algo que les de significado a sus vidas inútiles y vacías. Según los dos, Jeza los ha unido, Jeza tiene una causa y quizás por medio de Jeza los dos puedan redimirse. El cuerpo de Jeza ha muerto, pero su espíritu vive y los dos barcos sin rumbo que son Manuel y Elena, se aferran al ideal de lo que fue y trató de hacer Jeza para redimirse ellos mismos.

La tercera parte de la novela es *La Niebla*. En la tercera parte termina la narración de Marta que abandona al amante que le robó a su madre, Raul, y se marcha con Jeza. Marta siente una fuerza irresistible que la arrastra cuando conoce a Jeza, el hermano de Raul. Jeza acepta a Marta y se la lleva consigo mientras continúa su lucha por un mundo ideal. Es la admiración mutua de Manuel y Marta por Jeza que los une y deciden continuar su labor. Después de entregar unos documentos que Marta tenía de Jeza, Manuel dispara contra un tanque Nacionalista, tratando de esta manera de vengar la muerte de su padrastro, José Taronjí. Los soldados disparan y matan a Manuel y a Marta. La última acción de Manuel es simbólica, **LOS SOLDADOS LLORAN DE NOCHE**, la inutilidad de la vida y la aniquilación del alma.

LA TRAMPA

LA TRAMPA es la tercera y última parte de la trilogía de *Los Mercaderes*. En esta última novela, Matía es de nuevo la protagonista. Ya no es una niña pero una mujer que ha probado los sinsabores de la vida. Muerto está el Manuel de **PRIMERA MEMORIA** ya que se inmoló en **LOS SOLDADOS LLORAN DE NOCHE**, pero de regreso está Borja, el mismo Borja insufrible y odioso de **PRIMERA MEMORIA**.

LA TRAMPA, como las dos novelas anteriores que forman parte de la trilogía, se divide en tres partes. La primera parte se titula *Rodeada de Plantas y de Yerbas Salvajes*; la segunda, *Largas Estancias Cerradas y Vacías*; y la tercera *La Historia del Error es Simple*. Cada una de las tres partes comienza con *Diario en Desorden* - los recuerdos; cada una contiene *Tres Días de Amor, En Esta Ciudad* y *Perder el Tiempo*. La tercera parte es la única que termina con *Diario en Desorden*.

Matía, al comienzo de la novela, está de regreso en la odiada isla de su adolescencia, ya una mujer mayor, divorciada, con un hijo mayor. Ha regresado a la isla para celebrar el cumpleaños de la abuela, Doña Praxedes, con el resto de la familia.

Los recuerdos agolpean su cerebro y es aquí donde comenzamos con el primer *Diario en Desorden*. Durante la primera cena con la familia que está esperando el regreso de Borja y Bear y cuando va a su cuarto que antiguamente pertenecía al viejo abuelo muerto, Matía recuerda y recuerda y ... Recuerda que odiaba y odió a la abuela, pero ya, ni siquiera el odio le queda, no parece ni sentir ni padecer al igual que los otros tres protagonistas de la novela - su hijo Bear, Mario e Isa.

Es por medio de los seis capítulos de *Diario en Desorden* que Matía nos da a conocer su vida. A los diez y ocho años, después de recibir una carta de su padre que ahora reside como catedrático de español en una universidad estadounidense diciéndole que quiere que se vaya a vivir con él, Matía abandona la isla y se marcha a vivir con su padre, Franc.

En los Estados Unidos conoce a David, el hijo de otro asilado español. Se enamoran y se casan. Del matrimonio nace un hijo, Roger, al cual le ponen de apodo, Bear. Estalla la Segunda Guerra Mundial y David se marcha a la guerra. Termina la guerra y David regresa a la casa con su mujer e hijo - una casa vagón de metal como muchas otras. David, sin ambición ni ilusión alguna, se dedica a la bebida y pasa la mayor parte del tiempo borracho y pidiéndole perdón a Matía prometiendo dejar de tomar, pero nunca cumple su promesa. Beverly, la madre de David y muy amiga del padre de Matía, le dice a Matía que ella necesita un descanso y lo mejor que puede hacer es divorciarse de su hijo que no tiene remedio. Beverly añade que el padre de David es rico y puede pagar los gastos de su hijo en un sanatorio para alcohólicos y proporcionale a Matía un buen "alimony". A insistencia de Beverly, Matía deja al pequeño Bear con ella y se marcha a Europa a viajar y regresar de nuevo a la patria.

El padre de Matía, un profesor Republicano, refugiado en los Estados Unidos, se deshace entre su amor por su patria y odio, al mismo tiempo. Encarándose con la certidumbre que no puede efectuar un regreso a su patria mientras los Nacionalistas se encuentren en el poder, convence a su nieto Bear que él debe de regresar a la madre patria a continuar sus estudios.

Bear regresa a la madre patria de su abuelo y de su madre y se establece en Barcelona donde conoce a Mario que lo ayuda en los estudios, mientras hace preparativos para hacerse catedrático. Mario incita a los jóvenes a la rebelión contra la política del momento. Bear encuentra en Mario su ídolo y decide seguirlo. Mario convence a Bear que cierto hombre es enemigo de su movimiento y tiene que morir antes de que pueda delatar sus planes. Este hombre reside en la isla y es necesario eliminarlo. Bear hace los preparativos y esconde a Mario en la casa de la abuela, en un cuarto arriba, cerca de Matía. Para hacerlo, es necesario que hable con su madre para que acceda a esconder a Mario en la casa. Al principio, Matía está recelosa pero accede al pedido de su hijo.

El hombre que Mario, con la ayuda de Bear, piensa asesinar, no es en realidad el personaje que Mario describe. El hombre es en realidad el objeto de una venganza que Mario ha llevado clavada en su corazón por treinta años. Cuando Mario tenía ocho años, durante la Guerra Civil, su padre estaba escondido en la casa para que no lo mataran y los únicos que sabían dónde estaba eran Mario y su madre. Un día, después de salir su madre, Mario sale a buscar algo para su padre y un hombre que lo llama por su apodo, Bambi, lo hace delatar a su padre sin Mario darse cuenta de lo que está haciendo. La madre de Mario no pierde ninguna oportunidad de recordarle a Mario que él era culpable de la muerte de su padre. Mario ha sufrido toda su vida por su acción y ahora ve la oportunidad de vengarse del que causó la muerte de su padre.

Mario nunca deja saber ni lo que piensa ni lo que siente. Aún mientras duerme, su amante Isa se pregunta si de verdad duerme o la está vigilando. En *Tres Días de Amor*, Mario e Isa van y vienen con sus pensamientos, acerca de sí mismos y de uno y de otro. Isa cree que para ella Mario no va a ser gran cosa, ya que Mario nunca confía sus secretos, él le pertenece a ella y es todo suyo. Isa es un ser patético que lo único que llega a poder proveer es su cuerpo. No tiene la capacidad de sentir emociones hondas y sinceras, sólo piensa en Isa y lo que le pertenece a Isa. Ya arreglado su plan para ir a la isla y esconderse en casa de la abuela de la madre de Bear, Mario abandona a Isa y se marcha de la ciudad.

Arriba, en la casona de la abuela, con su habitación pegada a la habitación que ahora ocupa Mario, Matía siente cierta curiosidad por conocer a este hombre extraño y entra en el cuarto a conversar con él. Durante sus varias conversaciones en *Tres Días de Amor*, los dos se dan cuenta de la tristeza, la soledad, el aislamiento y el enorme vacío que los consumen. Se hacen el amor y encuentran paz entre los dos. Por el recién encontrado amor de Matía, Mario ve el comienzo de su redención y abandona sus planes de venganza.

Bear sube a hablar con Mario y le dice que todo está listo para el asesinato del enemigo de la causa. Mario trata de disuadirlo y le dice que ha cambiado de idea. Bear sale y decide ignorar lo que Mario le ha dicho, y sin cubrirse, mata al hombre, dando a saber quien es. Bear, al igual que Manuel, mata a un hombre por un ideal equivocado. Mario, que pensó encontrar la paz con Matía, la pierde, porque por su culpa Bear comete el crimen. **LA TRAMPA ES LA VIDA.**

LA TORRE VIGÍA

LA TORRE VIGÍA se desarrolla en un lugar y un tiempo completamente diferentes a los que Ana María Matute nos ha acostumbrado en sus obras anteriores. Esta novela, publicada en 1971 es un estudio del bien y el mal en un mundo lleno de suciedad, pobreza, supersticiones y brutalidad, durante la Edad Media. Aunque cambia de ambiente conocido, retiene el tiempo y la narración por medio de un protagonista adolescente.

LOS TEMAS PRINCIPALES

Al leer y estudiar a fondo las obras de Ana María Matute, hay varios temas que la autora emplea y resaltan en todas ellas. Uno de los temas presentes en la mayoría es la Guerra Civil, la guerra responsable, no sólo por la destrucción física y moral de tantos, pero la guerra responsable por la pérdida de la inocencia, niños que dejaron de ser niños porque la guerra y sus estragos les robaron su niñez. De la Guerra Civil pasamos a la pérdida de la niñez y en este conjunto unimos al tiempo. El tiempo es uno de los temas principales junto con la crueldad, la hipocresía, la injusticia, la soledad, el aislamiento y el eterno conflicto entre Caín y Abel.

Estos temas mencionados se encuentran presentes, no sólo en las novelas, pero en los cuentos; no sólo en las obras dedicadas a los adultos, pero también en el contenido de las que dedica a los niños. Esos niños que generalmente son los protagonistas de tantísimas de sus obras y quienes le preocupan tanto. Esos niños que al crecer se convierten en adultos y demuestran las mismas flaquezas que tanto desprecian en los adultos. Esos niños que pierden la inocencia, dejan de soñar y de sentir, se vuelven crueles, injustos, hipócritas, se convierten en seres solitarios, se aislan unos de otros y del mundo que los rodean y se convierten en asesinos, reviviendo el tema bíblico de Caín y Abel.

En **LOS ABEL**, cuando el niño va con su madre a visitar a sus parientes lejanos, los Abel, los otros niños, continuan con sus juegos y lo ignoran. Cuando el niño se hace hombre y regresa a la casa, encuentra el diario de Valba Abel. Es por medio de este diario que tanto el como nosotros nos damos cuenta de la inutilidad de la vida de los miembros de la familia. Todos están aislados y también se aislan de la gente del pueblo porque se consideran superior a ellos. Juan se vale de su cojera para maltratar a los demás y demuestra su crueldad porque es un ser amargado. Nadie le presta atención a la hermana más chiquita, a la cual Valba deja en el hotel de Tito durante la Navidad, sin preocuparle si Tito viene o no. Tito se hace amante de la madre de su prometida y ésta huye y se casa con su hermano, sin quererlo. Aldo, el hermano, aislado de todos porque es el único que se queda en el pueblo a cultivar la tierra, se casa con la novia de Tito y al descubrir que ella no lo quiere pero que se ha casado con él por despecho, mata a Tito por el odio que lo consume. Y Eloy, el médico mediocre y borracho, a quien Valba rechaza, aspira a ser más de lo que es y en su aislamiento y soledad, se embrutece. Es durante el pasaje del tiempo en la novela que la autora desapasionadamente nos demuestra el egoísmo de los hermanos que se desenvuelven en un ambiente de soledad, de desilusión y de indiferencia que termina con la desintegración completa de la llamada familia con la muerte de Tito a manos de su propio hermano, Aldo.

Estos temas continúan en **FIESTA AL NOROESTE**. Juan Medinao, de quien todos se burlan, se aferra a Dingo porque le cree su amigo, pero Dingo sólo ve en el muchacho solitario y rico la manera de sacarle unas monedas y por medio del engaño logra escaparse de la odiada aldea y el padre abusador. Juan, que no quiere al padre que lo ignora, lo perdona después que su propia madre se ahorca, ya que logra darse cuenta de que su alarde del perdón es un arma que puede utilizar contra otros. Después que Dingo mata al niño y pide que busquen a Juan, Juan le dice a Dingo que lo ayudará y que le había perdonado la traición de treinta años atrás. Juan se casa con la novia de su hermano y seduce a la madre de éste, la antigua querida de su padre, creyendo que va a lograr quedarse con su hermano y vuelve a utilizar el perdón, pero su arma le falla y se queda aislado con su desilusión por la indiferencia del hermano hacia él.

En **PEQUEÑO TEATRO** todos en el pueblo son crueles con Ilé, menos Anderea, hasta que llega Marco. Marco engaña a la gente y por medio de su egoísmo logra sacarle dinero a la gente hipócrita del pueblo. Marco le da un rayo de esperanza a Ilé pero se lo arrebata con su cobardía ante la muerte de Zazu. Con la pérdida de sus ilusiones, Ilé se vuelve cruel y delata a Marco para pagarle por destruir sus ilusiones. Zazu, que estaba acostumbrada a una vida de indiferencia, prefiere la muerte a tener que enfrentarse a la vida. Todos están aislados y continúan siendo seres solitarios. Pasan por la vida pero no se aferran a ella.

El tema prevalente de la pérdida de la niñez también se encuentra en **LOS NIÑOS TONTOS**. En esta colección, unida a la pérdida de la niñez, encontramos muchos ejemplos de la crueldad y el aislamiento. Los niños que son diferentes a los otros son seres solitarios; en muchos casos es la maldad de otros que los obligan a mantenerse en su soledad. La pérdida de la inocencia o la niñez y las numerosas muertes de los niños en esta colección se refiere a la muerte de la ilusión y la de los sueños. Cuando mueren las ilusiones no hay sustento en la vida y de aquí tenemos las raíces del odio, el egoísmo, la crueldad, la injusticia, la indiferencia y el aislamiento.

La muerte de la inocencia crea el egoísmo, el odio, la crueldad y la hipocresía que caracterizan a Isabel en **LOS HIJOS MUERTOS**. Es Isabel la que se hace cargo de la casa cuando Gerardo Corvo no es hombre suficiente para hacerlo. Es Isabel la que enamorada de Daniel hace que su padre lo eche de la casa porque él prefiere a su hermana Verónica y no a ella. Es Isabel la que destruye todo y a todos en su camino en su misión por salvarlos. Es Isabel a quien Mónica le grita que está muerta porque nunca ha sabido o podido vivir. Isabel ama a su primo, pero lo destruye porque Daniel no le corresponde su amor. Y es también Isabel la que cuando logra que Daniel se marche a la ciudad le provee la oportunidad a Verónica que decide seguirlo y muere en el bombardeo que también mata al hijo que estaba por nacer. Además de Isabel, Daniel, en **LOS HIJOS MUERTOS** muere en vida cuando mueren sus ilusiones, no sólo por la injusticia que caracterizó su niñez y su adolescencia, pero por la destrucción física y moral que presenció durante y después de la desastrosa guerra. La muerte de los sueños y de la ilusión continúa.

Continúa en la trilogía de *Los Mercaderes* con **PRIMERA MEMORIA**. Borja, el primo de Matía, se porta bien con la abuela aunque la desprecia porque tiene esperanza de heredarla un día. Abusa del confesionario para vengarse del pobre Manuel porque su ídolo, Jorge de Son Mayor, prefiere al joven que Borja desprecia y rechaza a Borja. Borja hace una falsa confesión y destruye la vida del pobre Manuel que fue toda una gran mentira. La crueldad de unos contra otros continúa con los insultos contra Lauro el Chino y la crueldad de la abuela hacia Matía, la Tía Emilia y los otros a los cuales ella se siente superior. Aquí también continúa la guerra intolerable con la destrucción del individuo y el tema de Caín y Abel. Son dos hermanos los responsables por la muerte de José Taronjí, miembros de la misma familia, ya que José Taronjí representaba un campo opuesto al de ellos. Es en **LOS SOLDADOS LLORAN DE NOCHE** que vemos la sordidez del tráfico de almas y de cuerpo y la inutilidad y la hipocresía de la vida. Manuel no era nadie por sí mismo, pero ahora que lo reconoce Jorge de Son Mayor como hijo legítimo, todos cambian hacia él. Se le otorgan consideraciones por el nombre no por lo que Manuel era en realidad. La hipocresía lo mata. Manuel muere inutilmente creyendo vengar otra muerte y no resuelve nada. Regresamos a la tercera parte de la trilogía con algunos de los mismos protagonistas de **PRIMERA**

MEMORIA y otros nuevos, pero aquí, como siempre, todos, ya mayores, han dejado atrás los sueños y las ilusiones de su niñez.

Matía, al igual que Mario, es un ser vencido por la vida y cuando estos dos se encuentran por medio de Bear, creen recapturar un hilo de su existencia por medio de su amor, pero la vida se lo arrebata por medio de la mano de Bear con su indiferencia por los deseos de Mario. La isla, desde el principio, se levanta como el símbolo del aislamiento de todos los habitantes que los separa del resto del mundo y de sí mismos.

La crueldad de la vida y la crueldad de los niños, unos con otros, Ana María Matute las exemplifica, no sólo en las obras ya mencionadas, pero en sus **HISTORIAS DE LA ARTAMILA** y en **TRES Y UN SUEÑO**. En uno de los cuentos de las **HISTORIAS DE LA ARTAMILA**, nuestra autora detalla el abuso y la paliza que un chico más grande le dio a otro más pequeño, descargando sobre él todo su odio y su maldad porque ese pobre chico no merecía vivir. Esa misma paliza que ella presenció durante una visita a la casa de campo de sus abuelos en Castilla. Otro ejemplo de la crueldad de los niños lo encontramos en "El niño que no sabía jugar" en la colección de **LOS NIÑOS TONTOS**. El niño que no sabía jugar, sí sabía coger animalitos indefensos y decapitarlos con sus uñas.

En **TRES Y UN SUEÑO**, Ivo recupera la razón cuando abandona el mundo de la fantasía y deja de soñar abandonando sus ilusiones. Perico muere porque no puede vivir en un mundo cruel sin sueños, y todos se burlan de y hacen sufrir a la niña que busca su sueño de Tomboctú porque ella se atreve a soñar.

Cuando Ana María Matute esgrime su pluma y rasga las hojas con su punta, ella se enfoca en los temas que la afectaron desde su niñez y continúan afectándola todavía. El tiempo continúa pasando, no para ni por nada ni por nadie, nacemos, crecemos, envejecemos, y nada cambia, todo sigue igual. Estamos destinados a cometer los mismos errores una y otra vez. No aprendemos nada. La vida continúa atropelladamente y no perdona a nadie, sigue despiadada y cruel y perpetúa las mismas injusticias, las mismas crueldades. Continúa reinando la hipocresía, la maldad, la lucha encarnizada de hermano contra hermano y la desilusión que nos lleva al aislamiento y a la soledad.

La vida no es un sueño como dijo Calderón de la Barca, pero es todo un dolor y una angustia suprema. La vida es cruel y está llena de sufrimiento, promete mucho al principio, y cuando llegamos a creer que quizás podamos salirnos con lo que ansiamos, nos arranca esa ilusión despiadadamente. La vida es tramposa, caemos en su red y no hay resolución; de la trampa, no se salva nadie. La única solución a los embates de la vida son los sueños, ya que si se palpa la realidad, se odia la vida.

CONCLUSIÓN

Después de leer y re-leer las obras de Ana María Matute, estudiar los temas que resalen y ella recalca en cada una, y revisar, minuciosamente, los estudios y entrevistas con la autora, podemos concluir que nuestra autora ha vivido mucho si no todo de lo cual ha escrito.

Ana María Matute ha apurado sorbos muy amargos del vaso de la vida y lo describe, desapasionadamente, en las páginas de sus obras. Ha luchado y ha vencido y al mismo tiempo se ha visto vencida por los embates de la vida.

Debido a una niñez enfermiza, se encuentra amiga de la soledad y aislada de los juegos y de la compañía de otros niños de su misma edad. Debido a los frecuentes cambios de residencia por los viajes del padre, encuentra que no pertenece ni a un lugar ni a otro, ya que ninguno la reclama pero se refiere a ella como si perteneciera al otro - ser castellana en Cataluña y catalana en Castilla. Debido a los largos períodos de convalescencia, crea su propio mundo de fantasía y sueños que su padre cariñoso y comprensivo apoya y su madre fría, de poca experiencia con el idealismo de la hija, no comprende.

Su niñez resguardada se ve interrumpida por la guerra que destruye sueños e ilusiones y da fin a la niñez, arrancando con su paso destructor el ensueño de inocencia.

La guerra destruye su niñez y nuestra autora comienza a ver, poco a poco, los estragos que causa en el alma humana. Ana María Matute se fija en la crueldad, la injusticia moral y social, la hipocresía, la lucha de hermano contra hermano, el aislamiento y la soledad que parece invadir el alma de los seres humanos, y se rebela contra todo ésto. Se rebela contra el dolor y el sufrimiento y trata, por muchos medios, pero sobre todo por medio de la palabra escrita, de dar a conocer que estas cosas que aceptamos como parte de la vida, existen y se necesita hacer algo para cambiarlas, a pesar de que casi siempre, pase lo que pase, todo sigue igual, nada cambia, lo único que pasa es el tiempo.

La vida no es bondadosa, no perdona, y tampoco ha perdonado a Ana María Matute. Ella siente que pasa el tiempo, pero el tiempo no pasa, sino corre, avasallador. Hace algunos años, una conocida de la autora me dijo: "Ana María Matute es una chica grande, es una mujer dulce y cariñosa a quien la vida no la ha tratado muy bien." Ahora Ana María Matute no está muy bien de salud; esperamos que se mejore y continúe luchando por el idealismo de crear un mundo mejor.

BIBLIOGRAFÍA

Alborg, Juan Luis, **HORA ACTUAL DE LA NOVELA ESPAÑOLA**, Taurus, Madrid, 1958.

Burns, Adelaide, "*The Anguish of Ana María Matute in LOS MERCADERES*, in **HISPANIC STUDIES IN HONOUR OF JOSEPH MANSON**, The Dolphin Co., Oxford, 1972.

Díaz, Janet W., **ANA MARÍA MATUTE**, Twayne Publishers, New York, 1971.

García de Nora, Eugenio, **LA NOVELA ESPAÑOLA CONTEMPORÁNEA**, Editorial Gredos, Madrid, 1962.

Jones, Margaret E. W., **THE LITERARY WORLD OF ANA MARÍA MATUTE**, University of Kentucky Press, Lexington, 1970.

Matute, Ana María, **LOS ABEL**, Ediciones Destino, Barcelona, 1966.

_____, **EL ARREPENTIDO**, Editorial Rocas, Barcelona, 1961.

_____, **EN ESTA TIERRA**, Editorial Exito, Barcelona, 1955.

_____, **FIESTA AL NOROESTE**, Edición de Más, Cátedra, Madrid, 1979.

_____, **LOS HIJOS MUERTOS**, Editorial Planeta, Barcelona, 1966.

_____, **HISTORIAS DE LA ARTAMILA**, Ediciones Destino, Barcelona, 1961.

_____, **LIBRO DE JUEGOS PARA LOS NIÑOS DE LOS OTROS**, Editorial Lumen, Barcelona, 1961.

_____, **PEQUEÑO TEATRO**, Editorial Planeta, Barcelona, 1954.

_____, **PRIMERA MEMORIA**, Harrap, London, 1982.

_____, **LOS NIÑOS TONTOS**, Ediciones Destino, Barcelona, 1981.

_____, **LOS SOLDADOS LLORAN DE NOCHE**, Destino, Barcelona, 1964.

_____, **LA TORRE VIGÍA**, Editorial Lumen, Barcelona, 1971.

_____, **LA TRAMPA**, Ediciones Destino, Barcelona, 1980.

_____, **TRES Y UN SUEÑO**, Ediciones Destino, Barcelona, 1961.

Roma, Rosa, **ANA MARÍA MATUTE**, Espesa, Madrid, 1971.

Torrente Ballester, Gonzalo, **PANORAMA DE LA LITERATURA ESPAÑOLA CONTEMPORÁNEA**, Editorial Guadarrama, Madrid, 1966.

EL MUNDO IMAGINARIO
DE
JORGE LUIS BORGES

Al Honorable Juez de las Cortes de su Majestad Británica
A. E. Cox Q.E.P.D. y a su distinguida esposa Alwyne W. Cox
con gran afecto y agradecimiento

EL MUNDO IMAGINARIO DE JORGE LUIS BORGES

(Vida y Obra)

PRÓLOGO

El Mundo Imaginario de Jorge Luis Borges da comienzo a la segunda parte de esta serie que comprende cinco autores representativos de muchas de las mejores páginas de la literatura del habla hispana. Borges, al igual que el norteamericano Edgar Allan Poe y el inglés H. G. Wells, no tiene rival en su desarrollo de la literatura fantástica y sus numerosas excursiones al mundo irreal con seres imaginarios. Sus creaciones, las que más se leen, se estudian y se discuten, son las provocativas ficciones, los sueños de un intelecto fértil e imaginativo.

A Borges se le ha conocido como poeta, ensayista y cuentista; se le reconoce más por sus ensayos y sus cuentos - ficciones. Esas ficciones que en cortas páginas y pocas palabras retan al lector, no sólo a pensar, pero a explorar los laberintos, a mirarse en los espejos y a estudiar las reflecciones que reflejan, a analizar los sueños y a enfrentarse con los seres imaginarios que muy bien pueden ser, no sólo la creación de una imaginación creativa, sino un reflejo de la vida misma - lo que es, pueda ser, o quisiéramos que fuera.

Al principio, cuando comenzamos a leer las ficciones de Borges, a veces nos pellizcamos[1] en un esfuerzo por saber si en verdad estamos leyendo o estamos soñando. La materia que se nos presenta parece inverosímil, a veces, otras veces creemos en la posibilidad de los relatos. De todas maneras, y sin importar las experiencias que traemos a la lecturas, se establece una comunión entre el autor y el lector. En nuestra mente creamos la ilusión de la posibilidad de los relatos y salimos de uno para meternos dentro de otro para explorar por nuestra cuenta los laberintos, los espejos, los sueños y los seres imaginarios.

Borges, terriblemente miope desde temprana edad, lee todo lo que encuentra a mano. La biblioteca de su padre le ofrece un mundo inolvidable en inglés y en español. Su terror de los espejos comienza durante su niñez cuando se veía reflejado en un viejo espejo cada vez que se acostaba. Pensaba, cada vez que se acostaba y se veía triplicado en el espejo, en imágenes que no correspondían exactamente a él, pensaba en lo terrible que sería verse distinto en algunas de ellas. Su terror a las imágenes reflejadas se fundaban, en parte, en sus lecturas: el poema que leyó acerca del Profeta Velado de Jorasán - el hombre que vela su rostro porque es leproso y

---

1 pellizcarse: to pinch oneself

EL HOMBRE DE LA MÁSCARA DE HIERRO de Dumas - las dos ideas se unieron; la del verse cambiado en el espejo y la del verse espantoso. También en su reflejo veía el reflejo de su padre y quería ser él, no su padre. Más tarde, su padre vendrá a conocerse como el padre de Jorge Luis Borges y este último conflicto de los espejos se resuelve, aunque no los dos primeros.

Su interés por la fantasía y su adicción a lo fantástico encuentran un alma gemela en su joven amigo Adolfo Bioy Casares. Es con Bioy Casares que comienza una colaboración que dura el resto de su vida. Borges, de los cinco autores de esta serie, colaboró con otros escritores en muchas ocasiones. Por su propia cuenta escribió y publicó numerosos poemas, ensayos, ficciones y traducciones; en colaboración también escribió y publicó varias antologías, cuentos, ensayos y argumentos cinematográficos.[1] Su obra fue variada. Su fantasía imaginada nos lleva a pensar en sus palabras que cuando muera quiere que se le olvide. Una imaginación tan fértil, y el creador de una obra tan extensa en tantos niveles no pudo hablar en serio cuando dijo esas palabras o quizás sí, por casualidad, ¿era Jorge Luis Borges un ente de ficción?[2]

¿Es acaso Borges un sueño, producto de nuestra propia fantasía? ¿Creó Borges a Borges? ¿O es Borges sólo un ser imaginario, un sueño, una ficción? De tí, querido lector, depende la respuesta. ¿Quién fue el creado y quién el creador? El lector o el escritor o ¿sois vos y él, los dos acaso, entes de ficción?

Revé Tamayo
Octubre 1998
Edición Revisada

---

1 argumentos cinematográficos: film scripts
2 ente de ficción: fictional character

RESUMEN CRONOLÓGICO DE
LA VIDA DE JORGE LUIS BORGES

1899   Nace el 24 de agosto en Buenos, Aires, la capital de la Argentina. Su padre, Jorge Guillermo Borges Haslam es abogado y profesor de psicología. El padre, cuya madre es inglesa, ya que nació en Northumberland, Inglaterra, es muy aficionado a las letras (escribió poemas, ensayos, y el esquema de un drama). Su madre, quien siempre lo ha de acompañar hasta que ella muere en 1975, es Leonor Acevedo. Ya que la abuela paterna es inglesa, el niño Jorge, Georgie, como lo apodan, es bilingüe desde su infancia.

1901   Nace su hermana Norah, a quien lo liga una gran amistad que dura toda su vida. Desde su niñez comienza a jugar con la hermanita, y algunos de los juegos de esta etapa, figuran en los temas que habrá de emplear en sus relatos. De este tiempo, también, figuran su terror de los espejos, las máscaras de carnaval, y su fascinación con los tigres.

1905   Le declara a su padre que quiere ser escritor, y el padre, a quien también le fascina la escritura, apoya al hijo en su deseo. Escribe en inglés, a la corta edad de siete años, un resumen de la mitología griega, y a los ocho, su primer cuento - *"LA VISERA FATAL"*, inspirado por un episodio del *Quijote* de Cervantes, el cual leyó en inglés, por primera vez. A los nueve años, traduce del inglés, **EL PRÍNCIPE FELIZ (THE HAPPY PRINCE)** de Oscar Wilde.

1914   Viaja con su familia a Europa, ya que su padre se ha visto precisado a jubilarse temprano[1], debido a una ceguera, casi total. La Primera Guerra Mundial sorprende a la familia en Europa, y se ven precisados a permanecer en Suiza, donde Borges estudia el bachillerato. La familia hace viajes a Italia. Durante los cinco años que la familia se pasa en Ginebra, Suiza, Borges lee mucha literatura francesa y descubre a los ingleses Chesterton y Carlyle que llegarán a ejercer gran influencia en sus obras. Aprende francés y latín y estudia el alemán por su propia cuenta. Cuando aprende el alemán, lee a los

---

1   jubilarse temprano: early retirement (jubilarse - to retire)

poetas expresionistas y a Walt Whitman, a quien considera como expresionista de toda la poesía habida y por haber. Ahora también descubre a los filósofos alemanes, especialmente a Nietzsche y a Schopenhauer, los cuales influenciarán, definitivamente, su pensamiento y obra.

1919 En cuanto se termina la guerra, la familia viaja a España. Después de pasar unos días en Barcelona, se establecen en la Isla de Mallorca. Aquí, Borges escribe dos libros que nunca serán publicados: **LOS RITMOS ROJOS** (poemas expresionistas en homenaje a la revolución rusa) y **LOS NAIPES DEL TAHÚR** (ensayos). Después de pasarse un año en Mallorca, la familia viaja a Sevilla, donde se instalan por un tiempo, y luego pasan a Madrid. Es en Sevilla donde Borges da comienzo a su extensa carrera literaria. Aquí, también, comienza a leer, ávidamente, todo lo que encuentra escrito por autores españoles: Quevedo, Góngora, Villaroel, Unamuno, Manuel Machado, y otros más. Su voracidad por la lectura es insaciable.

1921 La familia regresa a Buenos Aires. Borges redescubre a su ciudad natal y entabla amistad con Macedonio Fernández, quien habrá de cambiar su estilo literario. Empieza a escribir poemas acerca del redescubrimiento de la capital del país. Funda dos revistas: *PRISMA* y *PROA* y escribe para otras que tienen mayor circulación.

1923 La familia hace su segundo viaje a España. Viajan por Londres, París, Mallorca y Sevilla y permanecen un tiempo en Madrid. Publica **FERVOR DE BUENOS AIRES** con portada diseñada por su hermana Norah.

1924 Regresa a Buenos Aires y funda la segunda *PROA* con Ricardo Guiraldes. Borges colabora en la revista de los jóvenes vanguardistas, *Martín Fierro*.

1925 Publica dos libros nuevos: **LUNA DE ENFRENTE**, colección de poemas, e **INQUISICIONES**, una colección de ensayos. En este mismo año, Ricardo Guiraldes le presenta a Victoria Ocampo con quien mantendrá una larga amistad.

1926 Publica otra colección de ensayos, **EL TAMAÑO DE MI ESPERANZA.**

1928 Publica otra colección de ensayos que no permitirá que se incluyan en las **OBRAS COMPLETAS** de 1952, al igual que **EL TAMAÑO DE MI ESPERANZA, LUNA DE ENFRENTE** e **INQUISICIONES**. Titula esta nueva colección: **EL IDIOMA DE LOS ARGENTINOS**.

1929   Gana el Segundo Premio Municipal de Literatura con su libro de poemas, **CUADERNO SAN MARTÍN**.

1930   Publica **EVARISTO CARRIEGO**, una biografía del poeta y amigo de su padre que solía visitar a la familia a menudo, cuando Borges era niño.

1931   Sirve de consejero y frecuente colaborador de la revista *SUR*, fundada por Victoria Ocampo, revista que llega a ser una de las revistas literarias de más importancia en la América Latina.

1932   Publica **DISCUSIÓN**, otra colección de ensayos. Conoce a Adolfo Bioy Casares que se convertirá en su discípulo, colaborador en varias obras y compañero del resto de sus días. En este año, también conoce a la hermana de Victoria Ocampo, Silvina.

1933   La revista *MEGÁFONO* dedica la mitad de la edición del mes de agosto a una "Discusión sobre Borges".

1935   Publica **HISTORIA UNIVERSAL DE LA INFAMIA**, una colección de narraciones.

1936   Publica **HISTORIA DE LA ETERNIDAD**, ensayos. Comienza a contribuir regularmente a la revista femenina semanal, *EL HOGAR*. Traduce para las ediciones Sur, **A ROOM OF ONE´S OWN**, **UN CUARTO PROPIO**, por la autora feminista, Virginia Woolf.

1937   Publica **ANTOLOGÍA CLÁSICA DE LA LITERATURA ARGENTINA** en colaboración con el crítico de la República Dominicana, Pedro Henríquez Ureña. De nuevo traduce para *SUR* otra obra de Virginia Woolf, **ORLANDO**. Recibe un puesto en la Biblioteca Municipal. Aunque no es un puesto muy bueno, Borges trata de hacer bien su trabajo hasta que otros comienzan a quejarse de que él trabaja mucho y si sigue así, les va a ir mal a ellos. Para adaptarse a su nueva situación, en el nuevo empleo, Borges hace lo mismo que los demás, pero aprovecha su tiempo mucho mejor, ya que ahora se pasa la mayor parte de su tiempo leyendo. Lee, entre otras cosas, **LA DIVINA COMEDIA** de Dante Alighieri y cobra su sueldo.

1938   Muere su padre. El día de Nochebuena sufre un accidente y se queda al borde de la muerte unos días. Se repone del accidente pero comienza a perder la vista más y más a partir de este momento. Después del accidente tiene miedo de que no pueda volver a escribir como antes y cambia su estilo. Ahora debe depender más de la madre y de los amigos. Traduce para *SUR* <u>**LA METAMORFOSIS**</u> de Kafka, con prólogo suyo.

1939   Escribe su primer cuento fantástico, *"Pierre Menard, autor del Quijote"*. A partir de este momento, comienza su nueva historia de fantasía y seres imaginarios y fantásticos.

1940   Sirve como testigo durante el matrimonio de Silvina Ocampo con Adolfo Bioy Casares. Los tres publican una <u>**ANTOLOGÍA DE LA LITERATURA FANTÁSTICA**</u>, y Borges escribe el prólogo de la novela de Bioy Casares, <u>**LA INVENCIÓN DE MOREL**</u>.

1941   Publica sus famosas narraciones, <u>**EL JARDÍN DE SENDEROS QUE SE BIFURCAN**</u>, y con Silvina y Bioy Casares, <u>**ANTOLOGÍA POÉTICA ARGENTINA**</u>. Traduce <u>**UN BÁRBARO EN ASIA**</u> de Henri Michaux para *SUR* y <u>**LAS PALMERAS SALVAJES**</u> (<u>**THE WILD PALMS**</u>) de William Faulkner, para la Editorial Sudamericana.

1942   Colabora otra vez con Bioy Casares y publica una colección de cuentos policiales, <u>**SEIS PROBLEMAS PARA DON ISIDRO PARODÍ**</u> bajo el seudónimo de H. Bustos Domecq. *SUR* publica un "Desagravio a Borges", en el que colaboran escritores de ambos lados del océano, en protesta contra la acción del jurado del Premio Nacional de Literatura, que pasó por alto <u>**EL JARDÍN DE SENDEROS QUE SE BIFURCAN**</u> y otorgaron el premio a otra obra que según los escritores era de poca categoría.

1943   Publica <u>**POEMAS**</u> (1922-1943), una colección de su obra anterior. Con Bioy Casares publica una antología, <u>**LOS MEJORES CUENTOS POLICÍACOS**</u>.

1944   Publica <u>**FICCIONES**</u>, una compilación de cuentos. En <u>**FICCIONES**</u> incluye su famoso <u>**JARDÍN DE SENDEROS QUE SE BIFURCAN**</u> que a partir de esta colección, no aparece por sí solo. La Sociedad Argentina de Escritores (S.A.D.E.) lo honra cuando le otorga en Gran Premio de Honor por <u>**FICCIONES**</u>.

1945   Publica **EL COMPADRITO, SU DESTINO,SUS BARRIOS, SU MÚSICA,** una antología en colaboración con Silvina Bullrich.

1946   Perón asume el poder de la nación argentina. Por haber firmado unas declaraciones antiperonistas, se le destituye de su cargo en la biblioteca. Empieza a dar cursos y conferencias en Buenos Aires, Uruguay y las provincias argentinas. Al fundarse la revista *ANALES DE BUENOS AIRES*, se le nombra director de la misma. Bajo el seudónimo de B. Suárez Lynch, publica una novela policial, en colaboración con Bioy Casares, **UN MODELO PARA LA MUERTE**. Con Bioy Casares, otra vez, vuelve a publicar, por cuenta propia y bajo el seudónimo de Bustos Domecq, **DOS FANTASÍAS MEMORABLES**, una colección de relatos.

1947   Publica **NUEVA REFUTACIÓN DEL TIEMPO** que luego aparecerá como parte de **NUEVAS INQUISICIONES**.

1948   Por cantar el Himno Nacional sin permiso de la policía, las autoridades detienen a la madre y a la hermana. La madre permanece detenida en su casa y Norah, la hermana, se pasa un mes en la cárcel.

1949   Publica una colección de cuentos, **EL ALEPH**.

1950   Se le elige presidente de la Sociedad Argentina de Escritores. Permanece en este puesto hasta su renuncia en 1953. Acepta la Cátedra de Literatura Inglesa en la Asociación Argentina de Cultura Inglesa y en el Colegio Libre de Estudios Superiores.

1951   Publica una antología de cuentos previamente publicados en **FICCIONES** y en **EL ALEPH**, bajo el título de **LA MUERTE Y LA BRÚJULA**. En colaboración con Delia Ingenieros, publica en Méjico, **ANTIGUAS LITERATURAS GERMÁNICAS**, y con Bioy Casares, en Buenos Aires, publica la segunda serie de **LOS MEJORES CUENTOS POLICÍACOS**. En París se publica, por primera vez, una traducción de su obra **FICCIONES**, con un prefacio de Néstor Ibarra.

1952   Publica otra colección de ensayos, bajo el título de **OTRAS INQUISICIONES**.

1953   La editorial Emecé publica el primer volumen de sus obras la primera edición de **OBRAS COMPLETAS**. También publica, en colaboración con Margarita Guerrero, **MARTÍN FIERRO**, ensayos. En París publican **LABERINTOS**.

1954   En este año se publican dos nuevos volúmenes de sus **OBRAS COMPLETAS**.

1955   Cae el gobierno de Juan Perón y el nuevo gobierno lo nombra Director de la Biblioteca Nacional. El cuarto volumen de sus **OBRAS COMPLETAS** se publica. En colaboración con Bioy Casares también publica, en este año, cuatro libros: **LOS ORILLEROS**, **EL PARAÍSO DE LOS CREYENTES** (libretos cinematográficos) y las antologías **CUENTOS BREVES Y EXTRAORDINARIOS** y **POESÍA GAUCHESCA**. Colabora con Betina Edelberg en la publicación de la colección de ensayos, **LEOPOLDO LUGONES**.

1956   Se le nombra profesor de Literatura Inglesa en la Facultad de Filosofía y Letras de la Universidad de Buenos Aires. Recibe el Premio Nacional de Literatura. A partir de este año, los oftalmólogos le prohiben la lectura y la escritura, ya que la vista le está fallando más y más. Aprende a componer lo que desea redactar, de memoria, para luego dictar el texto memorizado. Comienza a depender más y más de otros. Se publica el quinto volumen de sus **OBRAS COMPLETAS**.

1957   Publica el sexto y el séptimo volumen de sus **OBRAS COMPLETAS**. En colaboración con Margarita Guerrero, también publica otra colección de ensayos bajo el título de **MANUAL DE ZOOLOGÍA FANTÁSTICA**.

1960   Con Bioy Casares publica una antología de textos curiosos titulada **LIBRO DEL CIELO Y DEL INFIERNO**. Se publica el octavo volumen de **OBRAS COMPLETAS** y recoge en otro volumen textos dispersos en prosa y verso que titula **EL HACEDOR**. Este libro se comprenderá como el noveno volumen de sus **OBRAS COMPLETAS**.

1961   Comparte con Samuel Beckett el Premio Formentor del Congreso Internacional de Editores. A partir de este momento, comienza a disfrutar de fama internacional y se le comienza a estimar en los Estados Unidos. Visita los Estados Unidos por primera vez, y da cursos en la Universidad de Tejas.

1962   Regresa a Buenos Aires. **FICCIONES** y **LABERINTOS** aparecen simultáneamente en Inglaterra y los Estados Unidos. La Academia Argentina de Letras lo invita a hacerse miembro de su augusta institución.

1963   Hace su tercer viaje a Europa, continente que no había visitado desde 1924. Da conferencias en Inglaterra, Escocia, Francia, España y Suiza. Recibe el Premio del Fondo Nacional de las Artes de Argentina.

1964   *PRIMERA PLANA*, revista semanal de gran circulación en Argentina, le dedica un artículo en su edición del 25 de agosto. Ahora comienza una nueva etapa en la difusión del hombre Borges y sus obras. *L'HERNE* de París también dedica un volumen especial a Borges en el cual colaboran críticos de muchas partes del mundo.

1965   Publica una nueva versión de **ANTIGUAS LITERATURAS GERMÁNICAS**, bajo el título de **LITERATURAS GERMÁNICAS MEDIEVALES**, en colaboración con María Esther Vázquez.

1966   Se hace una nueva recopilación de su **OBRA POÉTICA** (1923-1966), en un volumen que se añade a las **OBRAS COMPLETAS**. Este volumen suplanta el segundo original titulado **POEMAS**.

1967   Se casa con una antigua novia de su juventud, a quien no ha visto en treinta años. El 21 de septiembre contrae matrimonio con Elsa Astete Millán, viuda, y viaja con ella a los Estados Unidos. Invitado por la Fundación Charles Eliot Norton, dicta un curso de poesía en la Universidad de Harvard.

1968   Regresa a Buenos Aires. Publica **EL LIBRO DE LOS SERES IMAGINARIOS** una nueva versión ampliada del **MANUAL DE ZOOLOGÍA FANTÁSTICA** en colaboración con Margarita Guerrero. El gobierno italiano lo condecora con la Orden del Mérito. Publica, por su propia cuenta, **NUEVA ANTOLOGÍA PERSONAL**.

1969   Publica su quinto libro de poemas, **ELOGIO DE LA SOMBRA**. Invitado por la Universidad de Oklahoma hace su tercer viaje a los Estados Unidos. Dutton comienza a publicar sus obras en inglés con una nueva versión de **LOS SERES IMAGINARIOS**, editado y traducido por Norman Thomas di Giovanni, en colaboración con el mismo Borges. Se estrenan dos versiones cinematográficas de sus ficciones: *"Invasión"* y *"Emma Zunz"*. La primera es una edición argentina y la segunda, dirigida por Alain Magrou, se prepara para la televisión en Francia. *"Emma Zunz"* es uno de los cuentos que aparece en **EL ALEPH**.

1970   Sus *"Ensayos Autobiográficos"* aparecen en la revista *NEW YORKER*, el 19 de septiembre.   Más tarde se incluye en la edición norteamericana del **ALEPH**.   Se le otorga el Premio Inter-Americano de Literatura ($25,000). Viaja a Israel donde da conferencias acerca de sus obras. Publica su cuarto libro de cuentos seudorealistas, **EL INFORME DE BRODIE**. Se divorcia de Elsa Astete Millán.   Bernardo Bertolucci adapta *"El tema del traidor y del héroe"* para la televisión italiana.

1971   Hace su cuarto viaje a los Estados Unidos. La Universidad de Columbia le otorga el grado honorario de Doctor Honoris Causa. Participa en una conferencia y discusión de sus obras en la Universidad de Yale. Viaja a Escocia y a Islandia, país cuya literatura le fascina y comienza a hacer investigaciones acerca de ella. La Universidad de Oxford también le otorga el grado honorario de Doctor Honoris Causa. Israel lo recibe y le otorga el Premio de Jerusalén.

1972   Publica su sexto libro de poemas que parecen ser más cuentos que poemas, **EL ORO DE LOS TIGRES**.   Hace su quinto viaje a los Estados Unidos donde recibe un nuevo grado honorario, Doctor Honoris Causa de la Universidad de Michigan en East Lansing.

1973   Hace su sexto viaje a Europa y da conferencias en España y en Italia. A su regreso a Latinoamérica, para en Méjico donde recibe el Premio Internacional Alfonso Reyes. Para evitar problemas a su regreso a Argentina, decide jubilarse de su puesto como Director de la Biblioteca Nacional ya que los Peronistas están de nuevo en el poder.

1974   Se hace una nueva película francesa basada en un texto cinematográfico original de Borges en colaboración con Bioy Casares, *LES AUTRES*, en Francia, dirigida por Hugo Santiago.

1975   Su madre muere a la edad de noventa y nueve años. Publica el séptimo libro de poemas, **LA ROSA PROFUNDA**; el quinto libro de cuentos, **EL LIBRO DE ARENA**; y una colección incompleta de sus **PRÓLOGOS**. Dos de sus cuentos se adaptan al cine, en Argentina, *"Los Orilleros"*, dirigido por Carlos

Luna, y *"El Muerto"*, dirigido por Hector Olivera. Franco María Ricci, de Torino, Italia, publica **LA BIBLIOTECA DE BABEL**, una colección de exótica, y nombra a Borges editor de la misma.

1976   Publica su octavo libro de poemas, **LA MONEDA DE HIERRO**; una colección de sus sueños y de los sueños de otros, **LIBRO DE LOS SUEÑOS**; y con Alicia Jurado, colabora y publica **¿QUÉ ES EL BUDISMO?**, un libro didáctico. Hace su sexto viaje a los Estados Unidos, da clases en la Universidad de Michigan y participa en un simposio de sus obras en la Universidad de Maine. La Universidad de Cincinnati le otorga el grado de Doctor Honoris Causa. En la Biblioteca Folger de Washington, D.C., da el discurso principal del Primer Congreso Internacional de Shakespeare. A su regreso a la Argentina, pasa por Chile, donde recibe otro grado honorario, Doctor Honoris Causa, de la Universidad de Chile. El gobierno chileno también lo honra, otorgándole la Orden de Bernardo O'Higgins. Hace su séptimo viaje a Europa. En Europa, participa en un programa especial de televisión.

1977   Publica su noveno libro de poemas, **HISTORIA DE LA NOCHE**. En edición privada, publica una colección de prosa y verso dedicada al pueblo que solía visitar con su familia durante sus vacaciones, **ADROGUÉ**. Con Bioy Casares publica **NUEVOS CUENTOS DE BUSTOS DOMECQ**. Hace su octavo viaje a Europa como invitado de su editor, Franco María Ricci. Visita Ginebra y París, donde la prestigiosa universidad francesa, La Sorbonne, le confiere el grado de Doctor Honoris Causa. A su regreso a la Argentina, recibe otro grado honorario, esta vez es la Universidad de Tucumán que se lo otorga.

1978   Con su secretaria de los últimos años, María Kodama, edita **BREVE ANTOLOGÍA ANGLOSAJONA**. Invitado por oficiales de la televisión mejicana, viaja a Méjico por segunda vez. De regreso a Buenos Aires, pasa por Bogotá, Colombia, donde el gobierno colombiano lo honra y le entrega la llave de la ciudad. Leonard Katz dirige una segunda versión de *"Emma Zunz"*, en los Estados Unidos.

1979   Se publica una colección de sus más recientes conferencias, **BORGES ORAL** y sus **OBRAS COMPLETAS EN COLABORACIÓN** con Bioy Casares, Betina Edelberg, Margarita Guerrero, Alicia Jurado, María Kodama y María Esther Vázquez. Recibe la Medalla de Oro de la Academia Francesa, la

Orden del Mérito de (en ese entonces, ya que ahora están unificadas las dos Alemanias) de la República Federal Alemana, y la Cruz del Falcón de Islandia. El día de su cumpleaños, cuando cumple ochenta años, se le rinde un homenaje nacional en el Teatro Cervantes de Buenos Aires. Visita Colombia, el Ecuador, y más tarde el Japón.

1980   Hace un octavo viaje a los Estados Unidos como invitado del PEN Club de Nueva York. El Ministerio de Educación de España le otorga, junto con Gerardo Diego, el Premio Miguel de Cervantes. Se produce la versión cinematográfica de *"La Intrusa"*, en Brazil, dirigida por Carlos Hugo Christensen.

1982   Después de Gabriel García Márquez aceptar el Premio Nobel de Literatura en Estocolmo, Suecia, dice que no podía comprender por qué no se lo habían dado a Borges en vez de a él. Borges se encuentra en los Estados Unidos durante el conflicto inglés-argentino sobre Las Islas Malvinas y lo aturde pensar en la estupidez de las fuerzas armadas argentinas, bajo el mando de la Junta Militar, en iniciar semejante conflicto.

1983   En los Estados Unidos toma parte en un simposio de sus obras en Dickinson College, Pennsylvania. Recibe el Premio T.S. Eliot de $15,000 de la Fundación Ingersoll de Chicago, el 8 de diciembre.

1986   Durante su estancia en Suiza, se casa con su secretaria de los últimos quince años, María Kodama de 41 años de edad, el 26 de abril, por poderes en Paraguay. Las leyes argentinas no reconocen el divorcio y aunque María Kodama nunca se había casado, Borges solamente estaba separado de su esposa, según las leyes argentinas. Según la abogada de Borges, Haydee Antonini, el matrimonio no tenía ninguna relevancia legal y en su opinión, sólo había sido un gesto de agradecimiento y reconocimiento por parte de Borges, hacia la señorita Kodama, que lo había acompañado tantos años. El sábado, 10 de junio, Borges muere de cáncer del hígado, en Suiza. Muchos escritores y críticos acusan la ceguera del Comité Nobel por nunca acordarle el Premio Nobel, que según ellos, tanto se lo merecía.

RESUMEN CRONOLÓGICO DE LAS OBRAS DE JORGE LUIS BORGES

1923   **FERVOR DE BUENOS AIRES**, poesía

1925   **INQUISICIONES**, ensayos

        LUNA DE ENFRENTE, poesía

1926   **EL TAMAÑO DE MI ESPERANZA**, ensayos

1928   **EL IDIOMA DE LOS ARGENTINOS**, ensayos

1929   **CUADERNO SAN MARTÍN**, poesía

1930   **EVARISTO CARRIEGO**, poesía

1932   **DISCUSIÓN**, ensayos

1935   **HISTORIA UNIVERSAL DE LA INFAMIA**, ensayos

1936   **HISTORIA DE LA ETERNIDAD**, ensayos

1941   **EL JARDÍN DE SENDEROS QUE SE BIFURCAN**, prosa ficción

1943   **POEMAS (1922-1943)**, poesía

1944   **FICCIONES**, prosa ficción

1947   **NUEVA REFUTACIÓN DEL TIEMPO,** ensayo

1949   **EL ALEPH,** prosa ficción

1951   **LA MUERTE Y LA BRÚJULA**, prosa ficción

1952   **OTRAS INQUISICIONES (1937-1952)**, ensayos

1953   **HISTORIA DE LA ETERNIDAD (AUMENTADA)**, ensayos

1958   **POEMAS (1923-1958)**, poesía

1960   **EL HACEDOR**, prosa y poesía

1961   **ANTOLOGÍA PERSONAL**, prosa y poesía

1964   **OBRA POÉTICA (1923-1964)**, poesía

1968   **LIBRO DE LOS SERES IMAGINARIOS (versión amplificada de MANUAL DE ZOOLOGÍA FANTÁSTICA)**, ensayos

1970   **EL INFORME DE BRODIE**, cuentos seudorealistas

1972   **EL ORO DE LOS TIGRES**, poemas

1975   **LA ROSA PROFUNDA**, cuentos

       EL LIBRO DE ARENA, prólogos

1976   **LA MONEDA DE HIERRO**, poemas

       LIBRO DE LOS SUEÑOS, colección de sueños

1977   **HISTORIA DE LA NOCHE**, poemas

       ADROGUÉ, prosa y verso

1981   **LA CIFRA**, poemas

1982   **NUEVE ENSAYOS DANTESCOS**, ensayos

1985   **LOS CONJURADOS**, poemas

LAS OBRAS DE JORGE LUIS BORGES EN COLABORACIÓN

1937 **ANTOLOGÍA CLÁSICA DE LA LITERATURA ARGENTINA,** con Pedro Henríquez Ureña

1940 **ANTOLOGÍA DE LA LITERATURA FANTÁSTICA,** Silvina Ocampo y Adolfo Bioy Casares

1941 **ANTOLOGÍA POÉTICA ARGENTINA,** con Adolfo Bioy Casares

1942 **SEIS PROBLEMAS PARA ISIDRO PARODÍ,** ficción, con Adolfo Bioy Casares, bajo el seudónimo de H. Bustos Domecq

1943 **LOS MEJORES CUENTOS POLICIALES,** cuentos, con Adolfo Bioy Casares

1946 **DOS FANTASÍAS MEMORABLES,** ficción, con Adolfo Bioy Casares, bajo el seudónimo de H. Bustos Domecq

UN MODELO PARA LA MUERTE, ficción, con Adolfo Bioy Casares, bajo el seudónimo de B. Suárez Lynch

1951 **ANTIGUAS LITERATURAS GERMÁNICAS,** con Macedonio Fernández y Delia Ingenieros

1953 **EL "MARTÍN FIERRO",** ensayos, con Margarita Guerrero

1955 **LA HERMANA DE ELOÍSA,** ficción, con Luisa Mercedes Levinson (colección de cuentos individuales de cada autor)

LOS ORILLEROS y **EL PARAÍSO DE LOS CREYENTES,** dos argumentos cinematográficos, con Adolfo Bioy Casares

LEOPOLDO LUGONES, ficción, con Betina Edelberg

POESÍA GAUCHESCA, poesía, con Adolfo Bioy Casares

CUENTOS BREVES Y EXTRAORDINARIOS, antología, con Adolfo Bioy Casares

1957 **MANUAL DE ZOOLOGÍA FANTÁSTICA,** ensayos, con Margarita Guerrero

1960 **LIBRO DEL CIELO Y DEL INFIERNO**, antología, con Adolfo Bioy Casares

1965 **INTRODUCCIÓN A LA LITERATURA INGLESA**, con María Esther Vázquez

LITERATURAS GERMÁNICAS MEDIEVALES, segunda versión de la obra de 1951, con María esther Vázquez

1967 **CRÓNICAS DE BUSTOS DOMECQ**, con Adolfo Bioy Casares

INTRODUCCIÓN A LA LITERATURA NORTEAMERICANA, con Esther Zemborain de Torres

1976 **¿QUÉ ES EL BUDISMO?**, con Alicia Jurado

1977 **NUEVOS CUENTOS DE BUSTOS DOMECQ**, con Adolfo Bioy Casares

1978 **BREVE ANTOLOGÍA ANGLOSAJONA**, con María Kodama

1979 **OBRAS EN COLABORACIÓN,** con Bioy Casares, Betina Edelberg, Margarita Guerrero, Alicia Jurado, María Kodama y María Esther Vázquez.

*　　　*　　　*

LA VIDA DE JORGE LUIS BORGES
(EXTRACTOS)

El 24 de agosto de 1899 nace, a los ocho meses de gestación, un niño, en Buenos Aires. El niño que nace en la casa del abuelo materno, Isidoro Acevedo, es el hijo mayor de Jorge Guillermo Borges Haslam y Leonor Acevedo Suárez. El padre, abogado, profesor de psicología y también escritor ocasional, es descendiente de familia vieja española y de hombres que lucharon en las guerras de independencia y civiles del país. La familia de la madre no deja de ser menos ilustre. Al niño, que nace antes de tiempo, le ponen de nombre Jorge Luis Borges. Casi en seguida comienzan a llamarlo Georgie, apodo que le pone la abuela paterna, ya que aunque ha vivido muchos años en la Argentina, prefiere hablar su propia lengua, el inglés. La abuela paterna, Fanny Halsam, oriunda de Hanley, Staffordshire (Northumberland), Inglaterra, siempre lee libros en inglés, en voz alta, y el niño Georgie siempre la escucha y aprende la lengua.

Borges aprende el español y el inglés en su casa, pero comienza a leer en inglés antes que en español. Muchas veces, Jorge Luis Borges reiterará que había leído **EL QUIJOTE** de Cervantes, por primera vez, en inglés.

Desde el nacimiento de su hermana Norah en 1902, los une un enorme cariño y una gran amistad. Es con Norah con quien comienza a jugar muchos de los juegos infantiles en que él desempeña el papel de Príncipe, protegido por la Reina Madre (Norah). Estos juegos infantiles comienzan a anticipar sus cuentos fantásticos y exóticos, las persecuciones y los seres imaginarios. También de su niñez provienen su terror de los espejos y las máscaras y su gran amor por los tigres y las fábulas.

Durante los primeros años de vida, la familia solía pasar largos veranos de vacaciones en el campo, en la quinta de Quitacalzones, donde Georgie siempre montaba a caballo o iba a nadar en el arroyo Ramallo; según Borges, él era buen jinete en ese tiempo.

A los escasos seis años de edad, le anuncia al padre que quiere ser escritor. El padre, a quien también le gusta mucho la literatura y la escritura, y ya también ha escrito varias cosas, apoya al hijo en su deseo. El lugar favorito del niño Borges es la biblioteca del padre con su multitud de libros esparcidos por los estantes. Uno de los recuerdos más importantes de su vida sería la biblioteca de su padre. Reiterará, no una, pero multitud de veces en tantísimas entrevistas que se le hicieron durante su vida que él se había educado en la biblioteca del padre y que su educación sólo se vió interrumpida por los años escolares.

A los siete años escribe su primera obra, un resumen de la mitología griega, en inglés, y a los ocho, escribe un cuento corto en español, "La Visera Fatal", inspirado por un episodio del **QUIJOTE** de Cervantes. A los nueve años traduce del inglés **EL PRÍNCIPE FELIZ** (**THE HAPPY PRINCE**) de Oscar Wilde. Comienza a leer a Stevenson y a Wells.

El padre, Jorge Guillermo Borges, que hereda una miopía que lo deja ciego bastante joven, al comenzar a perder la vista, se ve precisado a jubilarse temprano. Marcha con su familia a Europa, en 1914, para consultarse con oftalmólogos en Suiza. La Primera Guerra Mundial los sorprende en Suiza y se ven precisados a permanecer en Europa cerca de siete años.

Durante la estancia de la familia en Europa, Jorge Luis estudia el bachillerato, hace viajes con la familia a Italia y estudia el francés, el latín y el alemán. Se sumerge en la lectura de la literatura francesa e inglesa. Al leer la literatura inglesa, descubre a Chesterton y a Carlyle, que llegarán a ejercer gran influencia en su obra. Cuando estudia el alemán, por su propia cuenta, descubre a Nietzche y a Schopenhauer, los cuales también influenciarán, definitivamente, su pensamiento y obra.

En una revista editada por expresionistas alemanes, encuentra unos poemas de Walt Whitman. Pronto comienza a leerlo en los textos originales y decide que Whitman abarca toda la poesía habida y por haber.

Después de la guerra, la familia se traslada a Lugano, por un año, y de ahí viajan a Barcelona y luego a Mallorca. El joven Borges continúa sus estudios de latín y escribe dos libros que nunca se publican: uno de poemas y el otro de ensayos, dos de sus medios predilectos en su larga carrera de escritor. De Mallorca, la familia se traslada a Sevilla, donde el joven Borges entabla amistad con otros poetas, y más tarde se instalan en Madrid. Es en Madrid donde Borges conoce a Rafael Cansinos Asséns, otro poeta, que se convierte en su maestro de cuentos curiosos.

En 1921 la familia regresa a Buenos Aires, y el joven Borges, después de la larga ausencia fuera de su ciudad natal, comienza a redescubrirla y entabla una gran amistad con Macedonio Fernández, quien ejercerá gran influencia en su estilo literario - lo cambia. Empieza a escribir poemas acerca de su redescubrimiento de su amada ciudad de Buenos Aires. Es en este año de 1921 que funda la revista *PRISMA* con ilustraciones de su hermana Norah. Desde su regreso a Buenos Aires, entabla amistad con varios poetas ultraístas, y es con ellos y con Macedonio Fernández, viejo amigo de su padre también, que funda *PROA*.

En 1923 la familia regresa a Europa. Después de pasar por Londres y París, se establecen de nuevo en Madrid. Aquí publica su primer libro de poemas, **FERVOR DE BUENOS AIRES**. En 1924 funda la segunda *PROA* con Ricardo Guiraldes. En esta *PROA* aparecen por primera vez algunos capítulos de la novela gauchesca de Guiraldes, **DON SEGUNDO SOMBRA**. Esta novela no se publica hasta 1926, pero se convierte en una obra clásica de la Argentina. Guiraldes introduce a la familia Borges a Victoria Ocampo. A partir de este momento comienza entre el joven Borges y Victoria Ocampo una larga asociación literaria que beneficia a los dos nuevos amigos. Es en 1925 que Borges publica su segundo libro de poesía y su primer libro de ensayos **LUNA DE ENFRENTE**, poesía e **INQUISICIONES**, ensayos. Publica su segundo libro de ensayos, **EL TAMAÑO DE MI ESPERANZA** en 1926, pero nunca se vuelve a reimprimir.

En 1928 entabla amistad con el embajador de Méjico en Buenos Aires, el poeta mejicano, Alfonso Reyes que lo ayudóa cambiar el estilo de su prosa y de su poesía, de un estilo con exceso en el uso del lenguaje, a un estilo más clásico. También en este año logra publicar su tercer libro de ensayos, **EL IDIOMA DE LOS ARGENTINOS**. Este año de 1928 augura muchas nuevas para Borges y su familia, ya que su adorada hermana Norah se casa con su amigo de la madre España, Guillermo de Torre.

En 1929, Borges publica su libro de poemas, **CUADERNO DE SAN MARTÍN**, el cual recibe el segundo Premio Municipal de Literatura. En 1930 entabla una gran amistad que ha de durar el resto de sus días con Adolfo Bioy Casares. Es Silvina Ocampo la que se encarga de presentar al amigo de diecisiete años al amigo mayor, Borges. A partir de este momento comienza, no sólo una gran amistad entre los dos hombres, pero una colaboración en numerosas obras. Los dos han de colaborar en varios textos de ficción y antologías. Es en 1930, también, que Borges publica sus ensayos biografía acerca del viejo amigo de su padre y poeta argentino, Evaristo Carriego. Titula esta nueva obra, como es natural, **EVARISTO CARRIEGO**.

En 1931 se une con su amiga Victoria Ocampo y colabora en la revista que ella funda, *SUR*. *SUR* se convertirá en una de las revistas literarias más respetadas de la América Latina. A esta revista contribuirán los escritores de más alta categoría y su influencia en el mundo de las letras abarcará un período de cerca de cuarenta años. Su colección de ensayos, **DISCUSIÓN**, se publica en 1932.

La revista *MEGÁFONO*, dedica parte de uno de sus ejemplares a analizar la obra de Jorge Luis Borges en 1933. También en este año dirige el suplemento literario de *CRÍTICA*, en el cual publica relatos bajo el seudónimo de Francisco Bustos, nombre verdadero de uno de sus bisabuelos. Con estos relatos inicia el comienzo de una colección que publicará bajo el título de **HISTORIA UNIVERSAL DE LA INFAMIA**, en 1935.

En 1936, publica su quinto libro de ensayos, **HISTORIA DE LA ETERNIDAD**, y se encarga de la sección de "Libros y Autores Extranjeros", de la revista *EL HOGAR*. Traduce para *SUR*, **UN CUARTO PROPIO (A ROOM OF ONE'S OWN)**, de Virginia Woolf, ya que se encuentra con necesidad de obtener dinero para ayudar con los gastos debido a la enfermedad de su padre. Sigue la primera traducción de **UN CUARTO PROPIO** con otra obra de Virginia Woolf cuando traduce, de nuevo para *SUR*, **ORLANDO**, en 1937. En este año tambien publica, en colaboración con Pedro Henríquez Ureña, **ANTOLOGÍA CLÁSICA DE LA LITERATURA ARGENTINA**.

Su padre, que vivió ciego los últimos años de su vida, muere de hemiplegía en 1938. Ahora es necesario que busque empleo, y consigue un puesto como ayudante en una biblioteca municipal que queda bastante lejos de su casa. Para llegar al trabajo, es necesario que haga el viaje en tranvía; para pasar el tiempo durante los viajes de ida y vuelta, de la casa al trabajo y del trabajo a la casa, comienza a leer y termina dos obras: **LA DIVINA COMEDIA** de Dante y **ORLANDO FURIOSO** de Ariosto. El día de Nochebuena sufre un accidente cuando se golpea la cabeza contra una ventana y se le infecta la herida. Pasa varias semanas inconsciente, debatiéndose entre la vida y la muerte. Se recupera, pero durante la convalescencia, le asalta un grave terror que quizás haya perdido la facultad de escribir como hacía antes del accidente. Después de tantos días de inconsciencia, viviendo en medio del delirio, comienza a pensar en otros estilos y otros medios en su escritura. Durante su convalescencia escribe un cuento fantástico, *"Pierre Menard, autor de Don Quijote"*. Desde el accidente, su vista comienza a empeorarse.

En 1939 aparece la primera traducción de una obra de Borges al francés, *"L'Aproché du Cache"*, traducido por Nestor Ibarra en *MESURES* del 15 de abril. En 1940, después de servir de testigo en la boda de Adolfo Bioy Casares con Silvina Ocampo, los tres publican la **ANTOLOGÍA DE LA LITERATURA FANTÁSTICA**. Luego, Borges escribe el prólogo de la novela de Adolfo Bioy Casares, **LA INVENCIÓN DE MOREL**. El prólogo exalta la virtud de la literatura fantástica.

Con **EL JARDÍN DE SENDEROS QUE SE BIFURCAN**, Borges se consagra como el escritor supremo de las narraciones fantásticas, que luego continuará con **FICCIONES** y **EL ALEPH**. Publica también, en 1941, con Silvina y Bioy Casares, **ANTOLOGÍA POÉTICA ARGENTINA**. Además, en este mismo año, traduce para *SUR*, **UN BÁRBARO EN ASIA** de Henri Michaux y **LAS PALMERAS SALVAJES (THE WILD PALMS)** de William Faulkner para la Editorial Sudamericana.

Colabora de nuevo con Bioy Casares, Adolfito, como le llama afectuosamente, en una colección de cuentos policiales, **SEIS PROBLEMAS PARA ISIDRO PARODÍ**, que se publica bajo el seudónimo de H. Bustos Domecq, en 1942. En este mismo año, después que el jurado del Premio Nacional de Literatura pasa por alto **EL JARDÍN DE SENDEROS QUE SE BIFURCAN**, Victoria Ocampo, que dirige la revista *SUR*, publica "Un Desagravio a Borges"; un homenaje a Borges en el cual colaboran los más importantes escritores del habla hispana en ambos lados del océano, y critica la miopía intelectual del jurado.

Llega el año de 1943. Se publica un volumen de sus tres libros de poemas anteriores, bajo el título de **POEMAS (1922-1943)**. A este volumen también se añaden las últimas poesías publicadas en *LA NACIÓN* y en *SUR*. En colaboración con Adolfo Bioy Casares, publica **LOS MEJORES CUENTOS POLICIALES**, y traduce **LA METAMORFOSIS** y otros relatos de Kafka.

La Sociedad Argentina de Escritores (S.A.D.E.) crea, especialmente para Borges, el Gran Premio de Honor y se lo entregan el mismo año en que publica **FICCIONES**, 1944. En 1945 colabora con Silvina Bullrich en una antología de textos argentinos que se titula **EL COMPADRITO**. Luego, el próximo año, colabora y publica con Bioy Casares, **UN MODELO PARA LA MUERTE** y **DOS FANTASÍAS MEMORABLES**, bajo el seudónimo de B. Suárez Lynch.

Juan Perón toma las riendas del poder de la república argentina en este año de 1946 y Borges se ve destituído de su cargo en la biblioteca, en julio, por firmar unas declaraciones anti-peronistas. Durante el mes de agosto, el gobierno de Juan Perón lo nombra al cargo de inspector de pollos, gallinas y conejos en los mercados municipales. El cargo es un insulto para vengarse por su oposición al gobierno fascista. Borges renuncia el puesto y comienza a dar cursos y conferencias para ganarse la vida, en Buenos Aires, Uruguay y las provincias.

La Sociedad de Letras Argentinas, dirigida por el intelectual de la izquierda, Leonidas Barletta, le ofrece un banquete de reparación, al que Borges asiste y da un corto pero hiriente discurso. Al fundarse la revista literaria, *ANALES DE BUENOS AIRES*, se le nombra director de la misma. En los tres años de existencia, aparecen 23 números de la revista.

En 1947, a pesar de sus numerosas tribulaciones, publica **NUEVA REFUTACIÓN DEL TIEMPO**, que luego aparecerá como parte de **OTRAS**

INQUISICIONES.

El 8 de septiembre de 1948, por cantar el Himno Nacional sin permiso de la policía, las autoridades detienen a su madre y a su hermana Norah. La madre permanece detenida en su propia casa, por un mes, y a la hermana Norah la meten en la cárcel en la sección de prostitutas. Norah no se deja abatir por sus circunstancias y durante el mes de prisión enseña a las prostitutas a dibujar y a cantar canciones francesas.

Durante 1949, Borges publica **EL ALEPH**, su cuarto libro de cuentos. Según Borges, el cuento del cual el libro coge el título en esta colección, es su cuento favorito. Se le nombra Presidente de la Sociedad de Escritores de Argentina en 1950 (cargo que desempeña hasta 1953), y también, en este mismo año se le designa Profesor de Inglés y Literatura Norteamericana de la Asociación Argentina de Cultura Inglesa. En 1951 publica una antología de su propia ficción que titula **LA MUERTE Y LA BRÚJULA**. En colaboración con Delia Ingenieros, publica, en Méjico, **ANTIGUAS LITERATURAS GERMÁNICAS** que más tarde reeditará con María Esther Vázquez y publicará en 1965 bajo el título de **LITERATURAS GERMÁNICAS MEDIEVALES**. Con su constante colaborador, Adolfo Bioy Casares, edita la segunda antología de **LOS MEJORES CUENTOS POLICIALES**.

Si 1951 es un año sumamente fértil para Borges, 1952 y 1953 no se quedan muy atrás, ya que publica su sexto libro de ensayos, **OTRAS INQUISICIONES** en 1952 y re-edita **EL IDIOMA DE LOS ARGENTINOS** con prólogo de José Edmundo Clemente. En 1953 publica, con Margarita Guerrero, **EL MARTÍN FIERRO** en que ambos colaboraron. Sus obras comienzan a aparecer en tomos individuales editados, también, por José Edmundo Clemente - **OBRAS COMPLETAS: HISTORIA DE LA ETERNIDAD**.

En 1954 el director de películas argentino, Leopoldo Torre Nilsson, produce una película basada en *"Emma Zunz"*, uno de sus cuentos, y la titula *"Días de odio"*. Aparecen dos nuevos tomos de **OBRAS COMPLETAS: POEMAS (1922 a 1953)** e **HISTORIA UNIVERSAL DE LA INFAMIA**.

En 1955 la revolución derroca el gobierno de Juan Perón y el nuevo gobierno nombra a Borges Director de la Biblioteca Nacional. Con Bioy Casares publica varios libros: dos argumentos cinematográficos, **LOS ORILLEROS** y **EL PARAÍSO DE LOS CREYENTES**, en un volumen y dos antologías: **CUENTOS BREVES Y EXTRAORDINARIOS** y **POESÍA GAUCHESCA**. Con Luisa Mercedes Levinson publica **LA HERMANA DE ELOÍSA**, una colección de cuentos (solamente el cuento del cual proviene el título de la colección fue escrito en colaboración). También con Betina Edelberg publica un estudio didáctico de

LEOPOLDO LUGONES, el famoso poeta argentino (1871-1938) a quien Borges se ha referido más de una vez como al maestro supremo de la poesía argentina. El cuarto tomo de **OBRAS COMPLETAS: EVARISTO CARRIEGO**, también se publica en este año.

Se le nombra Profesor de Literatura Inglesa en la Facultad de Filosofía y Letras de la Universidad de Buenos Aires. Recibe el Premio Nacional de Literatura. A partir de este año de 1956, los oftalmólogos le prohiben la lectura y la escritura, ya que la vista le está fallando cada día más, al igual que a su padre. Aprende a componer lo que desea redactar, de memoria, para luego dictar el texto memorizado. Comienza a depender más y más de otros. Cuando la Universidad de Cuyo en la Argentina le confiere el grado de Doctor Honoris Causa en 1956, da comienzo a una larga carrera de honores conferidos por muchas universidades de renombre. Publica el quinto volumen de **OBRAS COMPLETAS: FICCIONES** y el sexto y el séptimo volúmenes aparecen en 1957: **DISCUSIÓN** y **EL ALEPH** junto con la colección de ensayos titulados **MANUAL DE ZOOLOGÍA FANTÁSTICA**, en colaboración con Margarita Guerrero.

A pesar de numerosas operaciones, sus ojos empeoran y depende más y más de su madre y otras personas amigas para que le lean y escriban sus notas. Ya está totalmente ciego, pero no por esta desgracia deja de escribir, su mente y su imaginación continúan tan fértiles como anteriormente.

En 1960 publica una antología de textos curiosos en colaboración con Adolfo Bioy Casares: **EL LIBRO DEL CIELO Y DEL INFIERNO**. Edita **ANTOLOGÍA PERSONAL** y publica un noveno libro de prosa y verso que titula **EL HACEDOR**. **EL HACEDOR** se traduce al inglés y aparece bajo un título muy diferente al original - **DREAM TIGERS (TIGRES DE SUEÑOS)**.

Continúan los honores cuando comparte con Samuel Beckett el Premio Formentor del Congreso Internacional de Escritores en 1961. A partir de este momento comienza a disfrutar de fama internacional y el público norteamericano demuestra gran interés en sus obras. Visita los Estados Unidos por primera vez cuando la Universidad de Tejas, en Austin, lo invita a ocupar la Cátedra Tinker por un año. Viaja por los Estados Unidos dando conferencias y leyendo sus poesías. Se estrena la película argentina, dirigida por René Múgica, el *"Hombre de la Esquina Rosada"* (el argumento de la cual se basa en el cuento de Borges del mismo nombre).

LABERINTOS, selecciones de su prosa y verso, y **FICCIONES**, se traducen al inglés en 1962. Regresa de los Estados Unidos el 25 de febrero cuando La Academia Argentina de Arte lo recibe en un acto solemne ya que es ahora uno de sus más prestigiosos miembros. El gobierno de Charles de Gaulle le otorga la Orden de

Comandante de Artes y Letras, orden que le entrega el Embajador de Francia en Buenos Aires.

En 1963, cuando el público de habla inglesa ya comienza a conocer sus obras, hace su primer viaje a Europa acompañado de su madre (como en todos los viajes). Durante este viaje da conferencias acerca de sus obras en Inglaterra y Escocia. Viaja por Francia, Suiza y España, dando más conferencias y recibiendo honorarios por cada una de ellas. En este año también recibe el Premio del Fondo Nacional de las Artes de Argentina.

PRIMERA PLANA, revista semanal de gran circulación en Argentina, le dedica una sección en honor de sus sesenta y cinco años. *L'HERNE* de París también publica una colección de testimonios y ensayos acerca de su vida y obra. Invitado por el Congreso por la Libertad de la Cultura, visita la República Federal Alemana y asiste, en Berlín, acompañado por María Esther Vázquez, a un congreso internacional de escritores en el que participa, entre otros, Miguel Ángel Asturias. La UNESCO lo invita, junto con Giuseppe Ungaretti, a participar en un homenaje a Shakespeare, en París, donde Borges pronuncia el discurso principal. Luego viaja a Inglaterra por unos días y después, a invitación de su editor sueco y el embajador argentino, visita parte de Escandinavia: Suecia y Dinamarca. **EL UNO, EL MISMO**, su cuarto libro de poemas, se recoge como parte de su **OBRA POÉTICA (1953-1964)** y se publica en este año de viajes y conferencias, 1964.

En 1965 viaja al Perú con María Esther Vázquez y visita Macchu Picchu que no le llama mucho la atención (y, por qué no si no podía ver las ruinas de la antes fabulosa ciudad de los Incas). Viaja por Chile y Colombia, dando conferencias. De regreso en Buenos Aires, recibe de manos del Embajador de la Gran Bretaña, por orden de su soberana, la Insignia de Caballero de la Muy Distinguida Orden del Imperio Británico. El embajador de Italia le entrega la medalla de oro del Noveno Premio de Poesía de la ciudad de Florencia, Italia. El gobierno del Perú le otorga la Orden del Sol. Publica con María Esther Vázquez en este año, también, una edición aumentada y corregida **LITERATURAS GERMÁNICAS MEDIEVALES (segunda versión de ANTIGUAS LITERATURAS GERMÁNICAS de 1951)** e **INTRODUCCIÓN A LA LITERATURA INGLESA**.

En 1966 se hace una nueva recopilación de su **OBRA POÉTICA (1923 - 1966)**, en un volumen que se añade a las **OBRAS COMPLETAS**. La Universidad Católica de la Plata Stella Maris, Argentina, lo nombra profesor de literatura inglesa. La Comuna de Milán le otorga el Noveno Premio Internacional Madonnina y la Fundación Ingram Merrill de Nueva York le entrega el premio literario de 1965 con valor de $5,000.

Llega el año de 1967 cuando, a los 68 años de edad, contrae matrimonio, por primera vez, el 21 de septiembre con Elsa Astete Millán, viuda, a quien conoció en su juventud y no la había vuelto a ver por más de treinta años. Viaja con su nueva esposa a los Estados Unidos, donde la Universidad de Harvard lo nombra profesor de poesía durante el año académico de 1967-1968 en la cátedra auspiciada por la Fundación Charles Eliot Norton. Viaja a varias ciudades estadounidenses con su esposa dando conferencias y dictando cursos. La revista hispana de Amsterdam, *NORTE*, de la Universidad de Leyde, Holanda, publica un número dedicado a Borges. Publica **INTRODUCCIÓN A LA LITERATURA NORTEAMERICANA** en colaboración con Esther Zemborain de Torres y **CRÓNICAS DE BUSTOS DOMECQ**, relatos humorísticos que satirizan algunos aspectos de la cultura contemporánea, en colaboración con Adolfo Bioy Casares y **PARA LAS SEIS CUERDAS**, versos al estilo de canciones populares argentinas, llamadas *"milongas"*. Después de una visita triunfante por los Estados Unidos, regresa a su Buenos Aires querido en 1968 donde publica, en colaboración con Margarita Guerrero, **EL LIBRO DE LOS SERES IMAGINARIOS**, una nueva versión ampliada del **MANUAL DE ZOOLOGÍA FANTÁSTICA**. Por su propia cuenta publica **NUEVA ANTOLOGÍA PERSONAL**.

En 1969 publica su quinto libro de poemas, **ELOGIO DE LA SOMBRA**. La casa Dutton comienza la publicación de sus obras en inglés con una nueva versión de **LOS SERES IMAGINARIOS**. Se estrenan dos versiones cinematográficas de sus ficciones; la primera, *"Invasión"* con la cual colaboró Bioy Casares, es una producción argentina dirigida por Hugo Santiago, y la segunda que aparece en **EL ALEPH**, *"Emma Zunz"*, dirigida por Alain Magrou para la televisión francesa (*"Emma Zunz"* se había producido y estrenado en la Argentina en 1954 por el director Leopoldo Torre Nilsson bajo el título de *"Días de Odio"*). Al cumplir setenta años, los escritores argentinos, entre los cuales cuenta numerosos amigos, le rinden homenaje en un acto público que se lleva a cabo en La Sociedad Hebraica Argentina. Hace su tercer viaje a los Estados Unidos, con su esposa. Asiste a un homenaje que le rinde la Universidad de Georgetown, Washington, D. C. Traduce **HOJAS DE HIERBA (LEAVES OF GRASS)** de Walt Whitman. También, a principios de 1969 hace un viaje a Israel con su esposa. En la ciudad de Tel Aviv se entrevista con el entonces Primer Ministro de Israel, Ben Gurión y dicta conferencias en la Universidad Israelita de Tel Aviv. En la ciudad de Nueva York se estrena un "film" documentario acerca de Borges que se titula *"The Inner World of Jorge Luis Borges" (El mundo interior de Jorge Luis Borges)*.

En 1970 publica **EL INFORME DE BRODIE**, un nuevo libro de cuentos seudorealistas. Durante el Festival de Venecia se estrenan dos películas para televisión basadas en sus cuentos: la primera en italiano, *"La Estrategia de la Araña"* y la segunda, una adaptación del cuento de *"Emma Zunz"* en francés. El 22 de agosto viaja al Brazil donde recibe el Premio Interamericano de Literatura Gobernador del Estado de Sao Paulo de $25,000. En octubre, debido a las diligencias por el Corriere della Sera se revela que los miembros del Comité del Premio Nobel han acordado más votos a Borges que a Solzhenitzyn, pero se otorga el codiciado Premio Nobel de Literatura al segundo, no a Borges. Una razón por este hecho, que nunca realmente se explica, es que Borges nunca se vió envuelto en la política y sus obras no eran de carácter político o controversial, eran filosóficas e intelectuales. En el mismo mes de octubre, Borges se divorcia de Elsa Astete Millán. El matrimonio solamente dura tres años.

En marzo de 1971, la Academia Norteamericana de Letras y el Instituto Nacional de Artes y Letras de los Estados Unidos lo hacen miembro honorario de sus respectivas instituciones. La Universidad de Columbia en Nueva York, le confiere el grado honorario de Doctor Honoris Causa. Borges viaja a los Estados Unidos a recibir este honor con su traductor al inglés y amigo, Norman Thomas di Giovanni. Debido a su avanzada edad y enfermedades, su madre no puede acompañarlo en sus viajes, ya por varios años no ha podido hacerlo, pero su presencia, él siempre la siente. De los Estados Unidos viaja a Islandia, cumpliendo su gran deseo de visitar este remoto país, para él. De Islandia vuela a Israel para recibir el Premio de Jerusalén de $2,000. Regresa a Inglaterra y en Londres, invitado por el Instituto Británico de Artes Contemporáneas, pronuncia cuatro conferencias en inglés que tienen gran éxito. La Universidad de Oxford le otorga el grado honorario de Doctor Honoris Causa. A su regreso a Buenos Aires publica un cuento en edición separada que titula **EL CONGRESO**.

EL ORO DE LOS TIGRES, un nuevo libro de prosa y verso se publica en 1972. Durante el mes de marzo de este año, Borges viaja de nuevo a los Estados Unidos primero a la Universidad de Nueva Hampshire en Durham, donde inaugura un curso sobre la literatura hispanoamericana, luego va a Houston, Tejas y de aquí a Michigan. La Universidad de Michigan le confiere el grado de Doctor Honoris Causa. Un mes antes de recibir este honor, se estrena en Turín el texto de Domenico Porzio inspirado por un cuento de Borges, el título de la obra teatral no pudo ser nada menos que *"EL EVANGELIO SEGÚN BORGES"*.

La ciudad de Buenos Aires, su Buenos Aires querido, lo declara ciudadano ilustre en 1973. Luego viaja a España como invitado del Instituto de Cultura Hispánica y la Embajada de Argentina. Habla en La Academia Real Española acerca de sus obras. Juan Perón llega de nuevo a la Argentina y resume las riendas del poder.

Para evitar más problemas, Borges renuncia su puesto[1] como Director de la Biblioteca Nacional - aceptan su renuncia. Pide su jubilación y se le concede el retiro. En diciembre viaja a Méjico acompañado por la señora Claude Hornos de Acevedo y recibe el Premio Alfonso Reyes.

En el mes de julio de 1974 aparece **OBRA COMPLETA**, un volumen que reune la labor y obra de cincuenta años de creación literaria. Se produce una nueva película basada en un argumento cinematográfico de Borges en colaboración con Bioy Casares, *"Les Autres"* en Francia.

En marzo de 1975 su colección de trece cuentos y un epílogo se presenta al público bajo el título de **LIBRO DE ARENA**. El 8 de julio muere su madre y compañera de toda su vida, a la edad de noventa y nueve años. Leonor Acevedo Suárez de Borges que ejerció tan gran influencia sobre su hijo y que siempre lo acompañó en sus viajes hasta que su edad avanzada no se lo permitió, vive con Jorge Luis hasta el día de su muerte. Cuando su madre muere, Borges conserva el cuarto de la mujer adorada tal como ella lo había dejado, y visita la alcoba a diario para de esta manera sentir la presencia de la madre ausente.

En agosto publica **LA ROSA PROFUNDA**, colección de treinta y seis poemas con prólogo e ilustraciones de Horacio Butler. En septiembre viaja a los Estados Unidos con María Kodama y visita la Universidad de Michigan. En Buenos Aires se estrena la película *"El Muerto"*, basada en el cuento del mismo título, dirigida por Hector Olivera. Publica **PRÓLOGOS** que reune 38 prólogos que Borges escribió a distintas obras de otros autores entre 1923 y 1974.

En 1976 aparecen **LA MONEDA DE HIERRO**, poema con prólogo y notas y **¿QUÉ ES EL BUDISMO?** en colaboración con Alicia Jurado. Viaja a Méjico y a España. El gobierno de Chile lo condecora con la Orden de Mérito Bernardo O'Higgins. Publica **LIBRO DE SUEÑOS**, colección de sueños. Participa en un simposio de su obra en la Universidad de Maine y acepta un nuevo título honorario de la Universidad de Cincinnati - Doctor Honoris Causa. En la Biblioteca Folger de Washington, D. C. da el discurso principal del Primer Congreso Internacional de Shakespeare.

Publica su noveno libro de poemas, **HISTORIA DE LA NOCHE**, en 1977. En edición privada publica una colección de prosa y verso dedicado al pueblo que solía visitar con su familia durante sus vacaciones, **ADROGUÉ**. Con Bioy Casares

---

1 renuncia(r) su puesto: to resign his post, position

publica **NUEVOS CUENTOS DE BUSTOS DOMECQ**. Hace su octavo viaje a Europa a invitación de su editor Franco María Ricci. Visita Ginebra y París, donde la prestigiosa universidad francesa, La Sorbonne, le confiere el título honorario de Doctor Honoris Causa. A su regreso a la Argentina recibe otro grado honorario, esta vez es la Universidad de Tucumán que se lo otorga.

En 1978 colabora con su secretaria de los últimos años, María Kodama, y publican **BREVE ANTOLOGÍA ANGLOSAJONA**. Invitado por oficiales de la televisión mejicana, viaja a Méjico por segunda vez. De regreso a Buenos Aires pasa por Bogotá, Colombia, y recibe la llave de la ciudad de manos de representantes del gobierno municipal. Leonard Katz dirige otra versión cinematográfica de *"Emma Zunz"*, en los Estados Unidos.

En 1979 publica una colección de sus más recientes conferencias, **BORGES ORAL** y sus **OBRAS COMPLETAS EN COLABORACIÓN** con Bioy Casares, Betina Edelberg, Margarita Guerrero, Alicia Jurado, María Kodama y María Esther Vázquez. Recibe la Medalla de Oro de la Academia Francesa, la Orden de Mérito de la República Federal Alemana y la Cruz del Falcón de Islandia. Al cumplir ochenta años se le rinde homenaje nacional en el Teatro Cervantes de Buenos Aires. Visita Colombia, Ecuador y el Japón.

En 1980 viaja de nuevo a los Estados Unidos como invitado del PEN Club de Nueva York. El Ministerio de Educación de España le otorga, junto con Gerardo Diego, el Premio Miguel de Cervantes. Se produce la versión cinematográfica de *"La Intrusa"*, en Brazil, dirigida por Carlos Hugo Christensen.

En 1982, después que Gabriel García Márquez acepta el premio Nobel de Literatura en Estocolmo, dice que no puede comprender por qué no se lo habían dado a Borges en vez de a él.

En 1983 viaja de nuevo a los Estados Unidos y toma parte en un simposio de sus obras en Dickinson College, Pennsylvania. Recibe el premio T.S. Eliot de $15,000. de la Fundación Ingersoll en Chicago, el 8 de diciembre. En enero de 1986 viaja a Suiza con su secretaria y acompañante de los últimos quince años, María Kodama, de 41 años de edad. El 26 de abril se casa con ella por poderes en Paraguay, ya que las leyes argentinas no reconocen el divorcio, a pesar de haberse divorciado de su primera mujer. María Kodama nunca se había casado antes de hacerlo ahora con Borges que tiene 87 años de edad. Según la abogada de Borges, Haydee Antonini, el matrimonio no tenía ninguna relevancia legal y en su opinión el matrimonio sólo había sido un gesto de agradecimiento y reconocimiento por parte de Borges hacia la señorita Kodama que le había acompañado por tantos años. El sábado 14 de junio Jorge Luis Borges muere de cancer del hígado, en Suiza. Muere el creador de los seres imaginarios, de los sueños y las ficciones, muere el escritor de fama mundial que lo único que quería al final era que se olvidarán de él. Su muerte, que se anuncia en todos los periódicos y noticieros del mundo, saca de nuevo a los escritores y críticos que denuncian, una vez más, al Comité Nobel por nunca acordarle el Premio Nobel de Literatura que tanto se merecía. Se acusa al Comité de ceguera intelectual, moral y espiritual ya que habían conferido, según los críticos, premios a escritores de categoría, lindando a veces, en lo mediocre. Borges quiso que se le olvidara, pero no puso mucho esfuerzo en su pronunciamiento, porque si en realidad eso fuera lo que hubiera querido, nunca hubiera escrito o dejado su mundo de ficciones, de tigres, de laberintos, de sueños y de seres imaginarios.

*   *   *

FICCIONES

Para un resumen de estos relatos fantásticos, he escogido la edición de Alianza Emecé de 1985. Esta colección se divide en dos secciones: la primera, **EL JARDÍN DE SENDEROS QUE SE BIFURCAN** y la segunda **ARTIFICIOS**. Al comienzo de cada sección un prólogo del mismo Borges introduce los relatos al lector. Comenzando con la primera parte, encontramos que esta colección comprende ocho relatos fantásticos, los títulos de los cuales siguen a continuación: *"TLÖN, UQBAR, ORBIS TERTIUS"* - comprende un mundo fantástico que contiene un mundo fantástico que a su vez contiene un tercero; *"EL ACERCAMIENTO A ALMOTÁSIM"* - presiente o adivina a través de un estudiante de derecho, la presencia de otro ser a quien no conoce, pero ansía hacerlo; *"PIERRE MENARD, AUTOR DEL QUIJOTE"* - la apariencia de la reconstrucción de **DON QUIJOTE** en forma ambigua y superior a la de Cervantes por un autor ficticio. *"LAS RUINAS CIRCULARES"* - un ser que sueña otro ser se da cuenta de que él también había sido soñado; *"LA LOTERÍA DE BABILONIA"* - es el atento del hombre a enfrentarse con su universo, el cual nunca comprenderá; *"EXAMEN DE LA OBRA DE HERBERT QUAIN"* - el narrador ofrece una crítica acerca de las obras no-existentes de un autor que tampoco existió. *"LA BIBLIOTECA DE BABEL"* - la biblioteca como representante del universo que no es real; el laberinto de la razón que por medio del desorden se haya orden. El octavo y último relato de esta primera parte es, sin duda, el relato que le da el título a la primera sección del libro: *"EL JARDÍN DE SENDEROS QUE SE BIFURCAN"* - imagen metafórica del tiempo con muchas madejas de hilo de las cuales sólo se puede discernir una y ésa es la que decide el destino de los protagonistas.

ARTIFICIOS

ARTIFICIOS, por sí solo o como la segunda parte del libro titulado **FICCIONES**, consiste de nueve relatos o ficciones entre las cuales figuran: *"FUNES*

EL MEMORIOSO" - el protagonista que se ha memorizado tantas cosas que es incapaz de pensar. *"LA FORMA DE LA ESPADA"* - una dramatización de la imagen del doble; las acciones de un hombre pueden muy bien reflejarse en los demás - un hombre puede ser todos los hombres. *"TEMA DEL TRAIDOR Y DEL HÉROE"* - un historiador en busca de la verdad acerca de uno de sus antepasados, descubre que el héroe era en verdad un traidor pero con su muerte da la impresión de ser un héroe. En este relato, Borges dramatiza la habilidad de la mente de crear su propio mundo. *"LA MUERTE Y LA BRÚJULA"* - la idea del doble en que el hombre crea su propio laberinto; sigue la razón y termina destruyéndose a sí mismo. *"EL MILAGRO SECRETO"* - un dramaturgo, antes de ser fusilado sueña su suerte, quiere terminar un drama empezado y antes de que lo fusilen el tiempo se para, termina el drama, el tiroteo comienza y el dramaturgo muere. *"TRES VERSIONES DE JUDAS"* - un hombre de pasión intelectual explica la conducta de Judas, el traidor; ofrece un retrato de Judas como redentor de la humanidad en tres versiones de como pudo ser y es. *"EL FIN"* - la exposición de la idea de que si un hombre es todos los hombres, cuando mata a otro, se mata a sí mismo. *"LA SECTA DEL FÉNIX"* - un secreto es lo único que une la Secta del Fénix, el acto sexual. *"EL SUR"* - el sueño del viaje de un hombre al Sur, el encuentro del pasado con el presente; la fusión de la realidad con el sueño. Es bastante autobiográfico, ya que describe la situación del accidente parecido al de Borges donde por poco pierde la vida.

TLÖN, UQBAR, ORBIS TERTIUS

Al comienzo del relato, Borges informa al lector que debe su descubrimiento de Uqbar a un espejo y a una enciclopedia. La ficticia enciclopedia es la Anglo-American Cyclopedia de 1917 que es una reimpresión de la Enciclopedia Britannica de 1902. Según Borges, el descubrimiento de Uqbar tiene lugar una noche en que él cenaba con Bioy Casares. Después de una discusión durante la cena, se ponen a registrar páginas de la enciclopedia en busca de mayor informe, pero no lo encuentran. El próximo día Bioy Casares llama a Borges, por teléfono, de Buenos Aires y le anuncia que ha encontrado el artículo que les interesaba en una reimpresión de la décima Enciclopedia Britannica. Como no logran obtener toda la información que necesitan, van una noche a la Biblioteca Nacional, pero tampoco consiguen la información deseada.

En la segunda parte del relato, Borges menciona a Herbert Ashe, un amigo muerto de su padre que había recibido un libro del Brazil y lo había dejado en un bar antes de morir. Borges visita el bar, encuentra el libro, y nota que es nada menos que el Tomo IX de la Enciclopedia de Tlön. Borges y Bioy Casares enlistan la ayuda de otros en las dos Américas y continúan investigando la historia de Tlön y Uqbar que opinan debió haber sido inventada por más de una persona. Ahora, a continuación, tenemos el resumen del hallazgo:

Cuando Borges, el narrador, comienza a leer el libro ficticio redactado en inglés, nos da a conocer que tal libro, con el título de *A First Encyclopedia of Tlön Volume IX Hlaer to Jangr* consiste de 1001 páginas sin fecha ni lugar de publicación, tenía en la primera página un ovulo azul, estampado en ella, con la inscripción - Orbis Tertius. Continúa con la explicación que en el tomo del cual habla, se hacen alusiones a otros previos tomos y futuros, también. Habla de críticos que desdicen que exista tal mundo o mundos y pregunta: "¿Quiénes inventaron a Tlön?" La sugerencia es que Tlön es un **BRAVE NEW WORLD** inventado por una sociedad secreta compuesta de especialistas en sus respectivas profesiones, de biólogos e ingenieros, a poetas y pintores, dirigidos por un genio desconocido.

Al principio se creyó que Tlön era un caos, pero luego se supo que no era cierto, ya que estaba regido por leyes establecidas con gran rigidez. Las naciones del planeta son idealistas - aceptan la idea del tiempo en momentos aislados, sin espacio. El mundo, para los habitantes de Tlön, no es un grupo de objetos en el espacio, pero sí una serie diversa de actos independientes. En el lenguaje de Tlön no existen nombres pero sí existen verbos impersonales; la palabra luna no existe pero sí el verbo lunar o lunecer. Los nombres se forman acumulando diversos adjetivos. Los objetos en el planeta, al igual que el lenguaje, se componen de dos términos: uno que se oye y el otro que se ve.

En Tlön no hay ciencias ni razonamientos, la única disciplina es la psicología y todas las otras disciplinas se subordinan a ésta. El pensamiento no es razonamiento pero la asociación de ideas. En otras palabras: "... no conciben que lo espacial perdure en el tiempo. La percepción de una humareda en el horizonte y después del campo incendiado y después del cigarro a medio apagar que produjo la quemazón es considerada un ejemplo de asociación de ideas."[1] Borges continúa su examen de Tlön con los metafísicos, para quien la verdad carece de importancia ya que no la buscan, pero sí el asombro.

---

1 Borges, Jorge Luis, **FICCIONES**, Editorial Alianza-Emecé, Madrid, 1985, p. 23

Continúa su investigación explicando que otra escuela de Tlön niega la existencia del tiempo ya que razona que el presente es indefinido y que el futuro carece de realidad a menos que sea como una extensión del presente. Otra escuela es de la opinión que ya ha transcurrido todo el tiempo y que nuestras vidas son sólo un recuerdo, y continúa con otras escuelas.

De todas las filosofías que Borges enumera, la más escandalosa que encuentra es la del materialismo, ya que niega la idea principal del planeta que es el idealismo. Con la idea del materialismo, presenta los verbos que se usan como "encontrar y perder" y cuando las cosas se duplican, como sucede en Tlön, se pierden los detalles de su existencia cuando la gente se olvida de ellas. Para Borges, Tlön es un planeta ordenado con leyes, quizás divinas o inhumanas, no decide cual, pero lo que sí decide es que Tlön es un laberinto hecho por hombres, no hecho, creado por hombres que los hombres mismos tendrán que descifrar.

Borges da fin a este relato con una posdata que da la impresión de haber sido escrita años más tarde, aquí anuncia que había descubierto que un millonario norteamericano llamado Buckley había autorizado la secreta publicación de una enciclopedia que detalla el planeta de Tlön. Termina del todo con las palabras que si en cien años se llega a encontrar la Segunda Enciclopedia de Tlön, entonces desaparecerán del mundo todos los idiomas, y el mundo, tal como lo conocíamos, llegará a ser Tlön.

EL ACERCAMIENTO A ALMOTÁSIM

Comienza la anticipación del relato con una crítica de la crítica de los estudios que Phillip Guedalla y Cecil Roberts habían hecho acerca de la novela *The Approach to Al-Mu'tasim* del abogado Mir Bahadur Alí de Bombay, India. Tanto la novela como su autor y los dos críticos previamente mencionados son ficticios, ya que sólo existen en la imaginación de Borges.

Al final de la primera página del relato o sea la página 37 del libro, Borges dice que los dos críticos por lo menos están de acuerdo en que la obra es un relato policial con elementos de misticismo. En otras palabras, nos da a entender que el final de la narración será algo sorprendente. Existen dos versiones de la obra, una de 1932 y la otra de 1934. Antes de examinar y discutir cual de las dos versiones merece nuestra atención, decide relatar los detalles de la obra.

Un estudiante de derecho, sin nombre, y descreído de la religión de sus padres, se encuentra en el medio de un tumulto de gente durante uno de los días más religiosos del año de los hindúes. Se arma un motín y durante la lucha el estudiante mata o cree que mata a un hindú, con las manos.

Devastado por el crimen que ha o cree que ha cometido, huye. Escala el muro de un jardín donde lo amenazan unos perros, pero logra buscar amparo en una "torre circular". De la torre sube a una azotea donde se encuentra con un "hombre escuálido" que le dice que su profesión era robar dientes de oro de los cadáveres. Continúa hablando el hombre y el estudiante se queda dormido. Al despertarse al día siguiente, nota que el hombre ha desaparecido, después de robarle sus cigarrillos y su dinero. Recuerda los sucesos de la noche anterior y decide perderse en la India. Comienza la peregrinación del estudiante de estado a estado de la India, y pasa el tiempo. Decide buscar a la mujer de quién tan mal había hablado el ladrón. Cae en un grupo de gente malvada y se adapta a ellos. Más tarde descubre la huella de un pie humano en la arena y se exalta con la revelación de que en alguna parte del mundo debe de existir un hombre que se asemeje a la claridad que ahora siente después de descubrir la huella.

Ahora dedica el resto de su vida a encontrarlo. Pasan los años y el estudiante llega un día a una galería y palmetea las manos dos veces preguntando por Almotásim. Una voz, la de Almotásim, le dice que entre. El estudiante descorre las cortinas de la entrada y entra.

Termina la narración de la novela y Borges continúa detallando las posibilidades de ciertas similaridades y analogías que existen entre esta obra y la obra de otros autores - ficticios y verdaderos.

En realidad, lo que el estudiante hace es buscar al hombre por medio de los reflejos que ha dejado en otros - según la segunda versión de la obra de Mir Bahadur Alí, Almotásim es Dios y el estudiante sale en su busca para redimirse, ya que Dios se encuentra en todos los hombres. Borges, como narrador del relato, termina con la sugerencia que Almotásim, al igual que el estudiante busca a otro Ser y que el Ser busca a otro y así continúa ad infinitum. Con el reflejo del espejo, al principio de la narración y al final, cuando el estudiante entra en la galería, se refleja a sí mismo - el hindú que creyó haber matado, había sido él mismo, y al final, cuando halla o se imagina el lector que halla a Almotásim, el estudiante en realidad se halla a sí mismo - su doble.

PIERRE MENARD, AUTOR DEL QUIJOTE

Al comienzo del relato, Borges describe su molestia con una tal Madame Henri Bachelier por las "imperdonables omisiones y adiciones perpetradas...en un catálogo..."[1] acerca de las obras de Pierre Menard. Dedica las próximas tres páginas (48 a 50) a enumerar las obras que el amigo muerto había producido durante su vida (por supuesto que tanto Pierre Menard como sus obras enumeradas son sólo una invención de la imaginación de Borges).

En la página 51 anuncia que después de detallar la obra de Menard en orden cronológico, ahora quiere darnos a conocer, con más detalle, la obra subterránea e inconclusa de Pierre Menard. Esta obra consiste de los capítulos noveno y trigésimo octavo de la primera parte de *Don Quijote* y un fragmento del capítulo veinte y dos.

Según Borges, Pierre Menard no quería componer otro *Don Quijote*, lo que sería muy fácil de hacer, sino el verdadero *Don Quijote*. El primer método que probó para lograr su empeño fue aprender bien el español, hacerse católico, luchar contra los moros, olvidarse "de la historia de Europa entre los años de 1602 a 1918 y ser Miguel de Cervantes."[2]

Convertirse en Cervantes y llegar a escribir *El Quijote*, le pareció mucho más fácil que crear a *Don Quijote* como quien era, Pierre Menard. No incluyó el prólogo de la segunda parte porque no quería parecerse a Cervantes.

En una carta que le escribe a Borges, Menard explica que decidió escoger *El Quijote* en vez de una de las otras obras como las de Poe, Valéry y tantos otros porque según él, *El Quijote* era innecesario ya que después de leerlo, a medida que pasaba el tiempo, se simplificó en su mente con el olvido y la indiferencia.

A pesar de ciertos obstáculos que Menard encontró, Borges opina que *El Quijote* de Menard es más sutil que el de Cervantes. Aunque el texto de Menard es idéntico al de Cervantes, el de Menard es mejor porque abarca todas las ideas atribuídas a otro y a otros que le precedieron, en forma ambigua - renueva las ideas que Cervantes no supo expresar tan bien como Menard.

---

1 Op..cit., p. 47
2 Op. cit., p. 53

LAS RUINAS CIRCULARES

Una noche un hombre gris desembarca de una canoa, en la cual ha llegado del Sur, y besa el fango. Parece estar tan cansado que ni siquiera se da cuenta que las cortaderas le están lacerando la carne del cuerpo (Borges dice que quizás no siente las laceraciones). Se arrastra hasta las ruinas de un antiguo templo, en forma circular, que se había quemado hacía ya mucho tiempo, ahora lo único que queda son cenizas. El forastero se tendió y se quedó dormido. Al despertarse encontró huellas de que alguien había velado su sueño pero no lo habían despertado, quizás por miedo.

El propósito que lo había llevado a este lugar era sobrenatural, quería soñar un hombre para imponerlo a la realidad. Las ruinas del antiguo templo circular era el lugar perfecto para realizar su deseo ya que los habitantes del lugar, por miedo o por respeto, proveían alimentos necesarios para mantenerse y soñar tranquilo. Se tapa con hojas, para resguardarse o cubrirse de ojos que pueden velarlo, pero de todas maneras duerme y sueña.

Al principio los sueños eran caóticos. Sueña diferentes discípulos, busca entre ellos uno que mereciera participar en el universo. Pasan las noches, a las nueve o diez noches piensa con amargura que quizás no pueda resolver su creación ya que algunos de los discípulos que sueña aceptaban con pasividad la doctrina del soñador. Otros, a veces no aceptaban su doctrina ciegamente, y decide escoger uno de éstos. Desbanda el grupo de discípulos y se queda con el que escogió, al cual no parece importarle que los otros compañeros han desaparecido. Este discípulo se parece mucho al hombre gris. Un día, el hombre emerge del sueño y se da cuenta de que no había soñado y se desespera, comienza a desandar por la selva para cansarse, trata de convenir el grupo de discípulos anteriores y falla. El insomnio lo persigue y llora de ira. Finalmente se da cuenta de que lo que se propone no es muy fácil de hacer y decide que debe de estar preparado para fallar, inicialmente. Ahora se dispone a probar de nuevo, pero con otro método, aunque siempre soñando.

Abandona toda idea de soñar y duerme todo el día, recobrando sus fuerzas. Ahora comienza a soñar partes de un ser sin darse cuenta que está soñando. Sueña un corazón que late, sueña las otras partes del cuerpo, sueña. Soñó un mancebo perfecto durante más de un año. Después de soñarlo, por poco lo destruye, pero no lo hace. Borges sugiere que quizás lo hubiera hecho. Entrena al hijo que ha soñado después que este hijo se despierta dentro del sueño del soñador - creador. El hijo marcha al Norte, el soñador le echa de menos, pero en sus sueños siempre se acerca al hijo, siempre instruyéndolo. En uno de sus sueños, antes de marcharse el hijo, el soñador sueña con un dios que le anuncia que su nombre es Fuego y le dice que protegerá al fantasma soñado para que el fuego nunca le haga daño.

Pasan los años, quizás cientos, llegan unos hombres del Norte y hablan de este mago del Norte, describen al hijo soñado y sus maravillas, el hijo que puede acercarse o meterse en el fuego y no quemarse, y recuerda las palabras del dios Fuego. El soñador teme por el hijo que había soñado durante las mil y una noches, teme que llegue a realizar que no es un ser verdadero al darse cuenta que sólo es la ilusión del sueño de otro, al darse cuenta de que en realidad no existe. El creador, soñador, está tan preocupado con sus pensamientos acerca del hijo y de la posibilidad de la realización de que no exista, que no se da cuenta de que otro fuego que había comenzado lejos, ya venía a consumir las paredes del templo de la misma manera que había acontecido hacía muchos siglos. Al principio, el soñador, mago, piensa buscar amparo del fuego en las aguas cercanas, pero cambia de idea y decide que ya es viejo y quizás es mejor que muera. Entra en el medio del fuego y nota, con terror, que nada le pasa, el fuego no quema sus carnes, con humillación, con horror, se da cuenta de que él tampoco es real, él tampoco existe, él había sido creado en un sueño por otro soñador, que todavía estaba soñándolo. Aquí tenemos la idea, no sólo del doble, pero el círculo, el laberinto de la vida; se comienza en un punto, pero continúa hasta que se regresa al mismo punto de partida.

LA LOTERÍA DE BABILONIA

El narrador del relato nos dice que él proviene de un país donde la lotería es parte principal de la realidad. Ahora que se encuentra fuera del país, se ha puesto a pensar en la lotería y en sus ramificaciones. Al principio, la lotería consistía solamente de un sorteo en que algunas personas ganaban algunas monedas y los participantes vivían de la esperanza de ganar. Según el narrador, esta forma de la lotería desapareció debido al fracaso, ya que sólo era capaz de alimentar la esperanza de unos pocos plebeyos que participaban en ella.

Alguien trató de reformar el sistema de la lotería y se instituyó como parte del sorteo, lo siguiente: unos números eran favorables y otros no. La apatía del pueblo cambió, y la lotería se convirtió en un juego más interesante. Los babilonios se dedicaron por completo al juego. Los que no querían jugar eran despreciados. Los que jugaban y ganaban tenían que recibir su recompensa de aquellos que jugaban y lo que ganaban era una multa que tenían que pagar a una Compañía. Muchos de los que tenían que pagar la multa rehusaban hacerlo y muchas veces iban a la cárcel para así desafiar a la Compañía, esta Compañía que se había hecho todopoderosa.

Poco después, los sorteos incluyeron, no multas, pero períodos de detención en la cárcel para los ganadores de estos números adversos. El público pedía más y más, y la Compañía creó más números adversos que números afortunados.

Luego se decidió que ganar sólo unas monedas no era suficiente, que la lotería debería de proveer otras cosas. Como al principio sólo los ricos participaban, los pobres se rebelaron y la Compañía se vió obligada a incluir en el sorteo a todos los babilonios. Ahora, la lotería se convirtió en un juego del azar secreto. La Compañía se convierte en una secta secreta dirigida por miembros cuya identidad también es secreta, con elementos de magia, que determinan el destino de los babilonios por medio, no sólo de juegos del azar, pero por medio de delatos que ciudadanos depositan en diferentes lugares - leones de piedra, grietas en un viejo acueducto, una letrina sagrada llamada Qaphpa, espías y astrólogos. La Compañía se convierte en una institución todopoderosa, se convierte en un *dios* que rige la vida de todos los ciudadanos.

Se discute el poder de la Compañía, después de varias interpretaciones, el narrador determina que la Compañía, con su misión secreta de juegos del azar, no es otra cosa que un laberinto de la vida, uno como otros tantos que determina nuestro destino. Haya o no un sorteo público o secreto, nuestras acciones, buenas o malas, han sido previamente determinadas por otro u otros. No somos capaces de determinar nuestro destino, porque nuestras acciones ya han sido determinadas por la Compañía que representa el poder supremo que dicta el presente y el futuro como ya había dictado, en más de una ocasión, el pasado.

EXAMEN DE LA OBRA DE HERBERT QUAIN

El autor Herbert Quain ha muerto y Borges se queja de que el Suplemento Literario del *Times* de Londres falló en laudar la obra del autor muerto y acusa al periódico de tener la osadía de comparar unas de sus obras con las de Agatha Christie y otras con las de Gertrude Stein.

Aunque Herbert Quain no se consideró como un genio de la escritura, sabía con acierto que sus obras eran experimentales. Trató por todos los medios de crear el asombro. Según Borges, le había escrito una carta en la que le decía que sus obras eran como una especie de historia del arte, aunque para él la historia era una disciplina inferior. (Por supuesto que el lector ya ha deducido que Herbert Quain, no sólo no existe, pero que sus obras también son puras invenciones de la fértil imaginación de Jorge Luis Borges).

Borges continúa elaborando su estudio de la obra de Quain cuando menciona los cuatro libro singulares de este autor. Según Borges, Quain consideraba que la buena literatura era algo bastante común. Quain escribe y publica *The God of the Labyrinth*, una novela policial que fracasa; después publica una novela *"regresiva"* que titula *April March*. Esta obra consistía de nueve novelas que constan de tres capítulos, cada una. Después de la novela, publica una comedia heroica en dos actos, *The Secret Mirror (El espejo secreto)*, en la cual los personajes del primer acto aparecen también en el segundo acto, pero con nombres diferentes. Como las dos obras anteriores, esta comedia resultó ser un fracaso. Después publicó una colección de ocho relatos titulados *Statements*. Según Borges, ésta es la menos conocida de las obras de Quain, y quizás la más secreta de todas, pero también añade, que de ellas, él, Borges, había cogido y adoptado una como su propia obra, *LAS RUINAS CIRCULARES* y la había añadido a su libro **EL JARDÍN DE SENDEROS QUE SE BIFURCAN**.

EL EXAMEN DE LA OBRA DE HERBERT QUAIN pertenece al mismo molde que dió origen a *PIERRE MENARD, AUTOR DEL QUIJOTE*, ya que ambos relatos ofrecen al lector, no sólo una cronología de varias de las obras de Borges, pero también detallan algunas de sus ideas de forma ambigua. *EL EXAMEN DE LA OBRA DE HERBERT QUAIN* es quizás uno de los relatos menos leído y menos apreciado. Es posible que cuando se compara al lado de otros relatos tales como *LA MUERTE Y LA BRÚJULA, EL SUR, EL JARDÍN DE SENDEROS QUE SE BIFURCAN*, y *EMMA ZUNZ* y otros como los que ya hemos mencionado, palidezca con semejante comparación.

LA BIBLIOTECA DE BABEL

Según Borges, el universo de la biblioteca se compone de un número indefinido e infinito de galerías hexagonales. En cada una de las galerías hay el número exacto de anaqueles, en todas menos en dos. Borges describe una especie de orden con el simulacro de laberinto. Por un lado también se encuentra una escalera, la cual describe, no sólo demasiada inclinada, pero que se alza tan alto que el final parece remoto - otra vez la idea de la infinidad de la escalera dentro del laberinto de la biblioteca.

A la entrada de la biblioteca se encuentra un espejo que reproduce las imágenes que en éste se reflejan duplicadas. El espejo que refleja la imagen del doble, da paso a la escalera que es preciso usar para llegar de un piso a otro de la biblioteca. Este universo de la biblioteca se convierte en un laberinto. Un laberinto ordenado con idénticos números de estantes; idéntico número de libros con los mismos números de páginas en cada uno: 410, con el exacto número de líneas en cada página: 40, y con el exacto número de letras en cada línea: 80.

En este universo donde parece regir el orden, el lector, por medio del narrador, comienza a darse cuenta de que no existe tal orden. No es orden lo que reina en la biblioteca pero caos. Dentro de este mundo nos encontramos a un grupo de bibliotecarios que leen sin saber lo que están leyendo, pero interpretan incesantemente lo que no pueden comprender. La biblioteca comprende todo lo que se ha expresado y podrá expresarse en el lenguaje en todos los idiomas, pero el contenido de todos los libros es indescifrable.

Borges continúa descifrando los misterios de la biblioteca. A manera que continúa la narración, nos dice que él, al igual que muchos otros bibliotecarios, había estado en busca de un libro, un libro que llegara a ser el catálogo de todos los catálogos, pero es incapaz de encontrarlo. Piensa que al morir alguien llegue a tirar su cuerpo inerte por una baranda al aire interminable hasta que su cuerpo se hunda en el espacio que es infinito. En este punto, el narrador/Borges, llega a afirmar que la biblioteca es interminable y el libro cíclico que todos buscan es nada menos que Dios.

A manera que progresa la narración, el lector se da cuenta de que en verdad la biblioteca representa el universo, pero no el universo real, sino la percepción del universo que el hombre crea en su propia mente. Ya que se ha establecido que la biblioteca es "total", el narrador explora la posibilidad de esta idea cuando nos da a conocer la búsqueda incesante de los bibliotecarios por las Vindicaciones; esta empresa fracasa. Pasan más de cuatro siglos y otro grupo decide terminar la busca y crear otros libros "canónicos" cambiando el orden de las letras y los símbolos. Otro grupo, los "purificadores", resisten este cambio y deciden por sí mismos destruir los libros de la biblioteca con los cuales ellos no están de acuerdo.

Borges termina la narración indicando que la biblioteca es "limitada y periódica". El universo de la biblioteca se asemeja al universo en que vivimos. Este mundo que da la impresión de ser un mundo ordenado, un mundo total, es sólo un mundo en el que parece reinar el orden debido a la existencia caótica de su arreglo. Se puede decir que esta narración es una ilustración de la inabilidad del hombre de comprender y descifrar su universo. El hombre busca la razón de su existencia y no sabe como y por qué; no razona, pero sí inventa.

EL JARDÍN DE SENDEROS QUE SE BIFURCAN

Al comienzo del relato, Borges informa al lector que en la página 22 de la *Historia de la Guerra Europea*, escrita por Liddell Hart, se encuentra que una ofensiva británica, planeada para un día, tuvo que postergarse para otro durante el año de 1916. Continúa añadiendo que el doctor Yu Tsun de Tsingao había dictado y firmado una declaración que explica en detalle la razón por la mencionada demora, aunque faltan las dos primeras páginas de dicha declaración.

La declaración de Yu Tsun comienza así: al colgar el teléfono se dió cuenta de que la persona con quien hablaba le había contestado en alemán. La voz pertenecía a Richard Madden, un capitán irlandés que trabajaba para los ingleses. Madden había dado muerte a un tal Victor Runeberg, y el narrador teme que la misma suerte le espera a él a manos de Madden.

El narrador, que nos da a entender que él había pasado su niñez en un jardín simétrico en Hai Feng, informa al lector que él ha adivinado un secreto y Richard Madden lo está persiguiendo para arrestarlo.

A pesar del terror que siente por Madden, decide valerse de algún medio para revelar el secreto a los alemanes. Con este propósito en mente, busca en una guía telefónica el nombre y dirección de un tal Stephen Albert. Coge un tren que lo lleva al lugar donde vive Albert en el barrio de Ashgrove, en las afueras de Londres. Madden, que está persiguiendo a Yu Tsun, el supuesto narrador, pierde el tren en que parte el espía chino.

Al llegar el tren a Ashgrove, Yu Tsun se apea y le pregunta a unos niños como puede llegar a la casa de Albert. Éstos le dicen que para llegar a la casa debe virar a la izquierda a cada sendero que bifurca el camino. Esta explicación le recuerda a Yu Tsun la formula que se usa para llegar al centro de un laberinto.

Al caminar hacia la casa de Albert, Yu Tsun se da cuenta de cierto aire de misterio a su alrededor, misterio que se agrava cuando él oye los sonidos de una música china. Al llegar a la verja de hierro que protege la entrada de la casa de Albert, entra y se encuentra con éste. Albert invita a Yu Tsun a visitar su jardín, "el jardín de senderos que se bifurcan", el jardín de su antepasado. Los dos llegan a una biblioteca de libros orientales y occidentales.

Albert, que había sido misionero en Tientsin, se había convertido en sinólogo. Los dos comienzan a hablar del antepasado de Yu Tsun, Ts'ui Pen. Ts'ui Pen había pasado trece años de su vida escribiendo unos manuscritos caóticos que ni su familia ni nadie puede comprender. A su muerte, trataron de quemarlos, pero un monje lo impidió y además insistió en que se publicasen.

Según Albert, los manuscritos comprendían una novela que era un laberinto de símbolos - *El laberinto*; un laberinto infinito. La novela, que estaba toda llena de contradicciones, lleva a Albert a la conclusión que *"el jardín de senderos que se bifurcan"*se refería a una *"*imagen de la bifurcación del tiempo, no el espacio ... En todas las ficciones, cada vez que un hombre se enfrenta con diversas alternativas, opta por una y elimina las otras; en la del casi inextricable Ts'ui Pen, opta - simultaneámente - por todas. Crea, así, diversos tiempos que también proliferan y se bifurcan. De ahí, las contradicciones de la novela ..."[1]

Albert continúa leyendo y explicando a Yu Tsun acerca de la novela e intento de su antepasado. Los dos discuten acerca de las variaciones y soluciones que se ofrecen en la obra ya que Ts'ui Pen jamás usa la palabra "tiempo". Por fin Albert anuncia que la novela no es nada más que una adivinanza cuyo tema es la palabra prohibida "ajedrez". Ts'ui Pen no usa la palabra "tiempo" porque es una imagen incompleta ya que él "creía en infinitas series de tiempo ... Esa trama de tiempos que se aproximan, se bifurcan, se cortan o que secularmente se ignoran, abarcan todas las posibilidades. No existimos en la mayoría de esos tiempos; en algunos existe usted y no yo; en otros, yo, no usted; en otros los dos."[2]

El narrador asiente con las explicaciones de Albert y al levantar la vista vió a

---

1 Op. cit., pp. 111 y 112
2 Op. cit., pp. 114 y 115

Madden que avanzaba hacia donde él estaba. Pidió a Albert que le volviera a enseñar la carta que le había enseñado al principio, escrita por su antepasado. Al levantarse Albert y volverle la espalda a Yu Tsun, para buscar la carta, éste dispara su revólver y mata a Albert. Madden entra y arresta a Yu Tsun por el asesinato de Albert. Los periódicos ingleses publican la noticia del asesinato y por este medio Berlín se entera del nombre de la ciudad que deben de atacar. Los alemanes bombardean la ciudad de Albert y el espía logra, con el asesinato de un hombre a quien no conocía, mandar el informe del nombre secreto de la ciudad. Albert muere porque tiene como apellido el mismo nombre de la ciudad que los alemanes necesitan bombardear.

Yu Tsun termina el relato anunciándole al lector que no sólo se siente cansado, pero que está contrito por el suceso de la muerte inocente de Albert. Albert era su única posibilidad de completar su misión secreta y optó por matarlo para cumplirla.

FUNES EL MEMORIOSO

El relato comienza con detalles de los recuerdos que el narrador conserva de Ireneo Funes, un joven campesino que conoció cincuenta años antes de escribir el relato. El narrador/Borges, recuerda entre todos los recuerdos, la primera vez que oyó a alguien preguntarle a Funes la hora y Funes, sin tener reloj ni mirar al cielo, respondió que faltaban cuatro minutos para las ocho, El primo del narrador le dice que Funes siempre sabe la hora como un reloj.

Un día el narrador se entera de que Funes ha sufrido un accidente montando a caballo. Después de caerse del caballo, Ireneo Funes se queda lisiado y se ve forzado a pasarse la vida en un cuarto al fondo de su casa. Se pasa la mayor parte del tiempo en penumbras, fumando cigarrillos. Ya acostado, ya sentado en un catre, Funes desarrolla una memoria fantástica que reúne en sí todas las memorias del pasado.

Pasa el tiempo y el narrador llega a visitar a Ireneo Funes. Funes le dice que él se ha memorizado más cosas que todos los hombres han podido memorizar desde que el mundo se hizo mundo y le comienza a enumerar, en latín y en español, los casos de memoria prodigiosa que aparecen en la *Historia Natural*. Ahora Funes se ha convertido en el dueño absoluto de una percepción y memoria "infalibles". Podía reconstruir todo sin perdérsele un sólo detalle, ya fuera una visión experimentada o un sueño.

Funes continúa elaborando que para 1886 había inventado un sistema de números que pasaba de los veinte y cuatro mil. En vez de decir los números, les adjudicaba palabras o nombres que servían como símbolos representativos de los números: siete mil catorce era El Ferrocarril, quinientos era nueve y otros más.

Luego comienza a catalogar todas las imágenes que percibe en su memoria, pero pronto se da cuenta de que no podrá terminar de catalogar más allá de su niñez, antes de morir.

Fácilmente, Funes había aprendido el inglés, el francés, el portugués y el latín. Se había aprendido de memoria casi todo lo que a su alcance había habido y por haber, pero era incapaz de pensar. "Pensar es olvidar diferencias, es generalizar, abstraer. En el abarrotado mundo de Funes no había sino detalles, casi inmediatos."[1]

Ireneo Funes murió a los veintiún años de edad.

LA FORMA DE LA ESPADA

La visión de un hombre con una larga cicatriz que se extiende desde la sien de un lado hasta el pómulo del otro, le presta un aire de misterio al comienzo del relato. Esta visión obliga al lector a pensar que quizás la cicatriz se relacione al título del cuento.

Pero no vamos a adelantarnos a la narración con especulaciones de lo que puede o no ser. Al comienzo del relato, nos enteramos que el nombre del hombre con la cicatriz no es importante. El interés de la narración se centra en que el "Inglés de la Colorada" había logrado comprar los campos de un tal Cardoso que no quería venderlos pero accedió a hacerlo después de escuchar la historia secreta de la cicatriz, de los labios del inglés.

La última vez que Borges recorrió los departamentos del Norte se vió obligado a pasar la noche en La Colorada. Medio borracho, le preguntó a su anfitrión acerca de la cicatriz. Al principio, el inglés se demudó pero aceptó contarle la historia con tal de que Borges prometiera no juzgar ni a la persona ni los hechos. Al asentir al

---

1   Op. cit., p. 131

pedido Borges, el protagonista comienza a narrar su historia:

Alrededor de 1922, él era uno de muchos que conspiraban por la independencia de Irlanda. Muchos de sus compañeros perecieron, entre ellos uno que murió fusilado y había sido el mejor de todos. Un atardecer, que dice que nunca podrá olvidar, llegó un tal John Vincent Moon a su grupo. Moon acababa de cumplir los veinte años y sentía gran fervor por las ideas comunistas, sobre todo, las ideas relacionadas a la economía. Moon y el narrador sostienen una discusión de sus diferentes ideas y de repente comienza un tiroteo. Un soldado le da el alto a los dos hombres; el narrador trata de huir y Moon se queda inmóvil, acobardado. El narrador ayuda a Moon y lo salva. Al día siguiente, Moon recobra su aplomo y le hace muchas preguntas al narrador acerca de la situación económica del partido revolucionario a que pertenece. El narrador dice que la situación es grave, añadiendo que deben irse porque los compañeros los están esperando. Moon dice que no va a ir porque no se siente bien. El narrador decide que Moon es un cobarde y se marcha abochornado por ese hombre con miedo como si él mismo fuera el cobarde, no Moon. "Lo que hace un hombre es como si lo hicieran todos los hombres. Por eso no es injusto que una desobediencia en un jardín contamine al género humano; por eso no es injusto que la crucifixión de un sólo judío baste para salvarlo. Acaso Schopenhauer tiene razón: *yo soy los otros, cualquier hombre es todos los hombres ...*"[1]

Pasaron nueve días en la casa de un general. El día antes del día noveno, el narrador regresa a la casa después de vengar a sus compañeros y oye a Moon hablando por teléfono denunciando al amigo que lo había ayudado. Al enterarse de la traición de Moon, el narrador lo persigue por la casa y cuando lo alcanza, le corta la cara con un alfanje dejándole una media luna sangrienta en el rostro. El narrador deja de hablar y Borges, al notar que las manos le tiemblan, le pregunta ¿qué le pasó a Moon? El narrador exclama que Moon cobró el dinero de la traición lo mismo que Judas y había huído al Brazil. La narración continúa. Borges le pide al narrador que continúe el relato. El narrador le muestra la cicatriz en su cara y le pide que le desprecie ya que él había denunciado al hombre que lo había protegido. Él era John Vincent Moon y había narrado la historia de los acontecimientos de la manera presentada al lector para que Borges se viera obligado a escucharla hasta el final.

---

1 Op. cit., p. 138

TEMA DEL TRAIDOR Y DEL HÉROE

La historia que va a referirse toma lugar en Irlanda, alrededor de 1824. El narrador, Ryan, biznieto del asesinado Fergus Kilpatrick, investiga las circunstancias del asesinato de su bisabuelo, al llegar a cumplirse el centenario de su muerte.

Kilpatrick era un capitán de conspiradores que murió la víspera de una rebelión victoriosa que él había planeado. Kilpatrick fue asesinado en un teatro. Un asesinato muy parecido al de Abraham Lincoln, pero al opuesto de Lincoln, la policía británica nunca halla al asesino.

Ryan, que está en el proceso de escribir la biografía de su célebre antepasado, descubre que todo relacionado con la muerte de Kilpatrick es un enigma, y decide indagar más a fondo.

Ryan se asombra de que los hechos poseen un carácter cíclico; se repiten, se repiten como la historia se repite. Los sucesos que culminan con el asesinato de Kilapatrick son idénticos a los que ocurrieron con el asesinato de Julio César. Por ejemplo: los que examinaron el cadáver de Kilpatrick hallaron una carta cerrada que le advertía su muerte en el teatro; Julio César también recibió un "memorial que no llegó a leer, en que iba declarada la traición, con los nombres de los traidores. La mujer de César, Calpurnia, vió en sueños abatida una torre que le había decretado el Senado; falsos y anónimos rumores, la víspera de la muerte de Kilpatrick, publicaron en todo el país el incendio de la torre circular de Kilgarvan, hecho que pudo parecer un presagio, pués aquél había nacido en Kilgarvan."[1] Estos paralelos entre la historia de César y la de Kilpatrick hacen a Ryan suponer "una secreta forma del tiempo, un dibujo de líneas que se repiten ... Piensa en la transmigración de las almas ... piensa que antes de ser Fergus Kilpatrick, Fergus Kilpatrick fue Julio César."[2]

Ryan continúa sus indagaciones y descubre que en 1814 James Alexander Nolan, el más viejo compañero de su bisabuelo, había traducido al gaélico el ***Julio César*** de Shakespeare. Otro documento que encuentra le revela que Kilpatrick había firmado la sentencia de muerte de un traidor cuyo nombre había sido borrado del manuscrito. Esta sentencia no coincide con la imagen que tiene de Kilpatrick de ser un hombre piadoso; continúa descifrando el enigma y acierta con la verdad.

El dos de agosto de 1824, Fergus Kilpatrick, despúes de anunciar que hay un

---

1 Op. cit., p. 143
2 Op. cit., p. 143

traidor en el grupo de conspiradores, encarga a James Dolan que descubra la identidad del traidor. Durante una reunión, Nolan acusa, con pruebas irrefutables, a Kilpatrick de ser el traidor. El grupo condena a Kilpatrick a muerte y Kilpatrick, como presidente del grupo, firma la sentencia. Nolan, como sabe que Irlanda idolatraba a Kilpatrick, concibe un plan - el condenado moriría a manos de un asesino para así salvar la revolución. Kilpatrick acepta el plan y durante cuatro días actúa un drama diseñado por Nolan. Este drama Nolan lo plagió de diferentes escenas de *Macbeth* y el *Julio César* de Shakespeare. El 6 de agosto de 1824 muere de un balazo en el pecho el traidor que se convierte en héroe. Después de cavilar sobre su descubrimiento, Ryan decide guardar silencio y no revelar el verdadero desenlace del ***Tema del Traidor y del Héroe***. Al final, publica un libro dedicado a la gloria del héroe ya que había redimido su traición sometiéndose a su propio asesinato para no demoralizar al pueblo irlandés que lo idolatraba.

LA MUERTE Y LA BRÚJULA

A manera de introducción a esta ficción, Borges nos introduce a Erik Lönnrot, el protagonista que según el autor previó el último de varios asesinatos pero no pudo impedirlo. Borges continúa añadiendo que aunque Lönnrot no llegó a adivinar la identidad del asesino de Yarmolinsky, sí adivinó la morfología de la serie de crímenes y la participación de su enemigo, Red Scharlach. Scharlach había jurado dar muerte a Lönnrot porque el detective había sido responsable por el encarcelamiento de su hermano.

Los detalles de la serie de crímenes da comienzo con el asesinato del delegado de Podólsk al Tercer Congreso Talmúdico, el doctor Marcelo Yarmolinsky, el 3 de diciembre en el Hotel du Nord. Durante la investigación del cadáver y registro del cuarto del hotel, el comisario Trevianus le dice a Lönnrot que no hay ninguna duda que el crimen era parte de un robo. Lönnrot no está de acuerdo ya que busca algo más - una explicación rabínica. Lönnrot piensa que quizás este crimen tenga algo que ver con las supersticiones judías. Uno de los agentes encuentra una hoja de papel en la máquina de escribir que dice solamente: "La primera letra del Nombre ha sido articulada."[1] Lönnrot pensó inmediatamente que tenía una pista acerca del motivo del

---

1 Op. cit., p. 150

crimen. Pidió que empaquetaran todos los libros del muerto y se dedicó a estudiarlos. Mediante la lectura, Lönnrot descubre los diferentes nombres de Dios y decide estudiarlos para dar, por medio de ellos, con el nombre del asesino.

El segundo crimen ocurre la noche del 3 de enero. Era otro hombre con el pecho rajado por una puñalada profunda, al igual que Yarmolinsky. "En la pared, sobre los rombos amarillos y rojos, había unas palabras en tiza:"[1] Esa misma tarde Lönnrot las descubre: "La segunda letra del Nombre ha sido articulada."[2] El tercer crimen ocurre la noche del 3 de febrero. Un hombre llamado Gryphus había sido secuestrado por dos hombres enmascarados, disfrazados de arlequines. Uno escribe unas palabras, como especie de sentencia, en una pizarra - "La última de las letras del Nombre ha sido articulada."[3]

La noche del primero de marzo el comisario Treviranus recibe un sobre sellado. Al abrirlo, encuentra un plano detallado de la ciudad y una carta. La carta anuncia que no habrá un cuarto crimen el 3 de marzo ya que los crímenes se habían cometido en la forma de un triángulo equidistante. Treviranus manda la carta y el plano a la casa de Lönnrot. Después de estudiarlos minuciosamente, Lönnrot siente que está por descifrar el misterio. Con la ayuda de un compás y una brújula, determina que los tres lugares eran en verdad equidistantes - una simetría en el tiempo y en el espacio, el tercer día de cada mes: el 3 de diciembre, el 3 de enero y el 3 de febrero.

Lönnrot llama por teléfono a Treviranus informándole que el viernes tendrá a los criminales en la cárcel; añade que también planean un cuarto crimen. Una hora más tarde, Lönnrot se dirige por tren a la quinta abandonada de Triste-le-Roy, al Sur, el único punto del mapa donde ningún crimen se ha cometido.

Lönnrot llega a la quinta, nota que todo a su alrededor es simétrico, reflejos una cosa de otra y dobles, varios dobles, sobre todo la sombra monstruosa de un Hermes de dos caras. Lönnrot entra en la casa. Dos hombres lo apresan, lo desarman, y se lo presentan a Red Scharlach.

Lönnrot le pregunta a Scharlach si él busca el nombre secreto. Scharlach responde que no; él sólo busca a Erik Lönnrot. Hacía tres años que Lönnrot había arrestado a su hermano, y lo había herido a él en el vientre. Por nueve días había agonizado en esa quinta desolada. Durante esas noches, él había jurado, por el dios que tenía dos caras, tejer un laberinto para atrapar al hombre responsable por su

---

1 Op. cit., p. 151
2 Op. cit., p. 152
3 Op. cit., p. 154

sufrimiento y el sufrimiento de su hermano. Tejió el laberinto con "un heresiólogo muerto, una brújula, una secta del siglo XVIII, una palabra griega, un puñal, los rombos de una pinturería."[1]

El primer crimen ocurrió accidentalmente. La intención fue robarle a Yarmolinsky unos zafiros de gran valor. Yarmolinsky sorprendió al ladrón y fue necesario eliminarlo. Había escrito a máquina "La primera letra del Nombre ha sido articulada." Scharlach había leído la Historia de la Secta de los Hasidim; se enteró del miedo reverente de pronunciar la palabra que significa el nombre de Dios y de los sacrificios inhumanos que algunos Hasidim cometían buscando el nombre secreto de Dios. Comprendió que Lönnrot creía que los Hasidim habían sido responsables por la muerte de Yarmolinsky y se dedicó a justificar esa creencia. Yarmolinsky murió en el Norte el 2 de diciembre, fue conveniente cometer el segundo crimen en el Oeste. La víctima fue el hombre responsable por la muerte de Yarmolinsky, ya que había traicionado a sus compañeros anteriormente - Daniel Azevedo. Para vincular las dos muertes, Scharlach escribió "encima de los rombos de la pinturería la segunda letra del Nombre ha sido articulada."[2]

El tercer crimen en el Este, fue sólo un simulacro que se efectuó el 3 de febrero. Se dió a entender que se trataba solamente de una serie de crímenes triple, pero intercaló indicios que dieran a entender a Lönnrot que la serie de crímenes era cuadruple.

La figura geométrica, señalando los diferentes puntos de los crímenes no era un triángulo como Trevianus entendió, sino un rombo premeditado para atraer a Lönnrot a Triste-le-Roy.

Lönnrot considera la simetría de las muertes periódicas; le sugiere a Scharlach que en el laberinto que él ha creado sobran tres líneas ya que él sabe de un laberinto griego invisible e incesante que consta de una sóla línea recta. Scharlach le promete usar ese mismo laberinto la próxima vez que lo mate y dispara.

---

1 Op. cit., p. 160
2 Op. cit., p. 161

EL MILAGRO SECRETO

"La noche del catorce de marzo de 1939, en un departamento de la Zeltnergasse de Praga, Jaromir Hladick, autor de la inconclusa tragedia *Los enemigos,* y de una *Vindicación de la eternidad* y de un examen de las indirectas fuentes judías de Jakob Boehme, soñó con un largo ajedrez. No lo disputaban dos individuos sino dos familias ilustres; la partida había sido entablada hace muchos siglos; nadie era capaz de nombrar el olvidado premio, pero se murmuraba que era enorme y quizá infinito; las piezas y el tablero estaban en una torre secreta; Jaromir (en el sueño) era el primogénito de una de las familias hóstiles; en los relojes resonaba la hora de la impostergable jugada; el soñador corría por las arenas de un desierto lluvioso y no lograba recordar las figuras ni las leyes del ajedrez. En este punto, se despertó."[1] Cesa la lluvia y el ruido de los relojes, se alzan unas voces. Al amanecer entran los ejércitos del Tercer Reich en Praga.

El 19 de marzo Jaromir Hladik fur arrestado después de una denuncia. Se le condena a muerte. El día 29 de marzo, a las nueve de la mañana, se llevará a cabo la sentencia de muerte. Hladik se funde de terror al saber que va a morir fusilado.

Anticipando el proceso de su muerte, Hladik murió centenares de muertes en su imaginación antes de llegar el día anunciado. Al llegar el 28 de marzo piensa en su drama, *"Los enemigos"*. "Este drama observaba las unidades del tiempo, de lugar y de acción; ... Había terminado ya el primer acto y alguna escena del tercero ... Pensó que aún le faltaban dos actos y que muy pronto iba a morir. Habló con Dios en la oscuridad *si de algún modo existo, si no soy una de Tus repeticiones y erratas, existo como autor de "Los enemigos". Para llevar a término este drama que puede justificarme y Justificarte, requiero un año más. Otórgame esos días, Tú de quien son los siglos y el tiempo."*[2]

Entran dos soldados en la celda del prisionero y lo llevan afuera para fusilarlo. El sargento mira su reloj, ve que son las ocho y cuarenta y cuatro minutos y espera hasta la hora apuntada, las nueve en punto. Llega la hora, el piquete se prepara para disparar. Todo se detiene, se queda inmobilizado. Dios le había otorgado el año de plazo que le había pedido - el milagro secreto. Termina su drama en la memoria, en su mente, ya que es todo lo que tiene. Al dar final al drama, los fusiles descargan los disparos que dan fin a su vida. "Jaromir Hladik murió el 29 de marzo, a las nueve y

---

1   Op. cit., pp. 165 y 166
2   Op. cit., pp. 169 y 170

dos minutos de la mañana."[1]

TRES VERSIONES DE JUDAS

En 1904 Nils Runeberg publicó en la ciudad universitaria de Lund, la primera edición de **KRISTUS OCH JUDAS (CRISTO O JUDAS)**. Runeberg, un hombre profundamente religioso, escribe que todas las cosas que la tradición le atribuye a Judas Iscariote son falsas. Añade que la traición de Judas no fue un acto casual pero diseñado por las fuerzas del destino para de esta manera afirmar la redención. Runeberg continúa añadiendo que "El Verbo, cuando fue hecho carne, pasó de la ubiquidad al espacio, de la eternidad a la historia, de la dicha sin límites a la mutación y a la muerte; para corresponder a tal sacrificio, era necesario que un hombre, en representación de todos los hombres hiciera un sacrificio condigno ... Judas, único entre los apóstoles, intuyó la secreta divinidad y el terrible propósito de Jesús ... Jesús refleja de algún modo a Jesús."[2]

Judas delató a Jesús, no por la codicia, pero para reafirmar el propósito de Jesús. Dios se rebaja a ser hombre para redimir el género humano y obrar el bien - Judas es el reflejo del mal. Otra versión de Judas es que delató a Jesús porque era el único que logró descubrir la divinidad de Jesús. Por medio del delato ayuda a otros a tratar de sacudir el yugo de Roma. En otras palabras, la tesis de Runeberg insinúa, no sólo que las acciones de Judas no han sido comprendidas en el contexto de su verdadero propósito, pero exige una revisión de los hechos - en su tesis presenta la idea de que las acciones de Judas y su sufrimiento fueron aún más sublimes que las de Jesús.

A manera que Nils Runeberg continúa su estudio y defensa de Judas, ofrece la singular idea que Judas, en vez de merecer desprecio, merece agradecimiento ya que su traición había sido predestinada para así ofrecer al mundo a un Jesús, no sólo que perece en la cruz, pero nos redime por la traición de Judas; esta traición fue la única posibilidad de Jesús convertirse en Redentor de los pecados del mundo. En otras palabras, Judas aceptó ser el infame traidor para así elevar a Jesús ya que Él era el Hijo de Dios.

---

1 Op. cit., p. 174
2 Op. cit., p. 176

Nils Runeberg murió el primero de marzo de 1912, pero no antes de pedir compartir con el Redentor el Infierno. No Jesús el Redentor, pero Judas el Redentor, ya que Judas había hecho mucho más que Jesús por todo y por todos.

EL FIN

Borges nos da a conocer la acción de este corto relato por medio de Recabarren, el dueño lisiado de una pulpería. Recabarren, que debido a su parálisis ha perdido el habla, expresa sus pensamientos con los ojos. Entra un chico de facciones indias al cuarto donde Recabarren se encuentra recostado en su catre. Recabarren le pregunta con los ojos si hay alguien la pulpería; el chico le contesta por medio de señas que no, ya que el negro que siempre está tocando la guitarra no cuenta para ellos. Ellos, tanto como la gente del lugar, se habían acostumbrado a ver y tratar a este hombre tan inofensivo, aparentemente con indiferencia.

Ya casi a la puesta del sol, Recabarren ve un jinete a caballo encaminándose hacia la pulpería. Deja de verlo pero lo oye desmontarse del caballo, entrar en la pulpería y dirigirse a hablar con el negro. El negro le dice al forastero que hacía mucho tiempo que lo esperaba y sabía que vendría. El forastero explica que hacía siete años que no veía a sus hijos y no quería que ellos supieran que él era un hombre que se fajaba a puñaladas; añade que le dió buenos consejos a sus hijos antes de marcharse - que un hombre no tiene derecho a matar a otro hombre.

El forastero y el negro se alejan hacia las afueras del pueblo - comienza la lucha a muerte entre ellos. (El forastero parece ser responsable por la muerte del hermano del negro siete años atrás.) "Desde su catre, Recabarren vió el fin. Una embestida y el negro reculó, perdió el pie, ... Después vino otra que el pulpero no alcanzó a precisar y Fierro no se levantó ... Cumplida su tarea de justiciero ahora era nadie. Mejor dicho era el otro: no tenía destino sobre la tierra y había matado a un hombre."[1]

---

1 Op. cit., p.187

LA SECTA DEL FÉNIX

Durante la narración de *LA SECTA DEL FÉNIX*, Borges imparte al lector la idea de que no se sabe exactamente quiénes son los miembros de esta secta, pero lo que sí se sabe es que a todos los miembros los une un Secreto, "el Secreto." Los miembros de la secta figuran en todo grupo humano. Los partidarios de esta secta nunca han sufrido persecusiones, aunque quizás como miembros de ciertos grupos humanos han sido perseguidos. "Sin un libro sagrado que los congregue ... sin una memoria común ... una sóla cosa - el Secreto - los une ... Alguna vez, además del Secreto hubo una leyenda, pero los superficiales hombres del Fénix la han olvidado y hoy sólo guardan la oscura tradición de un castigo ... el cumplimiento del rito es la única práctica religiosa que observan los sectarios. El rito constituye el Secreto."[1] Este secreto que se transmite de generación a generación no es permisible que las madres se lo enseñen a los hijos.

Borges continúa advirtiendo que el Secreto es sagrado pero no hay palabras decentes para nombrarlo. No se encuentran templos para celebrar el Secreto, pero bien se puede practicar en una ruina, un sótano o cualquier lugar a oscuras y fuera de la vista de todos.

Termina la narración, llena de especulación, que el Secreto es instintivo.

Muchos estudiosos de Borges, estudiosos de *LA SECTA DEL FÉNIX*, son de la opinión que Borges depicta en el Secreto, el acto sexual. Hay unos pocos que opinan que Borges sería incapaz de tal alusión ya que no era "ese tipo de hombre", pero quién sabe lo que tendría en mente. Con su idea del doble, su pasión por los cuchillos y además, él no tenía nada de santo.

EL SUR

En *EL SUR*, a pesar de que Borges insinúa que nos está narrando algo relacionado con Juan Dahlmann, el nieto de un evangelista que había emigrado a la

---

1 Op. cit., p. 191

Argentina en 1871, parece estar narrándonos algo que le pasó al mismo Borges y sustituye el nombre de Dahlmann por el suyo. Muchos críticos han sugerido que este relato es su mejor relato. A Borges también le gustó mucho, pero siempre ha insistido que su favorito era *LA INTRUSA*.

Al parecer, nos estamos apartando del verdadero propósito de este ejercicio que es el de ofrecer el resumen de *EL SUR*, pero no es así, ya que ahora continuamos con nuestra versión de lo que creemos ser el resumen. Ahora regresamos de nuevo a Juan Dahlmann, ya que sin él, nos quedamos sin nada.

Después de la introducción de Juan Dahlmann y anunciarnos que tanto Dahlmann como Borges trabajaban o habían trabajado en una biblioteca, Borges continúa el relato dándonos a saber que el día en que le pasa algo que cambia el resto de la vida de Dahlmann, éste lleva bajo su brazo una copia de **LAS MIL Y UNA NOCHES**. Ansioso de leer su hallazgo, el libro, el protagonista no puede esperar que llegue el ascensor y decide subir las oscuras escaleras. Parece toparse con un murciélago que le hiere la frente y empieza a sangrar. A partir de este momento cae enfermo y se hunde en un delirio donde existen, a manera de pesadillas, muchos de los cuentos de **LAS MIL Y UNA NOCHES**. De su pesadilla o pesadillas y el delirio que lo consume debido a la fiebre, proviene el resto del relato.

Amigos y parientes visitan a Dahlmann, él oye las palabras pero no parece estar escuchando nada. Se pasa ocho días en lo que parece ser su propio infierno. En su delirio padece de insomnio. Pide poder dormir pero no encuentra descanso. El octavo día lo llega a ver un cirujano y le dice que como se está mejorando podrá irse a recuperar a una estancia. Dahlmann, que comienza ya a odiarse y a odiar todo lo que representa, se pone contento al saber que quizás con el cambio de un lugar a otro pueda hallar el descanso que anhela y dormir. Llega el día esperado y llevan a Dahlmann al sanatorio; durante el trayecto Dahlmann mira todo a su alrededor como descubriendo de nuevo la ciudad de Buenos Aires. Mientras viaja en el coche, regresa en su pensamiento al pasado, piensa, mientras el paisaje se desfila ante sus ojos, en el Sur que empieza al otro lado de Rivadavia. Esa parte de la ciudad que es tan diferente de todas las otras. De repente se encuentra en el tren en busca de un vagón vacío. Lo encuentra y se sienta a leer **LAS MIL Y UNA NOCHES**. Se queda dormido y sueña, no sólo que regresa al Sur, pero al pasado. Se cree estar en otro tren diferente al que se había montado anteriormente. Este tren se para en una estación y Dahlmann se desmonta del tren. Anda a pie, despacio, hacia un almacén, donde cree reconocer al hombre detrás del mostrador, pero se da cuenta que no lo conoce ya que sólo se parece a uno de los empleados del sanatorio. No es exactamente Dahlmann el que se apea del tren, pero su doble.

Dahlmann decide pedir algo de comer en el almacén y se sienta a una mesa observando lo que ocurre a su alrededor. En otra mesa estaban unos hombres sentados conversando. El mesero le trae la comida a Dahlmann y cuando éste se dispone a comerla, nota que los hombres de la otra mesa le están tirando bolitas hechas de migas de pan para fastidiarlo. Al principio Dahlmann no presta atención y comienza a leer de nuevo **LAS MIL Y UNA NOCHES**. Los hombres continúan tirando las bolitas. El almacenero intercede y le pide a Dahlmann que no les haga caso. Uno de los hombres se levanta y comienza a insultar a Dahlmann exigiéndole que se faje con él con un cuchillo. El patrón trata de evitar la pelea y anuncia que Dahlmann no puede pelear porque no está armado. De repente aparece un cuchillo - "... el viejo gaucho ... le tiró una daga desnuda que vino a caer a sus pies. Era como si el Sur hubiera resuelto que Dahlmann aceptara el duelo. Dahlmann se inclinó a recoger la daga y sintió dos cosas. La primera, que ese acto casi instinctivo lo comprometía a pelear. La segunda, que el arma, en su mano torpe, no serviría para defenderlo, sino para justificar que lo mataran ... Sintió ... que morir en una pelea a cuchillo ... hubiera sido una liberación para él ... Sintió que si él, entonces, hubiera podido elegir o soñar su muerte, ésta es la muerte que hubiera elegido o soñado."[1]

Dahlmann, sin esperanza de salir bien de esta empresa, pero tampoco sin miedo, empuña la daga con fuerza y sale afuera a encontrarse con su destino. Parte de Dahlmann quizás se encuentre con su destino; en la pelea quizás sienta la hoja de la daga que penetra sus entrañas, pero también siente la aguja que penetra su carne en el sanatorio.

COLECCIONES DEL ALEPH

Después de dar fin a los resúmenes de las ficciones que forman parte de **EL JARDÍN DE SENDEROS QUE SE BIFURCAN** y **ARTIFICIOS**, lo más natural es continuar de la misma manera con **EL ALEPH** y las demás colecciones, pero si así lo hacemos, aunque sería cosa de mucho agrado no sólo para el lector como para el escritor, sería cosa de no acabar con esta serie. Borges, no sólo me fascina, pero también, de cierta manera, es como uno de sus temas favoritos - infinito.

---

1   Op. cit., pp. 203 y 204

Para no desairar a los que buscan con gran ansiedad sino **EL ALEPH** completo, algunas partes de **EL ALEPH**, vamos a presentarles a ustedes unas cápsulas de algunos de los relatos que comprenden esta colección.

La primera narración de esta colección se titula *EL INMORTAL*. Muchos se han referido a esta ficción como la mejor de todas y el más profundo estudio filosófico de todas las ficciones incluídas en **EL ALEPH**.

EL INMORTAL

En el último volumen de una edición de la **ILIÁDA** de Pope del siglo dieciocho, se halla un trozo que se refiere a una expedición romana que se encamina de Egipto, a través del desierto, en busca de la legendaria ciudad de los Inmortales. Poco a poco la expedición termina en desorden, muchos contraen fiebre y mueren, otros se amotinan y abandonan al líder. Ya, casi al final, el tribuno romano se queda solo. Marcus Flaminius Rufus se acuesta en la arena y sueña. Sabe que está completamente solo, sueña, pero sueña una pesadilla. Cuando se despierta bebe de las "aguas impuras de la inmortalidad" y ve a los Inmortales y su Ciudad. La inmortalidad niega la existencia del mundo real y por este medio embrutece a los inmortales.

Los inmortales se han convertido en trogloditas. Uno de ellos se arrima a Marcus Flaminius y éste le pone de nombre Argos, ya que el troglodita lo sigue continuamente como si fuera un perro. Marcus Flaminius enseña a Argos a hablar y a recordar cosas del pasado. Es entonces que Marcus Flaminius se hace la idea de que Argos es en realidad Homero. Tribuno y troglodita dan marcha atrás y comienzan a buscar el agua pura de la mortalidad. La encuentran; Homero/Argos desaparece. Marcus Flaminius bebe de ella, se vuelve mortal y regresa a su estado de mortalidad reviviendo sus experiencias. Muere, pero se cree que ha sido todos y todo antes de morir. Ha sido Homero tanto como ha sido Ulises y como ha sido todos los hombres y será como todos los hombres - estará muerto, no será inmortal, porque es mejor ser mortal y terminar como todos en todo.

EL ZAHIR

Al principio de la narración, Borges describe las diferentes formas en que esta moneda ha aparecido en diferentes países. Según Borges esta moneda, el Zahir, simboliza nuestro libre albedrío.

Una mañana temprano, en un bar, alguien le da al narrador el Zahir, del cual nunca puede deshacerse. Puede dejar de tenerlo, pero el Zahir siempre lo dominará. Trata por todos los medios de deshacerse de esta moneda de veinte centavos antes de que lo vuelva loco pero no logra hacerlo. Al final de la narración concluye que no percibirá el Universo sino que percibirá el Zahir. Quizás con la insomnia que continuamente lo amenaza en su deseo de deshacerse del Zahir llegue a encontrar, a fuerza de pensar y repensar el Zahir, que al otro lado de la moneda esté Dios.

EMMA ZUNZ

El catorce de enero de 1922 Emma Zunz recibe una carta del Brazil con una letra desconocida. Abre la carta con desconcierto, lee las terribles líneas que le anuncian la muerte de su padre - el suicidio del autor de sus días porque no puede vivir más con el dolor porque todos creen que él es un ladrón.

El padre de Emma había sido acusado de desfalcar[1] la compañía donde Emma ahora trabaja. Con la muerte del padre, recuerdos tantos dulces como amargos agolpan su mente. Recuerda que su padre le había confiado en 1916 que el verdadero ladrón había sido Loewenthal. Ahora, Loewenthal es uno de los dueños de la fábrica. Emma jamás le había confiado a nadie su secreto. Determina vengar la muerte y el deshonor de su padre y formula un plan.

Llama por teléfono a Loewenthal y lo cita para encontrarlo de noche en la fábrica con el propósito de delatar a algunos que se proponen participar en una huelga. Mientras tanto, Emma busca al marinero más sórdido, más bajo y repulsivo que pueda encontrar. Lo lleva a un hotel donde tienen relaciones sexuales. Cuando el

---

1 desfalcar: to embezzle

marinero se marcha, Emma rompe los billetes que le había dejado como pago.

Emma llega a la fábrica, mata a Loewenthal y le informa a la policía que ella había matado a Loewenthal en defensa propia ya que él la había violado y podía muy bien comprobarlo.

Según Borges, Emma Zunz, cuando mata a Loewenthal, lo hace, no por vengar a su padre como originalmente planeó, pero para vengarse por el sufrimiento de que un hombre violara su cuerpo; ahora, Loewenthal merecía el castigo de su desgracia.

EL ALEPH

El narrador de esta ficción es Borges y se identifica como tal. Borges visita anualmente la casa de un primo de su querida Beatriz Viterbo, Carlos Argentino Danieri. Durante una de las últimas visitas, Carlos Danieri le anuncia a Borges que él todavía está escribiendo el largo poema que comenzó hace varios años, *La tierra*. Borges le pide que le lea algún pasaje. Carlos Danieri lo hace hasta la medianoche, aburriendo más y más a Borges. Aunque el poema pretende describir la cara completa del planeta, sólo ha llegado a cubrir una mínima parte. Borges se despide y se marcha.

Pasan varias semanas, Carlos Danieri llama a Borges y le pide que venga a verlo en seguida; él ha encontrado un Aleph en el sótano de la casa que es imprescindible para terminar su poema y los dueños quieren derribar la casa. Borges acude a la casa. Baja al sótano, se acuesta en el suelo y mira hacia el decimonono escalón de la escalera, tal como le pidió Danieri que lo hiciera. En verdad divisó el Aleph. El Aleph era todos los puntos que señalaban y reflejaban el Universo. "En la parte inferior, del escalón, hacia la derecha, vi una pequeña esfera tornasolada, de casi intolerable fulgor... El diámetro del Aleph sería de dos o tres centímetros, pero el espacio cósmico estaba ahí sin disminución de tamaño. Cada cosa era infinitas cosas, porque yo claramente la veía desde todos los puntos del universo."[1]

El Aleph le revela casi toda la existencia y la naturaleza de las cosas a Borges; entre ellas logra ver unas cartas de su adorada Beatriz dirigidas a Danieri, cartas obscenas que lo hieren. Borges sube, se recobra, dice que ha visto el Aleph pero se

---

1 Borges, Jorge Luis, **EL ALEPH**, Editorial Alianza-Emecé, Madrid, 1982, p. 169

niega a describírselo a Danieri y le recomienda a éste que se vaya de vacaciones.

LA INTRUSA

Los hermanos Nielsen eran muy apegados el uno al otro. Un día, Cristián trae a Juliana a vivir en la casa con ellos. Cristián se enamora de su mujer, pero lo mismo pasa con su hermano Eduardo. La relación entre los dos comienza a cambiar. Ahora, en vez de llevarse bien como siempre, los dos desacuerdan a cada instante.

Un día que Eduardo llega a la casa malhumorado, Cristián le hace una oferta que le parece increíble pero acepta con gusto. Cristián le ofrece a Eduardo compartir a su mujer, Juliana, con él. Ahora los dos hermanos se comparten la mujer que los atiende muy bien, pero los dos comienzan a sentir celos el uno del otro por las atenciones de la mujer.

Cristián y Eduardo, para resolver su problema, se llevan a Juliana a otro pueblo y la venden. Los dos hermanos descubren, al poco tiempo, que no pueden vivir sin Juliana y que tienen tantos problemas sin ella como cuando la tienen a ella. Los dos se marchan sin uno decirle al otro lo que va a hacer.

De nuevo Cristián y Eduardo se comparten a Juliana. La situación entre los dos hermanos empeora. Por fin, un día, Cristián le pide a Eduardo que lo ayude a enterrar a Juliana porque él la había matado para así acabar la discordia entre los dos. Ahora los dos hermanos estaban unidos de nuevo. Los dos se abrazaron. "Ahora los ataba otro vínculo: la mujer tristemente sacrificada y la obligación de olvidarla."[1]

*   *   *

---

1 Op. cit., p. 180

LOS TEMAS PRINCIPALES

Desde temprana edad, Jorge Luis Borges sabía cual iba a ser su destino. Debido a un tipo congenital de ceguera, que le robó la vista a su padre cuando era muy joven, Jorge Luis Borges sabía que él también estaría condenado a pasar el resto de su vida en el mundo de las tinieblas, un mundo donde se le negaría el don de la vista. Usualmente se acostumbra a decir que una persona es ciega o se está poniendo ciega, sin embargo, en el caso de Borges, esta observación carece de significado. Borges perdió la vista de los ojos, pero no se quedó realmente ciego. Él no era ciego en sus sueños, en sus creaciones, en sus pesadillas. Él vió más y más allá, él alcanzó las estrellas en sus ficciones, sus narrativas, sus explicaciones filosóficas y sus meandros. Borges no era un precursor de causas, él nunca trató de cambiar la faz del mundo físico, pero sin embargo sí trató de sacudir la mente y la imaginación, él proveyó sueños, ilusiones, alusiones, relatos que provocan e inspiran, que son producto de una mentalidad fertilísima, en muchos casos, quizás un producto de sus pesadillas.

Por medio del vasto laberinto de su mente, este gigante de lo fantástico tejió una telaraña de temas y símbolos que excitan los nervios y estimulan los sentidos. El horrible temor de los espejos de su niñez lo ha transportado de una manera u otra a todas sus ficciones. El reflejo del doble, el laberinto de la vida, la muerte, la fantasía, el tiempo, el espacio, los seres fantásticos, sus queridos tigres, los cuchillos, todas estas cosas se encuentran regadas por toda su prosa y su poesía.

Cuando se trata de dirigirse al uso que Borges hace del laberinto, nos vemos forzados a usar el plural ya que él los usa tan a menudo, pero realmente, a pesar de la variedad, él siempre se refiere a uno - la vida. La vida como se percibe por medio de la concepción que el hombre tiene del universo - Su Universo.

En *TLÖN, UQBAR, ORBIS TERTIUS*, Borges no ofrece una decisión final acerca de si el planeta Tlön está ordenado por leyes divinas o inhumanas, pero sí rinde el veredicto que Tlön es en realidad un laberinto construído por los hombres y los hombres mismos tendrán que descifrarlo.

En *EL ACERCAMIENTO A ALMOTÁSIM*, la palabra laberinto no aparece específicamente deletreada pero la continua búsqueda por Almotásim, precipitada inicialmente por el estudiante que piensa que él ha matado accidentalmente a otro hombre, lo arroja dentro de un centro de perplejidad; cuando el estudiante finalmente emerge del laberinto de su propia creación y se supone que se encuentra con Dios, no es Dios a quien realmente encuentra, pero a sí mismo. Él encuentra a su doble. El joven estudiante de derecho sin nombre ha quizás descifrado la razón de su existencia, ha encontrado a su otro, ¿o lo ha hecho?

La busca continúa y continúa por el tiempo y el espacio.

En **LAS RUINAS CIRCULARES** el soñador que se arrastra hasta las ruinas circulares del antiguo templo teme que el hijo que soñó se entere algún día que no es real, que había sido creado por la imaginación de otro - es aquí que el soñador regresa al punto de partida, el círculo, el laberinto de la vida, él también había sido el sueño de otro creador, y así continúa el ciclo ad infinitum.

En *LA LOTERÍA DE BABILONIA* el narrador, Borges, determina que la Compañía con su misión secreta de juegos del azar no es nada más que otro laberinto, un laberinto de la vida, uno como tantos otros que determinan nuestro destino.

El laberinto continúa su expansión en *LA BIBLIOTECA DE BABEL*. El laberinto es el universo de la biblioteca que a su vez representa la biblioteca de la razón que el hombre ha construído para explicar las maravillas del mundo y orientarse. La idea de este orden que el hombre crea, al final amenaza con destruirlo, lo hunde más y más en el laberinto de un mundo que trata de comprender pero no logra descifrar.

De todas las variaciones en el tema del laberinto quizás la más fantástica sea la versión en *EL JARDÍN DE SENDEROS QUE SE BIFURCAN*. Yu Tsun da al azar con el apellido de un Albert que no sólo no conoce, pero que también ha descifrado la obra de su antepasado - el laberinto. El laberinto de la vida resurge de nuevo, dicta el destino del chino y el del sinólogo; el último muere a manos del primero porque éste necesita cumplir su misión, su destino.

En *LA MUERTE Y LA BRÚJULA*, el lector sigue al detective Erik Lönnrot por un laberinto de números y de fechas que llevan al protagonista, cuando sube la escalera circular para enfrentarse con Scharlach, a su muerte. Aquí el hombre ha construído su propio laberinto - la simetría de los números, las fechas, la duplicidad de las cosas - el doble - reafirman la idea que la vida es un laberinto, no sólo que cuando buscamos una cosa encontramos otra, pero que a veces en busca de otro nos topamos con nosotros mismos - nuestro reflejo o nuestro doble.

De la muerte de Erik Lönnrot, al final de su propio laberinto, pasamos al laberinto creado por Nolan para Kilpatrick con el acuerdo de éste. Kilpatrick es el traidor venerado por su pueblo que lo cree un héroe. Para resguardar las apariencias, Kilpatrick acepta ser asesinado a la manera de Julio César en el *TEMA DEL*

TRAIDOR Y DEL HÉROE. Kilpatrick crea su propio laberinto de traición al vender a los suyos pero al final se redime entrando en el laberinto construído por Nolan y termina, a pesar de todo, convirtiéndose en héroe - Héroe, Traidor, Héroe.

Jaromir Hladik no crea su propio laberinto en *EL MILAGRO SECRETO* pero dentro del tiempo y el espacio se hunde en él. Al principio es el sueño del laberinto de un largo juego de ajedrez que ha continuado por siglos con dos familias ilustres - los judíos y los alemanes. Jaromir se despierta, oye a los alemanes entrar en Praga a principios de la Segunda Guerra Mundial. Lo arrestan. Va a morir sin terminar la obra que lo justifique tanto a él como a Dios; pide un año de plazo. Dios le concede el año que pide que parece ser no más que dos minutos en el reloj del soldado - todo se detuvo hasta que Jaromir terminó su obra en su memoria - dentro del laberinto creado por otros para él, Jaromir creó el suyo propio con la ayuda divina.

De Jaromir pasamos al laberinto de Juan Dahlmann en *EL SUR*. El delirio de Dahlmann lo lleva al laberinto de la imaginación, regresa a su pasado o lo que cree haber sido su pasado - quiere ser un hombre de acción y morir por el cuchillo. Dahlmann atenta crear su propio laberinto pero la aguja que le hiere la carne en el sanatorio lo regresa al laberinto del universo en que vive, no se le permite quedarse en el que le parece más conveniente.

Así hemos establecido que el laberinto de Borges representa la vida, nuestra concepción del universo, que no llegamos a comprender porque rige nuestro destino, nuestro sino, si prefieren. Al nacer, nosotros entramos en un laberinto del cual no podremos salir hasta la muerte. Quizás esta sentencia sea cierta, quizás no, pero si no continuamos ejerciendo nuestro libre albedrío, ¿quién sabe?, el universo puede ser nuestro, ciertamente nuestro propio universo, el universo dentro de nosotros mismos.

Del laberinto de nuestro universo no podemos dejar de pasar a las imágenes que se reflejan, no sólo en los espejos, pero en otros, ya que todos somos, de una manera u otra, partes o reflejos de otros que han sido en el tiempo y en el espacio.

Desde su niñez, Borges sintió gran terror de los espejos. Según él, este terror se fundaba en la creencia de niño que el espejo no sólo era capaz de cambiar las facciones de las personas, pero que también poseía la capacidad de alterar la imagen física que se veía reflejada en él. Por medio del espejo que no sólo persigue a Borges en sus poemas y sus ficciones, pero que también parece perseguir al lector, vemos reflejados, no sólo nuestras acciones, ya sean buenas o malas, pero nuestro doble, nuestro otro yo.

No una, no dos, pero multitud de veces hemos oído, en nuestra experiencia de la vida y por medio de la lectura de tantas de estas ficciones las variaciones de este mismo tema que John Donne (1573-1631) nos ofrendó:

"Ningún hombre es una isla en sí mismo;

Cada hombre es un pedazo del Continente,

Una parte principal;

Si sólo un pedruzco fuera bañado al mar,

Europa sería la perdedora,

Lo mismo que si fuera un Promontorio,

Lo mismo que si fuera un grupo de sus amigos

O de sí propio;

La muerte de cualquier hombre me rebaja,

Porque yo soy parte de la humanidad,

Y por eso nunca mandes a preguntar

Por quién tocan las campanas;

Tocan por tí."[1]

En *EL JARDÍN DE SENDEROS QUE SE BIFURCAN*, cuando el chino mata a Albert, se destruye a sí mismo. En *EL ACERCAMIENTO A ALMOTÁSIM*, el joven estudiante de derecho cree haber matado a alguien y huye, no sólo huye para escapar el castigo, pero continúa huyendo y buscando algo que le dé significado a su vida. Cuando ve una sonrisa o la huella del pie en la arena que le hace pensar que éstas son cosas que le pertenecen a otro ser que sea un conjunto de todos los seres, busca la redención, busca a otro que posea las cualidades que él no cree poseer. Se encuentra consigo mismo, él es todos los hombres. En *LA MUERTE Y LA BRÚJULA* Borges nos quiere dar a entender que Erik Lönnrot y Scharlach son la misma persona. Los dos apellidos significan rojo. Antes de Lönnrot entrar en la casa de la quinta, todo a su alrededor grita de doble y duplicidad, sobre todo la cara monstruosa del Hermes "el dios de dos caras". En realidad, ¿mata Scharlach a Lönnrot o Lönnrot confrontándose con un doble que parece ser tan opuesto al hombre que él cree ser, no puede aceptar el conocimiento de su otro yo y se suicida?

---

1   Donne, John. From *THE BELL* in Devotions upon Emergent Occasions. Translated by Revé Tamayo on a visit to St. Paul´s Cathedral, London, 1984.

En *EL FIN*, cuando el negro logra realizar su venganza cuando mata al hombre responsable por la muerte de su hermano, no se regocija, al contrario, ahora no era nadie, pero no, se había convertido en el otro, había asumido la identidad de Martín Fierro. Matando a Martín Fierro detruye a su enemigo, o así lo cree, pero en realidad, aunque ha destruído a Martín Fierro se ha destruído a sí mismo, ya que ahora se encuentra en posesión de las mismas cualidades que despreciaba en su enemigo. Ahora no es el negro de antes, pero asume el papel de Martín Fierro. Es aquí donde volvemos a recapitular la intención de John Donne que cada uno de nosotros es todos los demás y que la muerte de uno nos afecta a todos. Cuando alguien muere, es como si muriera un pedazo de nosotros.

Unido a la muerte tenemos en los temas de Borges el puñal. En muchas de las ficciones aparece el arma despreciable que ejerció tanto poder en su fantasía. Borges daba la apariencia de ser un ser, no sólo pacífico, pero cultivado y sensitivo. Pero para él, también como para el hombre latino que siente la llamada de la tierra, el puñal ejercía la fascinación del machismo. Dahlmann prefiere morir en su sueño, con un puñal en la mano; el negro se faja con Martín Fierro con un puñal; los asesinos le rajan el pecho de las dos víctimas en *LA MUERTE Y LA BRÚJULA* con un puñal. Siempre la repetición del puñal y la continua fascinación con **LAS MIL Y UNA NOCHES**. En esta colección de cuentos de fantasía siempre se halla presente, sino en el simbolismo de los números con la presencia física del libro.

Por toda la obra borgeniana hemos hallado multitud de ejemplos que reafirman sus ideas, ya sea el laberinto como símbolo de la vida, el puñal como símbolo de la muerte, el tiempo y el espacio que no sólo afirman la existencia de los seres humanos, pero que de cierta manera también los condenan, ya sea en el círculo que se repite o en el reflejo de cada uno o de cada cosa. Además de los espejos, los tigres también se encuentran en sus poemas.

Acabamos de mencionar los poemas de Borges, pero lo hacemos solamente para citar ejemplos de su gran amor por y fascinación con el tigre. La poesía de Borges no es parte de este estudio ya que no sólo no está a la par de sus ficciones, pero no fue necesario usarlas para dar a conocer los temas y la fantasía de la imaginación de este hombre de letras que cubrió todos los campos literarios habidos y por haber.

Tigres y espejos siembran sus poemas, lo mismo que los espejos siembran sus ficciones. Según su madre, y en conferencias filmadas con el mismo Borges, el primer tigre él lo dibujó, de escolar, en un cuaderno - el tigre rayado, asiático, real, que sólo pueden afrontar los hombres de guerra sobre un elefante. De niño perseguía a la fiera, en su fantasía, admiraba en él el coraje que emanaba de sus antepasados guerreros.

Trata de soñar al tigre - sus sueños no logran engendrar la apetecida fiera pero lo mantiene vivo en sus poemas "amado y temido, símbolo de algo elusivo y sangriento, concentración del coraje y la fuerza, pero también torbellino de rayas y dientes, tigre de símbolos y sombras, de sombras y de metáforas..."[1]

El tigre continúa retornando una y otra vez. En *Elogio de la Sombra,* San Juan será un "tigre entre los tigres". En *El Otro Tigre* de **EL HACEDOR**, el primer tigre es melancólico y evocativo; el segundo tigre no es como el primero pero un tigre de sangre caliente, vivo, que acecha y mata, pero busca más al tercero, más allá de su verso, más allá del esplendor de sus palabras y de su entendimiento, Borges busca, en el tigre, a Borges, el Borges que quiere, que ansía, que quiso ser, pero quizás el laberinto de la ceguera se lo impidió. El gatico delicado, cultivado, en su doble, si no lo llegó a ser, quiso ser el rugido del tigre, la pasión del puñal y el reflejo del hombre macho.

*   *   *

---

1 Bartanán, Marcos Ricardo, **LOS POETAS: JORGE LUIS BORGES**, Ediciones Úcar, Madrid, 1972, pp. 22 y 23

CONCLUSIÓN

A pesar de su ceguera, Borges vivió una vida larga y productiva. A pesar de que él quería que se le olvidara después de morirse, dudo que en realidad ese hubiera sido su deseo ya que si lo hubiera sido, nunca hubiera dejado al mundo las huellas palpables de su existencia. Si así fuera, nunca nos hubiera dado y dejado sus seres imaginarios y fantásticos, sus laberintos, sus adorados tigres, su terror de los espejos, su realidad que para él sólo existía en su concepto de lo que creía ser la realidad. En otras palabras, la realidad, según Borges.

Ningún otro escritor latinoamericano fue tan elogiado, recibió tantos premios o fue otorgado tantos títulos honorarios como Borges. El único que se le escapó fue el Premio Nobel, pero eso ya es otra historia y hemos mencionado en otras páginas los pormenores del caso.

La conclusión no depende de mi realmente, sino de tí, querido lector. Ya que has terminado las páginas que aquí se te presentaron de y acerca de Borges, ¿cuál es tu decisión? ¿Creó Borges a Borges? ¿Es Borges un ser imaginario, un sueño, una ficción o un laberinto que se extiende por el tiempo y el espacio?

*　　　*　　　*

PELÍCULAS BASADAS SOBRE CUENTOS DE BORGES

1954 **_DÍAS DE ODIO_**, producida y dirigida por Leopoldo Torre Nilsson, acerca de **_"Emma Zunz"_**. Buenos Aires, SIFA.

1957 **_HOMBRE DE LA ESQUINA ROSADA_**, dirigida por René Múgica, sobre el cuento del mismo título. Buenos Aires, Sono Film.

1968 **_INVASIÓN,_** dirigida por Hugo Santiago, sobre un argumento de película escrito por Borges y Adolfo Bioy Casares. Buenos Aires.

1969 **_EMMA ZUNZ_**, producida y dirigida por Alain Magrou, sobre el cuento del mismo título. París, ORTF.

1970 **_LA STRATEGIA DEL RAGNO_**, producida y dirigida por Bernado Bertolucci, sobre el cuento del **_"Tema del Traidor y del Héroe"_**. Roma, RAI.

1974 **_LES AUTRES_**, dirigida por Hugo Santiago, sobre un argumento de película escrito por Borges y Bioy Casares. París.

1975 **_LOS ORILLEROS,_** producida y dirigida por Hugo Santiago, sobre un argumento de película escrito por Borges y Bioy Casares. Buenos Aires.

EL MUERTO, dirigida por Héctor Olivera, sobre el cuento del mismo título. Buenos Aires.

BIBLIOGRAFÍA

Alazraki, Jaime, **JORGE LUIS BORGES**, Columbia University Press, NY, 1971.

_____, **VERSIONES, INVERSIONES, REVISIONES. EL ESPEJO COMO MODELO ESTRUCTURAL DEL RELATO EN LOS CUENTOS DE BORGES**, Editorial Gredós, Madrid, 1977.

Blanco-González, Manuel, **JORGE LUIS BORGES, ANOTACIONES SOBRE EL TIEMPO EN SU OBRA**, Ediciones Andrea, México, 1963.

Borges, Jorge Luis, **EL ALEPH**, Emecé, Buenos Aires, 1961.

_____, **ANTOLOGÍA PERSONAL**, Sur, Buenos Aires, 1966.

_____, **LA CIFRA**, Alianza Editorial, Madrid, 1981.

_____, **LOS CONJURADOS**, Alianza Editorial, Madrid, 1985.

_____, **DICCIONARIO PRIVADO DE BORGES**, recopilado y ordenado por Blas Matamoro, Altalena Editores, Madrid, 1979.

_____, **DISCUSIÓN**, Emecé, Buenos Aires, 1957.

_____, **ELOGIO DE LA SOMBRA,** Emecé, Buenos Aires, 1957.

_____, **EVARISTO CARRIEGO**, Emecé, Buenos Aires, 1955.

_____, **FERVOR DE BUENOS AIRES**, Emecé, Buenos Aires, 1969.

_____, **FICCIONES**, Alianza Editorial, Madrid, 1985.

_____, **EL HACEDOR**, Emecé, Buenos Aires, 1960.

_____, **HISTORIA DE LA ETERNIDAD**, Emecé, Buenos Aires, 1953.

_____, **HISTORIA UNIVERSAL DE LA INFAMIA**, Alianza, Madrid, 1986.

_____, **EL INFORME DE BRODIE**, Emecé, Buenos Aires, 1970.

_____, **AN INTRODUCTION TO AMERICAN LITERATURE**, Schoken, New York, 1971.

_____, **EL LIBRO DE ARENA**, Emecé, Buenos Aires, 1975.

_____, **LIBRO DE LOS SERES IMAGINARIOS**, Bruguera, Barcelona, 1985.

_____, **LUNA DE ENFRENTE Y CUADERNO SAN MARTÍN**, Emecé, Buenos Aires, 1969.

_____, **MANUAL DE ZOOLOGÍA FANTÁSTICA**, en colaboración con Margarita Guerrero, Fondo de Cultura Económica, México, 1966.

_____, **LA MONEDA DE HIERRO**, Emecé, Buenos Aires, 1976.

_____, **NUEVA ANTOLOGÍA PERSONAL**, Siglo XXI, México, 1968.

_____, **NUEVE ENSAYOS DANTESCOS**, Espasa-Calpe, Madrid, 1982.

_____, **PROSA COMPLETA I**, Editorial Bruguera, Barcelona, 1980.

_____, **PROSA COMPLETA II**, Editorial Bruguera, Barcelona, 1980.

_____, **EL ORO DE LOS TIGRES**, Emecé, Buenos Aires, 1972.

_____, **OTRAS INQUISICIONES**, Emecé, Buenos Aires, 1960.

_____, **EL OTRO, EL MISMO**, Emecé, Buenos Aires, 1969.

_____, **LA ROSA PROFUNDA**, Emecé, Buenos Aires, 1975.

Echevarría, Arturo, **LENGUA Y LITERATURA DE BORGES**, Editorial Ariel, Barcelona, 1983.

Jurado, Alicia, **GENIO Y FIGURA DE JORGE LUIS BORGES**, Editorial Universitaria de Buenos Aires, Buenos Aires, 1964.

Mc Murray, George R., **JORGE LUIS BORGES**, Frederick Ungar Publishing Co., New York, 1980.

Rodríguez Monegal, Emir, **BORGES HACIA UNA INTERPRETACIÓN**, Guadarrama, Madrid, 1976.

_____, **BORGES POR EL MISMO**, Editorial Laia, Barcelona, 1983.

_____, Reid, Alastair, **BORGES: A READER**, E. P. Dutton Publishing Co., New York, 1981.

Sturrock, John, **PAPER TIGERS, THE IDEAL FICTIONS OF JORGE LUIS BORGES**, Clarendon Press, London, 1977.

Tamayo, Marcial y Ruiz Díaz, Adolfo, **BORGES, ENIGMA Y CLAVE**, Editorial Nuestro Tiempo, Buenos Aires, 1955.

Tealdi, Juan Carlos, **BORGES Y VIÑAS (LITERATURA E IDEOLOGÍA)**, Editorial Orígines, Madrid, 1983.

Vázquez, María Esther, **BORGES: IMÁGENES, MEMORIAS, DIÁLOGOS**, Monte Ávila Editores, Caracas, 1977.

EL MUNDO MÁGICO
DE
GABRIEL GARCÍA MÁRQUEZ

**A mi querida hija Valerie Anne, por insistir
en que yo leyera y añadiera a la colección a
Gabriel García Márquez**

EL MUNDO MÁGICO
DE
GABRIEL GARCÍA MÁRQUEZ

(Vida y Obra)

PRÓLOGO

A los tres nombres ilustres de la literatura española: Miguel de Unamuno y Jugo, Federico García Lorca y Ana María Matute Ausejo, se les une, cruzando el océano de la América Latina a España, el gran hombre de letras colombianas, Gabriel José García Márquez.

García Márquez cursa estudios universitarios para dedicarse a la carrera de derecho al igual que García Lorca. Extraña coincidencia que ninguno de los dos se vieron inspirados por sus estudios. Quedando aún más y más desencantado con los estudios que no le inspiran para nada, un buen día alguien le presenta la traducción al inglés de la **METAMORFOSIS** de Kafka. Coincidencia de coincidencias, el autor de la traducción no era otro que Jorge Luis Borges. La lectura de este libro le causó gran efecto y pensó que nunca se hubiera imaginado que se pudiera escribir así. El hecho de que no tuviera que conformarse con la tradición de narrativas y tramas tradicionales confirma la atracción que siente por la palabra escrita que se hunde muy dentro de su ser. García Márquez ha dicho que las descripciones de Kafka se parecían mucho a los cuentos inverosímiles de su abuela. Se despierta en su alma el hambre y la sed de llegar a conocer más y comienza a devorar la palabra escrita de Ernest Hemingway, James Joyce, Virginia Woolf y William Faulkner, después de asociarse con un grupo literario llamado el *grupo de Barranquilla*. Es William Faulkner el que más se mete dentro de su conciencia y comienza a adaptar su estilo que llega a parecerse al de éste. Comienza a leer y a escribir, publicando su primer cuento en 1946 bajo el título de *"La Tercera Resignación"*. Las obras de Faulkner y también el ciclo de **OEDIPUS REX** ejercen gran influencia en sus obras, al principio. Cuando comienza a cambiar de estilo y le preguntan acerca de ésto, solamente dice que había comenzado a leer a Hemingway.

A pesar de las muchas influencias de otros escritores, el estilo de sus obras es ahora muy suyo. Se le ha reconocido como al gran hombre de letras y se le han otorgado numerosos premios, quizás el de más renombre fue el de 1982, el Premio Nobel de Literatura. Después de aceptar este merecido honor, expresa su gran sorpresa a su selección porque según él, debieron de habérselo dado a Jorge Luis Borges ya que en su opinión, Borges se lo merecía mucho más que él. Hay muy pocos en este mundo que demuestren tal nobleza. El noble colombiano se encuentra entre estas páginas con el otro gigante de letras que tanto honró ya que se unen los dos en este conjunto de páginas que representan los Dos Sureños que constituyen el resto de los cinco gigantes del AP.

Revé Tamayo

RESUMEN CRONOLÓGICO DE LA VIDA DE GABRIEL GARCÍA MÁRQUEZ

1928   Nace el 6 de marzo (aunque su padre dice que nació en el año 1927 y no en 1928) en Aracataca, un pequeño pueblecito cerca de Fundación en el norte de Colombia, no muy lejos de la costa del Mar Caribe. Los abuelos maternos, el Coronel Nicolás Ricardo Márquez Mejía y su esposa, Tranquilina Iguarán Cotes, crían al niño. Es durante sus primeros ocho años que aprende de sus abuelos no sólo el conocimiento pero el amor por las leyendas, el folklore y el lenguaje de la región.

1940   Llega a Bogotá a estudiar bajo la tutela de los Jesuitas.

1946   Termina sus estudios de bachillerato en el Liceo Nacional de Zipaquirá. Trabaja como editor del periódico *EL UNIVERSAL*.

1947   Publica su primer cuento, "La Tercera Resignación", en el periódico *EL ESPECTADOR*. Comienza la carrera de derecho en la Universidad Nacional de Bogotá. Conoce a Plinio Apuleyo Mendoza.

1948   El candidato presidencial, Jorge Eliecer Gaitán, muere asesinado. García Márquez se traslada de Bogotá a Cartagena donde continúa sus estudios de la carrera de derecho y comienza a escribir artículos periodísticos.

1949   Abandona la carrera de derecho y comienza a trabajar como periodista y luego editor del periódico *EL HERALDO* de Barranquilla. Se le asigna a una columna regular. Continúa publicando sus cuentos.

1954   Regresa a Bogotá a invitación de su amigo Alvaro Mutis y comienza a trabajar para el periódico *EL ESPECTADOR*.

1955   Publica su primera novela corta, **LA HOJARASCA**. Gana el Premio Nacional por su cuento **"Un día después del sábado"**. Viaja a Ginebra, Suiza, como corresponsal extranjero de *EL ESPECTADOR*. El periódico publica una serie de artículos relacionados con un hecho verdadero que le había contado el único sobreviviente del accidente del destructor *Caldas,* en el cual perecieron siete miembros de la tripulación, a García Márquez. Los artículos, escritos por García Márquez, enfurecen al gobierno del dictador Gustavo Rojas Pinilla. El gobierno clausura el periódico. Sin trabajo, García Márquez se traslada a París. Aquí, aunque sufre gran pobreza, comienza a escribir novelas.

1956   Ya instalado en París, trabaja constantemente en los manuscritos de dos novelas: **LA MALA HORA** y **EL CORONEL NO TIENE QUIEN LE ESCRIBA**. Sigue sin empleo y se dice que vendía botellas vacías que recogía por las calles para evitar el hambre que a veces lo asaltaba. Vuelve a reunirse con Plinio Apuleyo Mendoza.

1957   Termina **EL CORONEL NO TIENE QUIEN LE ESCRIBA**. Viaja por la Europa Oriental, incluso La Unión Soviética. Escribe el ensayo *"Noventa Días Detrás de la Cortina de Hierro"*.

1958   Regresa a la América del Sur y se instala en Caracas, Venezuela. Trabaja como periodista para *MOMENTOS* y *ELITE*. Escribe casi todos los cuentos que más tarde se incorporarán en el volumen titulado **LOS FUNERALES DE LA MAMÁ GRANDE**. Se casa con Mercedes Barcha Pardo en Barranquilla.

1959   La revolución cubana de Fidel Castro derroca el gobierno de Fulgencio Batista. Se le nombra director de la agencia de noticias *PRENSA LATINA*. Viaja a Bogotá, Cuba y Nueva York como director y corresponsal de *PRENSA LATINA*. Renuncia este puesto cuando las fuerzas militares del gobierno revolucionario de Fidel Castro comienzan a interferir con su trabajo en 1961. Entabla una amistad con Fidel Castro que dura hasta hoy día.

1961   Viaja de Nueva York a Méjico por autobús con su esposa y pequeño hijo, haciendo una trayectoria por el Sur de los Estados Unidos como homenaje a Faulkner ya que éste había ejercido gran influencia en sus obras hasta este tiempo. Establece su residencia en la Ciudad de Méjico.

1962   Se publican **LA MALA HORA** y **LOS FUNERALES DE LA MAMÁ GRANDE**. No publica nada a partir de este año y no se dedica a continuar sus esfuerzos en el campo de la ficción hasta el año de 1965. Es también en este año que decide dejar de escribir en este género ya que fuera de Colombia sus obras no parecen ser reconocidas.

1965   En un viaje de vacaciones a Acapulco, con su familia, le asalta la idea que le había escapado por tanto tiempo y regresa de inmediato a su casa. Se retira de todo - se vuelve recluso, en su casa en Méjico, para dedicarse a escribir su obra maestra: **CIEN AÑOS DE SOLEDAD**.

1967   Se publica **CIEN AÑOS DE SOLEDAD** en Buenos Aires. Después de publicar la obra, tarda casi ocho años en seguirla con otra que llegue a las alturas de ésta. Logra hacerlo en el año de 1975.

1969   Gana el Premio Chianchiano, en Italia, por **CIEN AÑOS DE SOLEDAD**. Los críticos franceses seleccionan la novela como el mejor libro extranjero del año.

1970   Aparece la primera edición de **CIEN AÑOS DE SOLEDAD** en inglés. La revista norteamericana *TIMES* la selecciona y califica como "uno de los mejores doce libros del año".

1971   El novelista y crítico peruano Mario Vargas Llosa publica un estudio de la obra de Gabriel García Márquez bajo el título de **GABRIEL GARCÍA MÁRQUEZ: HISTORIA DE UN DEICIDIO**.

1972   Se le otorga el Premio Rómulo Gallegos. Publica **LA INCREÍBLE Y TRISTE HISTORIA DE LA CÁNDIDA ERÉNDIRA Y DE SU ABUELA DESALMADA**. Libros Extranjeros le concede el Premio Neustadt (Books Abroad). La Universidad de Columbia en Nueva York, le confiere el grado honorario de Doctor Honoris Causa.

1973   Publica **CUANDO ERA FELIZ E INDOCUMENTADO**, una compilación de artículos periodísticos escritos a fines de los años de 1950.

1974   Funda la revista izquierdista *ALTERNATIVA* en Bogotá.

1975   Publica **EL OTOÑO DEL PATRIARCA** acerca de un dictador en Sur América.

1977   Publica *"Operación Carlota"*, ensayos acerca del papel que desempeña Cuba en Africa.

1981   Publica **CRÓNICA DE UNA MUERTE ANUNCIADA**. El gobierno francés le otorga *La Legión del Honor Francesa.*

1982   Se le concede el Premio Nobel de Literatura. Después de recibirlo se admira de que se lo hayan concedido a él y no a Borges. Publica **EL OLOR DE LA GUAYABA** - conversaciones con Plinio Apuleyo Mendoza. Escribe un guión cinematográfico titulado *VIVA SANDINO* acerca de los Sandinistas y la revolución en Nicaragua.

1985   Publica **EL AMOR EN LOS TIEMPOS DEL CÓLERA**, una novela inspirada por el cortejo de sus propios padres.

1989   Publica su novela basada en los últimos años del liberador de la América del Sur, el General Simón Bolivar, y la titula **EL GENERAL EN SU LABERINTO**.

1992   Publica otra colección de cuentos que llegan a conocerse bajo el título de **DOCE CUENTOS PEREGRINOS**.

1994   Publica **DEL AMOR Y OTROS DEMONIOS**, la última novela que se conoce, hasta ahora.

1996   Publica **NOTICIAS DE UN SECUESTRO**, un reportaje literario que detalla las experiencias de diez personas secuestradas por el Cartel de Medellín para evitar la extradición del narcotraficante colombiano, Pablo Escobar, a los Estados Unidos.

*   *   *

RESUMEN CRONOLÓGICO DE LAS OBRAS DE GABRIEL GARCÍA MÁRQUEZ

1947 **LA TERCERA RESIGNACIÓN**, cuento

1948 **LA OTRA COSTILLA DE LA MUERTE**, cuento

      EVA ESTÁ DENTRO DE SU GATO, cuento

1949 **AMARGURA PARA TRES SONÁMBULOS**, cuento

      DIÁLOGO PARA TRES ESPEJOS, cuento

1950 **OJOS DE PERRO AZUL**, cuento

      LA MUJER QUE LLEGABA A LAS SEIS, cuento

1951 **NABO, EL NEGRO QUE HIZO ESPERAR A LOS ÁNGELES**, cuento

1952 **ALGUIEN ORDENA ESAS COSAS**, cuento

1953 **LA NOCHE DE LOS ALCARAVANES**, cuento

1955 **LA HOJARASCA**, novela corta

      MONÓLOGO DE ISABEL VIENDO LLOVER EN MACONDO, cuento

1961 **EL MAR DEL TIEMPO PERDIDO**, cuento

1962 **LA MALA HORA**, novela corta

      LOS FUNERALES DE LA MAMÁ GRANDE, cuento

      LA SIESTA DEL MARTES, cuento

      UN DÍA DE ESTOS, cuento

      EN ESTE PUEBLO NO HAY LADRONES, cuento

      LA PRODIGIOSA TARDE DE BALTAZAR, cuento

      LA VIUDA DE MONTIEL, cuento

      UN DÍA DESPUÉS DEL SÁBADO, cuento

      ROSAS ARTIFICIALES, cuento

1967   **CIEN AÑOS DE SOLEDAD**, novela

1968   **EL CORONEL NO TIENE QUIEN LE ESCRIBA**, novela corta

        UN SEÑOR MUY VIEJO CON UNAS ALAS ENORMES, cuento

        EL AHOGADO MÁS HERMOSO DEL MUNDO, cuento

        EL ÚLTIMO VIAJE DEL FANTASMA, cuento

        BLACAMÁN EL BUENO VENDEDOR DE MILAGROS, cuento

1970   **RELATO DE UN NÁUFRAGO**, crónica periodística

        MUERTE CONSTANTE MÁS ALLÁ DEL AMOR, cuento

1972   **LA INCREÍBLE Y TRISTE HISTORIA DE LA CÁNDIDA ERÉNDIRA Y DE SU ABUELA DESALMADA**, cuento

1973   **CUANDO ERA FELIZ E INDOCUMENTADO.** (compilación de artículos periodísticos)

1975   **EL OTOÑO DEL PATRIARCA**, novela

1977   **OPERACIÓN CARLOTA**, ensayos

1978   **INOCENTE ERÉNDIRA Y OTROS CUENTOS MÁS**, cuentos

1981   **CRÓNICA DE UNA MUERTE ANUNCIADA**, novela corta

1982   **EL OLOR DE LA GUAYABA**, conversaciones con Plinio Apuleyo Mendoza

        OBRA PERIODÍSTICA, colección de reportes (tres volúmenes)

1985   **EL AMOR EN LOS TIEMPOS DEL CÓLERA**, novela

1986   **LA AVENTURA DE MIGUEL LITTÍN, CLANDESTINO EN CHILE** (reporte periodístico, serie en diez capítulos)

1989   **EL GENERAL EN SU LABERINTO**, novela

1992   **DOCE CUENTOS PEREGRINOS**, colección de cuentos

1994   **DEL AMOR Y OTROS DEMONIOS**, novela

1996   **NOTICIA DE UN SECUESTRO**, reportaje literario

LA VIDA DE GABRIEL GARCÍA MÁRQUEZ
(EXTRACTOS)

El 6 de marzo de 1928, en un pequeño pueblecito cerca de la costa del Mar Caribe, en el norte de Colombia, nace Gabito (aunque su padre dice que nació en 1927 y no en 1928). Este Gabito que llegará a ser celebrado en 1982 como ganador del más prestigioso premio de literatura en el mundo no es otro más que nuestro Gabriel José García Márquez. Aracataca, cerca de Fundación, se convierte en la cuna del autor.

Sus padres, a cuyo matrimonio se oponían los abuelos maternos, eran Luisa Santiaga Márquez Iguarán y Gabriel Eligio García. El padre, estudiante de medicina por un tiempo, había abandonado la carrera y llegó a Aracataca que en ese entonces disfrutaba del tráfico de bananas. Un hombre de ideas conservativas, sin dinero, y considerado en el pueblo como *hojarasca* (un término despectivo que se refiere a individuos que acaban de llegar al lugar siguiendo el tráfico de las bananas con la United Fruit Co. - una hoja muerta que no sirve para nada excepto barrerla a la calle y deshacerse de ella) no era buen partido para una de las dos hijas del Coronel Márquez Mejía. A pesar de la oposición inicial al matrimonio y la persistencia de los dos enamorados, los abuelos acceden a los deseos de la hija y permiten que se casen. Al nacer nuestro autor y debido a la gran pobreza de sus padres, éstos lo dejan en casa de sus abuelos para que el Coronel y su esposa lo crien.

Los abuelos se quedan con el niñito mientras sus padres se marchan a Sucre. Es en la casa de los abuelos maternos, durante los primeros ocho años de su vida que Gabriel García Márquez comienza a interiorizar todas las experiencias que más tarde derramará en las páginas de sus obras.

Los abuelos, desde un principio, ejercieron gran influencia sobre el niño impresionable. El Coronel, que así era como tanto la familia como la gente del pueblo se referían al abuelo, se consideraba como el héroe del pequeño pueblecito costeño[1]. De ideas liberales y veterano de la "Guerra de los Mil Días", denunció publicamente los asesinatos perpetrados por las tropas del gobierno durante la masacre de 1929. Durante el mes de octubre de 1928, miles de trabajadores bananeros se declararon en huelga contra la United Fruit Co., compañía bananera, debido al maltrato que sufrían

---

1 costeño: resident of a coastal town or village

a manos de la compañía norteamericana. Una noche se reunieron y organizaron una demostración contra la compañía. Para desbandar a los trabajadores, el gobierno conservativo mandó tropas armadas que asesinaron a miles de trabajadores desarmados e indefensos. Durante varios meses después de la masacre, agentes del gobierno contribuyeron a la desaparición de cientos de otros. Se ocultaron la mayoría de los incidentes y se prohibía hablar de los hechos. El gobierno negó que hubiera ocurrido tal represalia. Este incidente y muchos de los cuentos del abuelo con refencia a las atrocidades del tiempo, Gabriel García Márquez los incorpora en **CIEN AÑOS DE SOLEDAD**. Los sucesos de la masacre y los cuentos acerca de la "Guerra de los Mil Días", no son las únicas cosas que le relata el Coronel. Un cuentista de primera categoría, le hace saber al nieto que cuando era mucho más joven se vio precisado a matar a un hombre durante un duelo y le advierte que no hay carga más dura de sobrevivir que saber que por sus propias manos había extinguido una vida humana. Si el abuelo le llena la cabeza de "cosas de hombres", la abuela lo expone al mundo de supersticiones, predestinaciones, portentos y fantasmas. Gabito incorporará, ya hombre, muchos de los cuentos de los abuelos en sus obras.

El Coronel muere cuando García Márquez tiene ocho años y cuando la abuela comienza a ponerse ciega, ella y las tías mandan al niño a vivir con sus padres. El niño deja atrás el único hogar que había conocido desde su nacimiento y se marcha a Sucre a vivir con sus padres a los cuales conocía muy poco. Su padre, que ahora trabaja en una farmacia, manda al jovencito, a los doce años, a un colegio interno. Debido a su gran inteligencia y sus esfuerzos en los estudios, García Márquez se gana una beca para cursar sus estudios de bachillerato en el Liceo Nacional de Zipaquirá. Después de su graduación, y durante una visita a la casa de sus padres, conoce a una niña de 13 años, Mercedes Barcha Pardo, de descendencia egipcia, y pide hacerla su esposa. Se casan catorce años más tarde.

En 1946, a los dieciocho años, accede a los deseos de sus padres e ingresa en la Universidad Nacional de Bogotá, donde se dedica a los estudios de la carrera de derecho. Es en este año que la triste historia de la masacre bananera surge de nuevo en su mente cuando sufre la experiencia de la violencia que resalta otra vez.

Además de la crítica expresada por el abuelo de nuestro autor acerca de la masacre, en párrafos anteriores, un joven político, al mismo tiempo que el abuelo criticaba los hechos cobardes, hacía lo mismo. Este joven miembro del Congreso, en ese entonces, Jorge Eliecer Gaitán, demanda que se investiguen las atrocidades cometidas. Gaitán anuncia que ha llegado la hora del cambio y se convierte en el defensor de los pobres y de los campesinos. Comienza a luchar, por medio de la radio, por un cambio del poder a la democracia; una democracia en la cual las grandes compañías extranjeras (norteamericanas), tendrían que ser más responsables y evitar los abusos de la población que habían existido hasta ese entonces. En 1946 Gaitán causa una ruptura dentro de su propio partido. Llegan las elecciones, los conservativos creen que van a poder ascender, de nuevo, al poder y logran hacerlo. Para defenderse contra una represalia, arman a grupos paramilitares que aterrorizan a los liberales. Comienzan los asesinatos y mueren miles. En 1947 los liberales se apoderan del congreso y eligen a Jorge Eliecer Gaitán como líder del partido. El 9 de abril de 1948 Gaitán muere asesinado en Bogotá. Comienzan tres días de motines durante los cuales mueren más de dos mil personas. Se refiere a este período como al Bogotazo. Se arman ambos campos con ejércitos de guerrilleros que infunden terror en los habitantes de los pueblos y las ciudades, matando hombres, mujeres y niños y quemando, saqueando y destruyendo todo a su alrededor. Más de un millón de personas se refugiaron en Venezuela, huyendo de la violencia. Ya, para 1953, la violencia había reclamado la vida de más de 150,000 personas. Es esta violencia la que García Márquez depicta en **LA MALA HORA**.

El asesinato de Gaitán afecta a García Márquez profundamente y toma parte en los motines del Bogotazo. Las autoridades clausuran la Universidad Nacional y nuestro autor se ve precisado a mudarse a Cartagena. Aquí asiste a la Universidad de Cartagena y escribe para el periódico *EL UNIVERSAL*. Abandona la carrera de derecho y se muda a Barranquilla donde establece una asociación con el *grupo de Barranquilla* - un grupo literario. Por medio de este grupo, llega a conocer las obras de William Faulkner y de Sófocles, entre otros. Recibe la inspiración de *Macondo* del mítico *Yokpapatawpka* de Faulkner. De Faulkner también aprende que el escritor debe de escribir acerca de todo aquello que conoce bien a fondo. Tiene ésto muy en mente cuando regresa con su madre a la casa de los abuelos en Aracataca. Cuando llegan a la casa la encuentran semi-destruída, y se preparan para venderla. Recorriendo el viejo pueblecito costeño que no parece haber cambiado nada, y recordando los viejos cuentos de fantasmas que rondaban la casa según las hermanas de la abuela y la abuela, se inspira, y cuando de regreso a Barranquilla, ya tiene el nombre de su pueblo mítico, *Macondo* (el nombre de una plantación bananera que quedaba como a cinco millas de Aracataca), y el título de su novela corta, **LA HOJARASCA**.

En 1954 regresa a Bogotá y consigue empleo con *EL ESPECTADOR* después de casi un año durante el cual había abandonado su puesto con *EL HERALDO*. Es cuando se encuentra con Luis Alejandro Velasco, el único sobreviviente de un accidente del *Caldas*, un destructor de la marina colombiana, en alta mar en el cual mueren siete miembros de la tripulación y detalla la verdadera versión del incidente en 1955 que sus editores lo mandan fuera del país para evitar una represalia del gobierno. Los editores lo mandan a Italia porque temen la muerte inminente del Papa Pío XII. Se recupera el Papa y García Márquez se pasa a viajar por la Europa Oriental.

El gobierno opresivo de Rojas Pinilla clausura *EL ESPECTADOR* y nuestro autor se encuentra sin trabajo y con escasos fondos.

Viaja a París y aquí descubre las obras de Hemingway y comienza a escribir **EL CORONEL NO TIENE QUIEN LE ESCRIBA** y **ESTE PUEBLO DE MIERDA**, que más tarde cambiará el título a **LA MALA HORA**. Viaja a Londres y luego regresa de nuevo a Sur América, estableciéndose, no en Colombia, pero en Venezuela. En Venezuela se junta con su viejo amigo Plinio Apuleyo Mendoza, editor de *ELITE*. Durante 1957 viaja con Plinio por la Europa Oriental y decide que el comunismo puede llegar a ser tan terrible como la violencia. En 1958 regresa a Colombia, a escondidas, para casarse con Mercedes Barcha Pardo que lo había estado esperando en Barranquilla por más de cuatro años. Después del matrimonio, la lleva a vivir a Venezuela. Escribe acerca de los abusos de los tiranos norteamericanos y renuncia su puesto, al igual que Plinio Mendoza, después que el periódico deja de apoyar los puntos de vista anteriores, debido a la desastrosa visita del Presidente Nixon a Sur-América. Inspirado por la revolución cubana, viaja con su esposa a Cuba y entabla una amistad con Fidel Castro que dura hasta hoy día.

En 1959 nace su primer hijo, Rodrigo, y la familia se muda a la ciudad de Nueva York. Desilusionado con la revolución cubana y debido a las amenazas de muerte que sufre a diario de asilados cubanos, abandona su puesto como Director de la *PRENSA LATINA* y se traslada con la familia a la Ciudad de Méjico. Hace el largo viaje de Nueva York a Méjico en autobus ya que tiene muy poco dinero. Con lo poco que tiene y un préstamo de su amigo Plinio Apuleyo Mendoza, pasa por el Sur de los Estados Unidos para mejor conocer los lugares acerca de los cuales escribía Faulkner. Abandona los Estados Unidos en 1961 y no se le permite volver a entrar al país, de nuevo, hasta 1971. Su segundo hijo, Gonzalo, nace en 1962. Se desespera porque sus obras se venden muy poco y no logra dar con la idea del *Macondo* que siempre parece eludirlo.

Durante un viaje de vacaciones a Acapulco, con la familia, en 1965, le llega la inspiración, da vuelta atrás y regresa a casa de inmediato. Mientras su esposa se ocupa de los hijos y de las necesidades de la casa, vendiendo lo que puede de sus pertenencias y recibiendo préstamos de amigos y vecinos para mantener a la familia a flote, García Márquez se dedica exclusivamente a la creación de su obra cumbre - **CIEN AÑOS DE SOLEDAD**. El tono de la novela, según García Márquez, es el mismo tono que su abuela usaba cuando contaba los cuentos que tanto le entretuvieron durante su niñez.

Después de agonizar por tantos años por la falta de reconocimiento de su talento y pasar tanta pobreza, en un abrir y cerrar de ojos, su vida cambia cuando

CIEN AÑOS DE SOLEDAD se publica durante el mes de junio de 1967. Se vendieron 8,000 copias durante la primera semana, las impresiones comenzaron a hacerse una por semana. En menos de tres años se vendieron más de medio millón de copias. Se tradujo en más de dos docenas de idiomas y cuatro países extranjeros le otorgaron sus más valiosos premios literarios. A partir de 1967, el mundo llegó a conocer a Gabriel José García Márquez. Continúa escribiendo y decide escribir acerca de un dictador. Muda a su familia a Barcelona donde se pasan dos años durante el gobierno de Francisco Franco. Entre 1972 y 1973 publica *"LA INCREÍBLE Y TRISTE HISTORIA DE LA CÁNDIDA ERÉNDIRA Y DE SU ABUELA DESALMADA"* y **CUANDO ERA FELIZ E INDOCUMENTADO**. En 1975, **EL OTOÑO DEL PATRIARCA** no recibe el elogio que esperaba ya que muchos esperaban que se repitiera *Macondo*. Después de sus triunfos como escritor, muda a su familia de nuevo a la Ciudad de Méjico a una casa nueva. Comienza a ayudar causas izquierdistas en los países de Latinoamérica y Angola y funda y apoya a HABEAS, una organización que se dedica a denunciar los abusos de gobiernos represivos y a ayudar a rescatar a prisioneros políticos.

A pesar de que mantiene que su gran amistad con Fidel Castro continúa, ha criticado mucho, en una serie de ensayos, la revolución cubana y la vida de los cubanos bajo el gobierno de Castro. Lo ha hecho, a pesar de que el mismo Fidel lo ayudó a editar su **CRÓNICA DE UNA MUERTE ANUNCIADA**, publicada en 1981.

El Premio Nobel de Literatura le espera y se lo otorgan en 1982. Le parece increíble y después de aceptarlo, piensa que quizás se lo hubieran dado a Borges que tanto lo esperó y lo eludió. Continúa en su nobleza y continúa con sus obras cuando aparecen **EL OLOR DE LA GUAYABA** - conversaciones con su amigo Plinio Apuleyo Mendoza, en 1982; **EL AMOR EN LOS TIEMPOS DEL CÓLERA** - gran parte de la cual se basa en el extraño cortejo de su padre con su madre, en 1985; **LA AVENTURA DE MIGUEL LITTÍN, CLANDESTINO EN CHILE** - un reporte periódistico acerca de la entrada de Littín en Chile clandestinamente logrando filmar dentro del país sin que las autoridades se dieran cuenta de que estaba allí, en 1986; **EL GENERAL EN SU LABERINTO** - durante un viaje de siete meses río abajo, Simón Bolivar, a los escasos cincuenta años, repasa en su mente toda su vida, en 1989; **DOCE CUENTOS PEREGRINOS** - doce cuentos de caracteres latinoamericanos en Europa, en 1992; **DEL AMOR Y OTROS DEMONIOS MÁS** - una novela que toma lugar en un pueblo de la costa y cuenta la historia de una joven que puede o no haber contraído rabia, en 1994 y **NOTICIA DE UN SECUESTRO** - un reportaje literario que describe las experiencias del secuestro de varias personas, entre ellas Maruja Pachón Villamizar y su cuñada, que tenían conexiones políticas, a manos del cartel de Medellín que estaban tratando de evitar la extradición de Pablo Escobar, narcotraficante, a los Estados Unidos, en 1996.

OBRAS SELECTAS

Críticos y estudiosos de las obras de Gabriel García Márquez han sugerido que nuestro escritor ha experimentado con diferentes estilos durante su larga carrera. Al principio, después de leer la **METAMORFOSIS** de Kafka, en traducción de Borges, encuentra su estilo tan sorprendente y tan parecido a las historias y cuentos de la abuela que decide adoptarlo como suyo y comienza a escribir de una manera semejante. Después de Kafka conoce las obras de William Faulkner, de nuevo por medio de traducciones de Borges. Cuando alguien le pregunta, cuando cambió del estilo que se parecía tanto al de Faulkner, se dice que con una sonrisa en los labios respondió que lo había hecho después de descubrir a Hemingway. Hoy día se refiere al estilo de García Márquez como al "realismo mágico". En otras palabras, a García Márquez se le conoce, después de **CIEN AÑOS DE SOLEDAD**, como al *mago del realismo*.

Según nuestro autor, que mucho de lo que escribía lo tiraba en maletas u otros lugares donde lo único que hacían era recoger polvo, él comenzó a escribir porque le molestaba la falta de respeto y el poco valor que se le daba a las obras de escritores latinoamericanos. Parecía que nadie los tomaba en serio. Si Unamuno trató de sacudir a sus compatriotas de la abulia intelectual, García Márquez trató y también logró sacudir al resto del mundo de otro tipo de abulia, la falta de reconocimiento de las enormes contribuciones de los escritores latinoamericanos. Mucho de lo que él escribió, al principio, llegó a ver la luz del día gracias a los amigos que mandaban los manuscritos a editores.

Al comenzar a leer los primeros cuentos de Gabriel García Márquez, tenemos que hacer un gran esfuerzo para determinar si en realidad estamos leyendo a García Márquez, el autor elogiado, o estamos leyendo la traducción de uno de los muchos cuentos de Kafka. *"LA TERCERA RESIGNACIÓN"*, al igual que *"LA COSTILLA DE LA MUERTE"* y *"EVA ESTÁ DENTRO DE UN GATO"* son ejemplos de ésto:

LA TERCERA RESIGNACIÓN

El protagonista y único personaje de este cuento es un muerto. Al principio, el muerto detalla un ruido insistente que es incapaz de parar y nos informa que lo había sentido el día que se murió por primera vez. A medida que leemos, nos enteramos de que el muerto tenía siete años al tiempo de su muerte y que él creyó haberle oído decir al médico, que hablaba con su madre, que el hijo estaba en una "muerte viva". Debido a la crisis de una fiebre tifoidea, contraída, y el pronunciamiento del médico, la madre manda a pedir un ataúd pequeño, pero el médico insiste que debe ser un ataúd grande para que el niño crezca en él, ya que era la única manera de saber que el niño vivía, a medida que crecía dentro del ataúd. El muerto describe como le crecía la barba al pasar los años y como la madre se la arreglaba. Entonces comienza a relatar su miedo de los ratones que vengan a comerlo y detalla que recuerda llegar a ser mayor de edad (25 años) y el temor que sintió cuando su madre dejó de medirlo ya que no crecía más y comenzó a olerlo.

Determina que todo a su alrededor le niega la muerte, todo menos el olor y pensó con horror que quizás lo iban a enterrar vivo. Pero el olor a "carne manida" se le hacía aún más fuerte y no soportaba que sus parientes y su madre llegaran a taparse la nariz y escupir debido al mal olor de su carne podrida. Ésto no lo puede aguantar y se resigna tanto a morir que lo hace.

LA OTRA COSTILLA DE LA MUERTE

El segundo cuento que continúa con los olores de la muerte y los insectos, sobre todo el grillo con su música impertinente que interrumpe el sueño o la pesadilla se refiere a un hombre que se despierta sobresaltado. Este hombre parece encontrarse dentro de una pesadilla en un tren. En el tren se saca un destornillador del bolsillo para arrancarse o cortarse lo mejor que pueda un tumor que le está creciendo en el dedo del medio del pie. Se saca lo que tenía dentro del tumor y continúa oliendo el formaldehído que parece provenir del cuarto contiguo al suyo. A manera que continúa la narración, el protagonista nos hace saber que el cadáver de su hermano gemelo,

237

idéntico a él, yace en el otro cuarto. La muerte parece que se debe a la gangrena y un tumor en el vientre. Describe la agonía del muerto antes de morir e indica que lo único que parece separarlo de su doble, tan idéntico a él en su físico, es la muerte. "Entre él y su tumba sólo se interponía su propia muerte. Resignado, oyó la gota, gruesa, pesada, exacta, que golpeaba en el otro mundo ..."[1]

EVA ESTÁ DENTRO DE SU GATO

Al principio, el autor describe que la mujer, protagonista, había notado que su belleza se había disipado. Parece describir una mujer desvelada con una fiebre muy alta que quiere ser una mujer ordinaria y no bella. La protagonista siente que unos insectos de infinitésimo tamaño le recorren las arterias por todo el cuerpo. Maldice al padre y a los antepasados que parece han heredado, de unos a otros, y ahora ella, una enfermedad de microbios.

La mujer recuerda un ¨niño¨ enterrado bajo el naranjo y se antoja de comer una naranja pero tiene miedo de comerse parte del niño si lo hace, ya que el niño debe de estar creciendo por todas partes del naranjo y dentro de las naranjas.

Piensa que logra salir de su cuerpo y necesita reincarnarse. Se imagina "metida dentro del cuerpo del gato" y tiene miedo que se vea precisada a comer ratones, y le da asco, cuando lo que más quiere es comerse una naranja. Comienza a desandar por la casa y lo encuentra todo cambiado, tanto dentro como afuera, en el jardín - todo lo que encuentra son montones de arsénico en diferentes lugares y realiza que habían pasado tres mil años a partir del día en que se le antojó comerse una naranja.

Si algunos de los primeros cuentos, tales como *"EVA ESTÁ DENTRO DE SU GATO", "LA TERCERA RESIGNACIÓN"* y *"LA OTRA COSTILLA DE LA MUERTE",* emulan el estilo de Kafka, **LA HOJARASCA** emula el estilo de William Faulkner en su **AS I LAY DYING**, aunque García Márquez no se vale de tantos personajes para relatar los acontecimientos que los unen al protagonista.

---

1 García Márquez, Gabriel, **TODOS LOS CUENTOS**, Editorial Oveja Negra, Bogotá, Colombia, 1994, p. 22

LA HOJARASCA

LA HOJARASCA, con once capítulos, se lleva a cabo por medio de las narraciones que se ofrecen del punto de vista de tres personajes diferentes: el niño, de cuyo nombre nunca nos enteramos, el coronel/abuelo, sin otro nombre, y la madre. La madre, Isabel/Chavela, participa, al igual que el niño y el abuelo/coronel, en la descripción de los hechos. Cada uno describe los mismos acontecimientos pero los interpreta de diferente manera. García Márquez introduce, ésta, su primera novela corta, por medio de los diferentes personajes que relatan la historia del protagonista, el doctor/forastero, al mismo tiempo que nos dejan ver, aunque no muy ampliamente, algo acerca de cada uno de ellos. Las narraciones en cada capítulo, detalladas, ya sea por el niño, la madre y/o el coronel, se hacen desde el punto de vista de observadores de la vida a su alrededor y no como participantes en los hechos. Vale notar, que fuera de Isabel, los únicos individuos que poseen nombres propios son Adelaida, la segunda esposa del coronel y madrastra de Isabel; Meme, la india guajira que sirve de criada en la casa hasta que se marcha a vivir con el doctor; y Martín, el padre del niño y estafador de los bienes del abuelo/coronel, que abandonó a la familia hace más de once años.

Antes de comenzar la novela, nos encontramos con un tipo de introducción que trata de prepararnos para la lectura. Escrita en Macondo con la fecha de 1909, nos deja saber que la Compañía bananera llega al pueblo en el tren, con la hojarasca que la sigue a todas partes, detrás. Cuando llegan a los pueblos arrasan lo que encuentran y cuando se marchan dejan atrás un pueblo muerto, lleno de pobreza tanto material como espiritual y ensimismado en su soledad.

LA HOJARASCA comienza y termina con la muerte y velorio del odiado médico del pueblo. El coronel ha llevado a su hija para que lo acompañe a la casa del muerto que se había suicidado (ahorcado por sus propias manos). Por su parte, la hija, que no quiere asistir, no sólo porque detesta al muerto pero por el odio del pueblo hacia el médico, lleva al niño para que le sirva de compañía a ella. Los recuerdos de los acontecimientos de cada uno, durante el velorio, nos da a conocer lo siguiente:

El coronel había llegado al pueblo con su primera esposa después de un arduo viaje en mulas. La esposa, que estaba en estado, había "ido directamente de la mula al mecedor ... su travesía desde el mecedor hasta el lecho tuvo todo el dolor, la amargura y las penalidades que no tuvo el viaje realizado hacía pocos meses, pero no llegó hasta donde sabía que debía de llegar hasta cumplir el último acto de su vida."[1] La esposa muere después del parto y deja al coronel con una hija, Isabel. El coronel, que había leído que cuando se muere una persona querida debe de sembrarse un jazminero, siembra la enredadera en honor de la muerta que había querido y al año, se casa con Adelaida.

Un día, cuando el coronel y su familia están almorzando, Meme entra al comedor anunciando que un desconocido quiere ver al coronel. El coronel sigue almorzando y la esposa va a la oficina a ver quien es. Lo único que logra sacarle al forastero es que quiere ver al coronel. Por fin, cuando el coronel se presenta a hablar con el forastero, éste le presenta una carta de recomendación escrita por el coronel Aureliano Buendía, Intendente General del Litoral Atlántico durante la Guerra Grande. Adelaida, que cree que el forastero es un hombre de gran importancia, manda a Meme, la joven india guajira que les sirve de sirvienta a que la ayude a preparar todo para una gran comida para el forastero. Se sientan a comer y el forastero rechaza lo que le ofrecen y pide que le preparen una sopa de hierba que comen los burros. La comida es un desastre, y todos menos el coronel se sienten muy molestos con la presencia del hombre. No se sabe como, pero el coronel invita al forastero a que se quede a vivir con ellos. El forastero, que también es médico, se queda a vivir en la casa ocho años y comienza a ejercer su profesión.

El médico no le cae bien a nadie, pero van a verlo porque es el único médico en el pueblo. Llega la Compañía bananera, con sus médicos. La gente del pueblo abandona al forastero y se va con los médicos de la Compañía. Con la hojarasca, también llega un joven llamado Martín.

El médico le salva la vida al coronel y se opina que lo ha hecho porque necesita a alguien que lo entierre cuando se muera, ya que sabe que el coronel es un hombre honorable y se ocupará de su entierro cuando le llegue la hora. Meme se enferma y cuando el coronel entra al cuarto del médico a decirle que su esposa quiere que él venga a atenderla, éste le contesta que Meme no tiene nada grave, que sólo está embarazada. El coronel se escandaliza cuando se entera de que Meme y el médico habían tenido relaciones sexuales en su propia casa, abusando de su generosidad. Le dice al médico que debe de casarse pero el médico le dice que no porque no es la primera vez que Meme había salido en estado y que no sabe si él es el padre o no ya que Meme es una prostituta y duerme con cualquiera. Al otro día, Meme se marcha de la casa con el médico y se pone a vivir con él abiertamente. El médico, con el dinero que había guardado ya que vivía del coronel, abre un botiquín y él y Meme

---

1   García Márquez, Gabriel, **LA HOJARASCA**, Editorial Oveja Negra, Ltd., Bogotá, Colombia, 1994, p. 29

viven en la trastienda. Después de un tiempo, Meme se marcha del lugar pero nunca se sabe ni por qué ni dónde.

Debido a los abusos de la Compañía bananera, la hojarasca organiza un motín. Intervienen las autoridades y hay muchos muertos y heridos. Los médicos de la Compañía no pueden asistir a todos los heridos y se los llevan al médico abandonado. Éste se niega a atender a los heridos y de ahí proviene el odio del pueblo que desean verlo muerto y podrido sin que nadie entierre el cadáver.

Cuando el coronel se entera de que el médico está muerto, le pide a su esposa que lo acompañe a casa del muerto, pero Adelaida se niega a hacerlo. El pueblo quiere no sólo ver al médico muerto, pero que su cadáver se pudra sin que nadie le de cristiana sepultura. El coronel sabe que el pueblo lo odiará a él también, pero considera su deber proporcionarle un ataúd y enterrar al muerto.

Mientras dos hombres que trabajan para el coronel, cortan la horca y meten al muerto en el ataúd, Isabel piensa en el marido que la abandonó a los cinco años de casada. El coronel, que le había tomado gran afecto a Martín mucho antes del matrimonio, quería hacerlo su yerno a toda costa. Aún cuando Martín abandona a la hija y le roba todos los bienes, el coronel se niega a escuchar a que alguien hable mal de Martín.

El alcalde del pueblo llega a la casa del muerto y trata de evitar el entierro valiéndose de muchos alardes, pero el coronel lo vence y logra su propósito.

El niño relata sus observaciones, pensando que más parece domingo que miércoles ya que no había tenido que ir a la escuela y describe todo a su alrededor por medio de los olores, ya sean los diferentes cuartos o las diferentes cosas, y piensa en los amigos, uno en particular con quien quisiera estar solo, y en lo molesto que está sentado obligado a ver al muerto.

LA MALA HORA

Se refiere a la opresión de un pueblo durante el tiempo de *la violencia*. Al principio, esta novela corta se conoció bajo su título original de ***"Este pueblo de mierda"***. Escrita durante su estancia en París, la había abandonado como muchas otras obras en una maleta. Los amigos lo convencieron que la presentara a un concurso literario y así lo hizo después de revisarla. Después de ganar el premio por la obra, que aparece bajo el título que llegamos a conocer, se publica en Madrid. No se reconoce ya que el editor cambia el lenguaje del autor y lo sustituye por el español de España. Destrozado, García Márquez rechaza la obra publicada hasta que finalmente se publica tal como él la había escrito, en la Ciudad de Méjico en 1966.

Muchos de los personajes que llegamos a conocer en **EL CORONEL NO TIENE QUIEN LE ESCRIBA**, también toman parte en esta novela: el padre, el médico y el alcalde. La trama se centra en el odio y la desconfianza que reina en un pueblo donde la gente no se lleva muy bien ya que debido a la política se tienen miedo por la posibilidad del delato. A medida que progresa el relato, aparecen sin saber quien lo hace, carteles anunciando cosas acerca de varios de los ciudadanos. La malicia y la violencia reinan en un ambiente de desesperación y desconsuelo.

LOS FUNERALES DE LA MAMÁ GRANDE

Se refiere a la *Mamá Grande* como a la soberana del reino de Macondo que murió a los 92 años y era tan sumamente importante que tanto el Papa como el Presidente de la República acudieron a su velorio. El autor describe a la familia como un grupo de parientes los cuales se casan unos con los otros, manteniendo entre ellos tanto la sangre como la fortuna de la familia. La *Mamá Grande* regía y dominaba a todos a su alrededor con una mano de hierro. Después de que se muere y sacan el cadáver de la casa, aún antes de enterrar a la *Mamá Grande,* sus herederos cierran las puertas de la casa y se reparten todos los bienes, incluso desbaratan la casa para repartirse entre ellos todo lo que allí se encuentra de valor, sin reparar en la muerte de la que por tantos años había sido la reina y señora del imperio de la familia y los alrededores de Macondo.

EL CORONEL NO TIENE QUIEN LE ESCRIBA

Al comienzo, el coronel le lleva una taza de café a la esposa que está acostada en la hamaca después de pasar mala noche debido al asma. Cuando la mujer le pregunta donde está su café, el coronel miente y le dice que ya se lo había tomado para que ella no se entere de que no hay más en la casa. Mientras conversan, el coronel se empieza a vestir para asistir al entierro de un joven amigo del hijo muerto que según él, era el único del lugar que había muerto de muerte natural. El hijo del coronel había muerto a manos de agentes del gobierno por ocuparse de asuntos clandestinos.

El coronel está enfermo pero se niega a decir que no se siente bien. El médico del lugar lo atiende a él y a su esposa y nunca le cobra, diciéndole que le pasará una cuenta cuando gane el gallo de pelea que el coronel está criando. Le da papeles con noticias clandestinas que el gobierno no permite que se impriman y le dice que cuando termine de leerlas que se las pase a otros.

El poquito dinero que tienen, debido a la venta de la máquina de coser del hijo muerto (hacía nueve meses), se les está acabando y han vendido todo lo que han podido para sobrevivir. El coronel quiere poder alimentar el gallo que según él va a ser la salvación de su esposa y de él y continúa esperando su cheque de pensionario del gobierno ya que era veterano de la gran guerra. Todos los viernes espera la lancha con el correo y nunca recibe nada. Por quince años espera su pensión que nunca llega. Un día, que se encuentra con el médico que también está esperando el correo, y ve la cantidad de cartas, periódicos y folletos que recibe el médico, le dice, "yo no tengo a nadie que me escriba".

El coronel y su esposa necesitan comprar café, maíz para el gallo y sólo les queda cincuenta centavos. El dinero sólo les alcanza para comprar maíz para el gallo. El coronel decide ir a ver a su abogado y le dice que va a cambiar de abogados si no le consigue la pensión a la cual tiene derecho. El abogado le informa que el gobierno tiene muchos problemas y no tienen con que pagarle. El coronel regresa a su casa y escribe una carta. Se les acaba el dinero y la comida y aún el gallo comienza a pasar hambre. La mujer le pide al coronel que se deshaga del gallo. El coronel se niega a hacerlo y le dice que dentro de tres meses el gallo les ganará todo el dinero que necesiten aunque por ahora tengan que pasar hambre.

El coronel trata de vender el gallo a insistencias de su mujer y la mejor oferta que consigue es cuatrocientos pesos en vez de los mil que se cree que vale. Nadie quiere pagar tanto porque tienen miedo a la violencia y la matanza que ocurre en las galleras. Comienza el entrenamiento de los gallos en las galleras y el coronel va y encuentra su gallo allí. El coronel coge y se lleva su gallo a la casa y la mujer le dice que habían venido y se habían llevado el gallo a la gallera a la fuerza. El coronel decide, después de venderle el gallo a Sabas, que le va a devolver su dinero y deshacer el trato - le pide a la mujer que devuelva lo que se ha comprado y que el resto del dinero que se debe se le pagará a Sabas cuando le llegue la pensión. La mujer le dice que él siempre dice lo mismo y la pensión nunca va a llegar y los dos se van a morir de hambre mientras continúan dando de comer al gallo.

Cuando la mujer lo acusa de ser un desconsiderado y le pregunta que van a comer en los cuarenta y cinco días que faltan para la pelea del gallo, el coronel le responde: "Mierda." [1]

CIEN AÑOS DE SOLEDAD

CIEN AÑOS DE SOLEDAD es simultáneamente la historia de la creación de Macondo, el pueblo mítico de García Márquez, y la de una familia, los Buendía. Tanto el pueblo como la familia están entrelazados el uno con la otra. La novela comienza cuando el coronel Aureliano Buendía, que se encuentra frente a un pelotón de fusilamiento, da marcha atrás a sus recuerdos. Recuerda la tarde en que su padre lo había llevado a conocer el hielo en Macondo y nos abre la puerta al resto de la historia:

José Arcadio Buendía se había casado con Úrsula Iguarán, su prima. Con su matrimonio, comienza la historia de la primera de siete generaciones que se detallan en la novela. Úrsula no permitió que su marido tuviera relaciones amorosas con ella, cerca de año y medio, porque temía tener un hijo con cola de cerdo, ya que esa era la tara que amenazaba a la familia por los muchos casos de incesto entre ellos. Un día que José Arcadio va a la gallera y su gallo le gana una pelea al gallo de Prudencio Aguilar, su amigo, éste lo insulta enfrente de todos y lo acusa de que su gallo es más hombre que él. José Arcadio amenaza a Prudencio Aguilar con matarlo y le atraviesa la garganta con una lanza. La muerte de Aguilar y el hecho de que tanto Úrsula como su marido ven al muerto varias veces, a pesar de que la muerte se clasifica en el pueblo como un duelo de honor, les remuerde la conciencia a los dos.

José Arcadio y Úrsula deciden abandonar el pueblo, pero antes de hacerlo,

---

1 García Márquez, Gabriel, **EL CORONEL NO TIENE QUIEN LE ESCRIBA**, Editorial Oveja Negra, Bogotá, Colombia, 1994, p. 69.

José Arcadio mata todos los gallos de pelea y entierra la lanza. Un grupo de hombres, jóvenes como él, se marchan con sus respectivas familias y todas sus pertenencias y lo siguen. Por un poco más de dos años buscan un lugar que dé al mar pero no lo encuentran y determinan quedarse donde han llegado.

José Arcadio decide ponerle el nombre de Macondo al lugar, al lado de un río, donde todas las casas se construyen semejantes a la de él. El principio de Macondo es el principio de una aldea ordenada donde se aceptan todos los animales menos los gallos de pelea, los cuales se prohiben debido a la circunstancia bajo la cual se fueron de su antiguo pueblo.

Úrsula y José Arcadio tienen tres hijos. El primero, José Arcadio, nace durante el éxodo de la sierra abajo, el segundo, Aureliano, nace en Macondo, y la tercera, Amaranta, nace muchos años más tarde cuando los hermanos ya están bastante grandes.

Mientras todos están muy ocupados tratando de ordenar "su pueblo", llega un grupo de gitanos con un hombre que parece ser el líder del grupo llamado Melquíades. De Melquíades, José Arcadio, padre, aprende muchas cosas y trata de comprender el mundo por medio de las invenciones que los gitanos traen al pueblo durante sus visitas. Estas cosas trastornan mucho a Úrsula. De los diferentes viajes a la aldea que hace Melquíades, José Arcadio, padre, salta de un experimento científico a otro, uno de los cuales es cuando descubre que la naranja es redonda, relacionándola con el mundo. Úrsula le dice que si se está volviendo loco lo tendrá que hacer por su propia cuenta ya que ella no tenía ninguna intención de enloquecer con él. José Arcadio, padre, reúne un grupo de sus compañeros y sale a explorar a buscar el lugar original antes de llegar a Macondo, para establecerse de nuevo. Después de desandar unas semanas, decide que Macondo es una isla, no una península como se había creído y cuando regresa a su casa, anuncia que se van a mudar todos, aunque todavía no había encontrado el lugar que buscaba originalmente. Úrsula se niega a irse y convence a todas las mujeres del pueblo que deben negarse a hacerlo. José Arcadio, padre, no tiene más remedio que aceptar la voluntad de su mujer y por primera vez se da cuenta de que sus hijos están creciendo y necesita ocuparse de ellos e instruirlos. En este momento, Úrsula se convierte en la matriarca y mantiene consigo el poder que hasta este entonces le pertenecía a su esposo, José Arcadio.

Los hijos crecen. José Arcadio, hijo, que se encuentra físicamente bien desarrollado, sostiene relaciones con Pilar Ternera y cuando un día ella le dice que va a tener un hijo, en cuanto llega una grupo de gitanos diferentes al grupo de Melquíades, él se marcha de Macondo con ellos. José Arcadio, padre, se pone triste, no sólo por la pérdida del hijo pero también cuando se entera de que Melquíades había muerto en Singapúr. Úrsula se marcha a buscar al hijo y cuando regresa airosa, pero sin el hijo, José Arcadio, padre, quiere saber por qué ella está tan contenta. Úrsula le cuenta que ella había encontrado la salida al mar que el grupo había buscado tanto antes de llegar a Macondo. No encontró a su hijo José Arcadio pero todos esperan que regrese cuando los gitanos regresen otra vez a la aldea.

Úrsula, que para este entonces ya tiene una hija, Amaranta, se hace cargo de una huérfana que no conoce pero que se la mandan porque parece ser prima de ella y no hay nadie que la cuide, Rebeca. Rebeca come tierra y cal que le quita a las paredes. Ella también padece de un insomnio que se pega y todos en el lugar lo cogen. Parte de la enfermedad es que todos se olvidan de las cosas. Cuando el pueblo comienza a perder la memoria más y más se aparece Melquíades que los salva con un remedio y le dice a José Arcadio, padre, que como se negaba a aceptar su muerte había regresado, ya que le aburría ese estado. Un día que Úrsula se fija que las niñas habían crecido ante sus propios ojos sin ella darse cuenta, tan ocupada como estaba con sus negocios, decide ampliar la casa y construye una casa enorme para que toda la familia se vea más a gusto y puedan convivir juntos. También hace que le fabriquen un cuarto a Melquíades cerca del taller de su marido y de su hijo Aureliano para que se quede con ellos.

Llega un Corregidor al pueblo y ordena que las casas deben pintarse de cierto color, azul. José Arcadio se entrevista con el corregidor y lo bota de Macondo. El corregidor regresa con soldados y acuerdan una paz si manda a los soldados fuera. Apolinar Moscote, el corregidor trae a su familia que consiste de su esposa y siete hijas. Seis mayores y una chiquita, Remedios, que todavía juega con sus muñecas y se orina en la cama.

Aureliano, el hijo mayor se enamora de Remedios y pide que sus padres vayan a pedir su mano. Los padres lo hacen y los Moscotes se asombran que el hombre se quiera casar con una niña. Aureliano acepta esperar a que crezca un poco más y llegue a ser mujer. Luego se casan. Remedios sale en estado y se muere envenedada por Amaranta que trataba de envenenar a su propia hermana porque estaba enamorada de Crespi.

Aureliano, a pesar de que pierde a la mujer/niña que se creyó quería, no parece entristecerse por la pérdida. Continúa visitando a su suegro que le explica la diferencia entre los conservadores y los liberales, y éste le permite ver durante las elecciones que toman lugar en el pueblo que después que todos votan, los soldados a su mando cambian los votos para favorecer a los conservadores. Después de observar ésto, Aureliano decide que es liberal porque para sí, los conservadores eran unos tramposos. Sus amigos que llegan a conocer sus sentimientos, lo introducen al médico, Alirio Noguera, (que se pasa por médico porque no lo es) del lugar que es liberal. Después de tratarlo, Aureliano se da cuenta de que es un terrorista y no quiere tener nada más que ver con él.

Estalla la guerra de los Mil Días, Aureliano se marcha como coronel. Regresa su hermano José Arcadio. Le hace el amor a su hermana Rebeca y se casan tres días más tarde. Úrsula los bota de la casa. José Arcadio reclama las tierras que su padre había dado a la gente que habían venido con él y luego hace un trato con el hijo que tuvo con Pilar que ahora manda en Macondo para que se cogiera el dinero que cobraba mientras él se quedaba con las propiedades. Úrsula se entera y le da golpes al nieto y termina siendo la persona que manda en el lugar. Tropas del gobierno invaden el lugar y Arcadio trata de impedir que tomen a Macondo y muere fusilado, por ignorar las órdenes de su tío el coronel Aureliano Buendía. A la muerte de Arcadio, se queda sola la mujer, Santa Sofía de la Piedad, a quién su madre le había mandado después que trató de seducirla, con sus dos hijos gemelos: José Arcadio Segundo y Aureliano Segundo.

Mientras tanto, Pietro Crespi, a quien Rebeca había abandonado, pretende a Amaranta. Amaranta lo rechaza a pesar de que ella hasta había tratado de envenenar a su propia hermana para casarse con él y había envenedado a su cuñada por error. Pietro Crespi se suicida. Pasa el tiempo y el general Gerinaldo Márquez la pretende pero ella tampoco lo acepta. Amaranta y el sobrino se bañan y acuestan juntos y cuando este Aureliano José trata de hacerle el amor ella lo para diciéndole que es su tía, que no está bien y que pueden nacer hijos con cola de cerdos. Aureliano José le dice que no le importa, pero ella no le permite que se acueste más con ella.

Aureliano Buendía cae prisionero y los soldados lo llevan a Macondo para fusilarlo. En el momento que van a disparar, su hermano llega con la escopeta en la mano y obliga a los soldados a soltarlo. Continúa la guerra. Después que se termina la lucha, Aureliano regresa a su casa y vuelve a hacer los pescaditos de oro de antes.

Los cambios en Macondo continúan. De una aldea primitiva cambia al pasar del tiempo. Cambian las casas, termina la guerra, llegan diferentes tipos de gente, llega la luz eléctrica, cambia la gente, llega el tren a Macondo y la Compañía bananera. Continúan los Buendía. Llegan los diez y siete hijos bastardos de Aureliano a visitarlo y mueren asesinados. Las generaciones continúan y siguen los incestos. La soledad reina en los corazones de todos los que participan en la historia. Ninguno realmente se quiere. Cuando se habla de Aureliano se dice que no siente afecto por nadie y añade que el único afecto que sentía había sido por el hermano cuando eran niños, pero no había sido el amor que los unía sino la complicidad de la mujer que los dos deseaban. También Úrsula, cuando piensa que va a morir el hijo, el autor nos dice que se puso a buscar un recuerdo de su hijo y no pudo encontrar ninguno.

Según García Márquez, los únicos Buendías que de verdad se quisieron fueron la tía y el sobrino, Amaranta Úrsula y Aureliano, al final, tuvieron un hijo que nació con la cola de cerdo y la madre murió después del parto. Todos sumidos en la soledad.

RELATO DE UN NÁUFRAGO

Este relato verídico se basa en los hechos que ocurrieron cuando ocho miembros de la tripulación del destructor de la marina colombiana *CALDAS* cayeron al mar. Debido al enorme peso de contrabando no se podía maniobrar el destructor para rescatar a los hombres que las altas olas hicieron desaparecer de la cubierta. Uno de ellos logra salvarse, después de pasarse diez días en una balsa, sin agua y sin comida. Los otros siete perecieron ahogados. El gobierno había anunciado que los hombres habían sido arrastrados debido a una tormenta, pero no había tal tormenta el día de la tragedia.

Al principio, cuando encuentran al sobreviviente, Luis Alejandro Velasco, el gobierno de Rojas Pinilla lo obliga a detallar una falsa rendición de los hechos. Después que todos lo tildan de héroe, Velasco no puede aguantar más y trata de rectificar la mentira contándole la verdad de lo que había ocurrido. García Márquez, cuando su periódico le encarga que entreviste y escriba la historia de los hechos, entrevista y escribe los detalles de los diez días, que aparece bajo el nombre de Velasco. Velasco pierde su puesto y García Márquez por poco pierde su vida.

Velasco, por medio del autor, relata los sucesos antes del destructor zarpar de Mobile, Alabama y los hechos durante la travesía, el accidente y su rescate después de llegar a las orillas de su tierra natal. Añade que si el destructor no hubiera estado tan cargado con las estufas, máquinas de lavar, refrigeradores y demás cosas, hubiera podido maniobrar evitando así la pérdida de vidas. Después del autor publicar este relato en forma de libro, lo que se gana por la venta, hace que se lo manden a Velasco, para que así pueda mantenerse, ya que parece haberlo perdido todo menos la serenidad de su conciencia.

LA INCREÍBLE Y TRISTE HISTORIA DE LA CÁNDIDA ERÉNDIRA Y DE SU ABUELA DESALMADA

Esta historia tiene su comienzo en una mansión en el desierto. La protagonista del cuento es una niña de unos escasos catorce años que se encuentra bañando a su abuela que es tan enorme que parece una ballena. Eréndira, que es hija ilegítima del hijo muerto de la abuela, Amadís, es una esclava de la abuela, limpiando, cocinando, lavando, planchando y bañando a la abuela. Un día de mucho viento, al que se refiere como el día de la desgracia de Eréndira, se cae un candelabro con velas encendidas, cerca de una cortina y se quema la mansión. La abuela le dice a Eréndira que tendrá que pagarle el valor de todo lo perdido y la lleva primero a la casa de un viudo. Después de regatear, el viudo le paga doscientos veinte pesos a la abuela para iniciar a la niña que es virgen. Después de sacarle todo el dinero que puede al resto de los hombres del pueblo que se acuestan con Eréndira, la abuela se va en un camión con lo poco que salvó del fuego. Eréndira se acuesta con el carguero del camión a insistencia de la abuela.

Cuando llegan al próximo pueblo, que parece estar tan muerto como el que habían dejado atrás, le informan a la abuela que es un pueblo de misioneros. La abuela hace que Eréndira arme como una especie de tienda de campaña y empieza a cobrarle a todos los soldados que pasan por allí, haciendo fila para entrar, después de pagarle a la abuela por acostarse con la nieta.

Después de que varios hombres se acuestan con Eréndira, ella le dice a la abuela que no puede más y necesita descansar. La abuela le permite que lo haga. Eréndira se baña y cuando se acuesta a descansar se fija que un joven llamado Ulises está medio escondido detrás de la cama. Ulises y Eréndira hablan. A pesar de su cansancio, ella le acepta su dinero cuando le dice que es virgen y le permite que se quede el resto de la noche con ella, queriéndolo. Le habla de unas naranjas de contrabando que tienen brillantes dentro de ellas, pero Eréndira no lo cree. Ulises se marcha, enamorado de Eréndira.

Un día llegan unos misioneros y tratan de parar el tráfico de hombres que visitan a Eréndira. Unos días después, la abuela y la nieta están durmiendo cerca de un convento y las monjas vienen y secuestran a Eréndira. La abuela trata de que se la devuelvan pero no lo logra hasta que le paga a un indio para que se case con Eréndira durante un grupo de matrimonios que se estaban haciendo.

La abuela logra apoderarse de Eréndira de nuevo. Ulises regresa y le dice a Eréndira que la va a salvar. Cada vez que trata de matar a la abuela no logran hacerlo. Eréndira acusa a Ulises de no poder hacer nada bien. Por fin Ulises trata de matar a la abuela con un cuchillo. Al principio, a pesar de darle varias puñaladas, no le pasa nada. Lo único que le sale del cuerpo es un líquido verde. Por fin la mata. Eréndira le quita el oro a la abuela y se marcha corriendo por la arena del mar. Ulises la persigue pero nunca la alcanza y no se sabe lo que le pasa a Eréndira. Corrió y corrió y corrió ...

CRÓNICA DE UNA MUERTE ANUNCIADA

Esta crónica se basa en un hecho actual que ocurrió en Sucre, donde el autor vivió por un tiempo con su familia, en enero de 1951. Este relato es casi idéntico a los pormenores que se describen en el suceso que se desenlaza en Sucre. El autor narra los acontecimientos de este caso y se introduce, a la vez que introduce a miembros de su familia, como si de verdad hubiera participado o por lo menos hubiera tenido constancia cierta de los hechos. García Márquez, que como ya hemos dicho se incluye como uno de los personajes de esta historia, detalla los acontecimientos que culminan con la muerte de un joven árabe, Santiago Nasar, una muerte que se pudo evitar. La narración comienza con la descripción de una boda que había tomado lugar y las festividades y borracheras de los concurrentes. Bayardo San Román, un recién llegado al pueblo e ingeniero de trenes, pide después de un corto noviazgo, la mano de Ángela Vicario. Antes del matrimonio compra la casa de un viudo que no quería venderla. Lo hace porque era la casa que a Ángela le gustaba. A pesar de que el viudo no quiere venderla, Bayardo le ofrece tanto dinero por ella que termina en hacerlo. Aunque no se sabe mucho acerca de Bayardo San Román, se sabe que tiene mucho dinero. Bayardo y Ángela se casan y cinco horas después del matrimonio, la devuelve a su casa diciendo que no es virgen.

La madre de Ángela la golpea por la deshonra que le ha hecho a la familia y sus dos hermanos gemelos anuncian que van a matar al que le robó la honra de la hermana, Santiago Nasar. Santiago, que estaba comprometido para casarse con Flora Miguel, no sabe nada de ésto.

Un tiempo atrás, Santiago se había enamorado locamente de una mujer del pueblo, María Alejandrina Cervantes, pero su padre lo había mandado fuera a su hacienda para que se le quitara el deseo por la mujer. No se le conocía ningún encuentro con el cual se le pudiera señalar. Santiago llega a su casa después de parrandear y emborracharse en la boda y se cambia de ropa para ir a recibir al obispo que llega en un buque esa mañana (el obispo nunca se baja a saludar al pueblo, ya que lo detesta). En la casa se sienta en la cocina a tomarse una taza de café y al agarrarle la hija de Victoria Gúzman, la cocinera de su casa, ésta lo amenaza con matarlo con un cuchillo. Santiago suelta a la hija, Divina Flor, y se horroriza cuando Victoria, que estaba destripando unos conejos, les arranca las tripas y se las tira a los perros para que se las coman.

Los hermanos gemelos de Ángela Vicario, Pedro y Pablo. llevan unos cuchillos a la carnicería para afilarlos y anuncian a todos que van a matar a Santiago Nasar por deshonrar a su hermana. El alcalde se entera y les quita los cuchillos a los dos, pero ellos regresan y buscan otros que se usan para desollar puercos y los afilan. Unos le avisan al párroco que va a haber un crimen pero el padre Amador dice que no es asunto suyo que es de la policía. Todos en el pueblo saben que Santiago va a morir menos él y su madre (aunque los dos, en sueños, habían tenido un presagio de los hechos); la mayoría del pueblo encuentra bien que maten al joven para reparar la honra de la recién casada (la muerte era una cuestión de honor). Su amigo Cristo Bedoya trata de impedir la muerte de Santiago y va a la casa de éste a buscar un revólver, pero debido a una serie de coincidencias no puede impedir el asesinato. La prometida de Santiago le tira sus cartas que guardaba en un cofre cuando éste va a la casa a desayunarse, y Santiago no comprende su rabia. Cuando se topa con el padre de la novia, recogiendo las cartas del suelo, el padre reconoce que el joven es inocente.

Los hermanos Vicario acosan a Santiago a la puerta de su casa y le dan numerosas puñaladas, con una de las cuales se le salen las tripas del vientre. La madre que oye la conmoción, tranca la puerta porque no sabe que el hijo está afuera y los hermanos no comprenden porque no se cae sin realizar que ellos mismos lo tienen parado dándole puñalada tras puñalada que lo mantiene parado contra la puerta. Santiago se cae al suelo, pero se levanta y logra entrar en su casa para caer muerto en la cocina. "Murió sin entender su muerte." [1]

La prometida de Santiago, al poco tiempo, se huye con un militar por despecho de lo que cree ser la traición de Santiago, y luego se encuentra viviendo la vida de una prostituta. La familia de los Vicario se mudan del lugar y Ángela escribe

---

1   García Márquez, Gabriel, **CRÓNICA DE UNA MUERTE ANUNCIADA**, Editorial Oveja Negra, Bogotá, Colombia, 1994, p. 103.

cartas a un hombre que no se conoce hasta más tarde quien es. Ella se hace amiga de las cuatro personas diferentes que se ocupaban del correo del lugar para que no delataran a quien ella le escribía. Continúa esta correspondencia por 23 años, hasta que un día Bayardo San Román se aparece con dos maletas, una con su ropa y la otra con todas las cartas que Ángela le había escrito, sin abrir. Ángela se fija en lo cambiado que se ve y espera que él no la encuentre tan cambiada como ella a él.)Por qué Ángela acusó injustamente a Santiago Nasar causándole una muerte tan horrible? ¿Por qué las casi dos mil cartas amorosas a Bayardo Román que él nunca abre pero regresa a buscarla, con una maleta con su ropa y otra para las cartas?

EL GENERAL EN SU LABERINTO

En esta obra, el autor ha intentado detallar su visión de lo que él cree haber sido los últimos meses y días de la vida del "Liberador de La América del Sur", Simón Bolivar. Ya que se conoce muy poco acerca de esta etapa de la vida del libertador es posible que la ficción que se nos presenta, pueda haber ocurrido tal y como García Márquez la pinta. En este libro, nos da a conocer a un hombre lleno de desilusión que ha visto su sueño de crear una sóla nación con la unión de todos los países de la América del Sur, bajo una sóla bandera destrozado.

Las grandes y ricas familias de los diferentes países se oponían a este sueño, su sueño de grandeza, y no sólo hicieron todo lo posible por evitarlo, pero que lograron impedirlo. Triste, enfermo y agobiado, renuncia la presidencia de la República de Colombia y anuncia que se marchará del país. Los generales que ahora tienen el poder no lo creen y tratan de asesinarlo. Su amante se entera de lo que sus enemigos proponen hacer y le avisa, salvándole la vida. Se marcha con un grupo de sus hombres y navegan por el Río Magdalena hasta llegar al mar, con la intención de ir a Europa. Durante la travesía, y empeorándose con la tuberculosis que lo consume, entre las fiebres y los delirios, revive su vida entera: sus luchas, sus amores, sus sueños. Le llegan noticias de que el gobierno establecido después de su salida es incapaz de funcionar y se le pide que regrese a salvar la patria. Trata de hacerlo con un esfuerzo sobrehumano, creyendo que quizás pueda realizar su sueño de unión, pero muere sin realizar su más ardiente deseo.

EL AMOR EN LOS TIEMPOS DEL CÓLERA

Al comienzo de la novela, el doctor Juvenal Urbino acude a certificar la muerte de Jeremiah de Saint-Amour. Jeremiah, que había sido un amigo del médico por muchos años, se había suicidado con cianuro de oro porque no quería llegar a la vejez. Después de firmar el certificado de defunción y llevarse una carta que el amigo muerto le había dejado, a manera de confesión, el doctor Urbino regresa a su casa y después de contarle a su esposa acerca de Jeremiah, le entrega la carta que éste le había escrito. Fermina Daza, la esposa del doctor, guarda la carta en una gaveta sin leerla.

El doctor Urbino tiene un loro a quien él le había enseñado a hablar y a cantar en varios idiomas. Siempre le cortaban las alas para que no pudiera volar, hasta que se olvidan de hacerlo por un tiempo, y el día de Pentecostés, el mismo día de la muerte del amigo, el loro se pone a volar y se encarama en la rama más alta de un mango. Aunque llaman a los bomberos para bajarlo con sus largas escaleras, no pueden hacerlo.

El doctor Urbino y su esposa se marchan a asistir a un almuerzo en honor del aniversario de plata de ser médico de un alumno favorito y más tarde regresan a casa. Mientras Fermina se ocupa de reparar los estragos en la casa, causados por los bomberos tratando de coger al loro, el doctor lo llama y coge una escalera para alcanzar al loro que está más cerca de su alcance. Cuando trata de coger al loro por el cuello, el doctor Juvenal Urbino se cae. Antes de morir, él y su esposa llegan a decirse lo mucho que siempre se habían querido.

Durante el velorio, llega un hombre a ofrecerle a Fermina, de nuevo su amor, Florentino Ariza. Fermina Daza se enfurece y lo bota de su casa. Esa noche, no puede dormir, pero piensa en Florentino y no en el marido muerto.

Por medio de Fermina nos enteramos que recién llegada al lugar, Florentino se había enamorado de ella y ella de él y se habían escrito cartas y hablado muy raras veces. Cuenta que su padre, enterado de las cartas, mandó a la hermana que la cuidaba fuera y se había llevado a Fermina a viajar por año y medio para que se olvidara del hombre que no consideraba buen partido. Cuando Fermina regresa rompe el compromiso y más tarde, se casa con el doctor Urbino y se pasa dos años paseándose por Europa en su luna de miel. Florentino continúa enamorado de Fermina y determina esperarla hasta cuando sea, hasta cuando se muera el doctor.

Florentino nunca se casa aunque tiene amoríos con muchas mujeres pero siempre pensando en Fermina. Prospera y se describe a sí mismo, cuando oye decir que es rico, como a un hombre pobre con plata.

A medida que la novela continúa nos enteramos que el doctor le había sido infiel a Fermina por un tiempo y que ella se había ido a vivir con una prima por casi dos años, después de casi treinta años de casados. El doctor la va a buscar y a pesar del orgullo de su mujer, se arreglan y viven juntos hasta su muerte. Después del velorio, Fermina le escribe una carta injuriosa a Florencio pero éste comienza a escribirle cartas a ella que la ablandan. Poco a poco comienza la vieja llama del amor y casi al final Fermina se va de viaje en uno de los buques de Florencio con él, su hijo y su yerna.[1] Se hacen el amor y se quieren hasta que se descubre que hay casos del cólera en el barco y tiene que mantenerse en cuarentena. Florentino, que es el dueño del barco, le ordena al capitán que siga navegando hasta el fin de la vida si fuera necesario. A pesar de los años, los dos dan marcha atrás y regresan a los sentimientos de su juventud.

DEL AMOR Y OTROS DEMONIOS

Al abrir el libro para comenzar la lectura de la novela, nos encontramos con una introducción a manera de prólogo en la que García Márquez describe al lector el derrumbamiento del antiguo convento de Santa Clara y el espectáculo que presencia cuando ve vaciar las criptas funerarias, sobre todo la que había pertenecido a una niña de doce años: Sierva María de Todos los Ángeles. Al abrir su cripta, salta de ella su larga cabellera de cobre que medía "veintidós metros con once centímetros". Según la explicación del maestro de obra del lugar, a los muertos le crece el pelo un centímetro por mes y hacía doscientos años que ella estaba muerta.

A Sierva María la muerde un perro con rabia que también había mordido a tres esclavos. La mordida del pie no parece ser muy grande y como ni su padre ni su madre se ocupan de ella, la esclava que la cuida se olvida del asunto y pasan varios

---

1   Nuera. Daughter-in-law.
    Yerna. Daughter-in-law in Colombia and some Latin-American countries.

días antes de que nadie piense en la mordida. El padre, que es un Marqués, habla con el médico del lugar y se interesa un poco por lo que pasa a los que se mueren de rabia. Sierva María, que siempre se encuentra más a gusto con los esclavos y cuyos padres nunca se habían ocupado de ella, deja que su padre la lleve al convento de Santa Clara. De este lugar se dice que a la gente que llevan allí es para enterrarlas vivas. La abadesa hace que encierren a Sierva María en una celda, le corten su larga cabellera hermosa y traten de "sacarle a Satanás del cuerpo". Durante su encierro, la comienza a visitar el padre Cayetano Delaura, que luego extiende sus visitas a diario, por las noches después de descubrir un túnel que lo permite entrar en el convento sin ser visto. Comienza a enamorarse de Sierva María y los dos se convierten en amantes. Cuando se descubre que una monja, a la cual habían encerrado en una celda contigua a la de Sierva María, se había escapado por el túnel, mandan taparlo y Cayetano no puede entrar más en el convento. Sierva María no comprende lo que le está sucediendo o por qué Cayetano ha dejado de venir a verla, cuando llegan a buscarla para hacerle el exorcismo. Se defiende lo mejor que puede, pero cuando la vienen a buscar para la sexta sesión de exorcismo, la encuentran muerta de amor.

*   *   *

LOS TEMAS PRINCIPALES

A medida que leemos las diferentes obras de Gabriel García Márquez, ya sean los cuentos, las novelas cortas, relatos periodísticos o novelas, descubrimos varios temas que sobresalen en muchas de ellas. El tema principal es la soledad que no sólo inunda el alma de los protagonistas, pero también el alma de los otros personajes. A la soledad y quizás debido a ella, le sigue la fantasía y la sexualidad. La violencia se une a éstas, junto con la historia, el pueblo, la muerte, el olor, el honor y la conciencia social y política.

En **CIEN AÑOS DE SOLEDAD**, nos topamos con la soledad de todos los participantes. Úrsula, la matriarca que vive más de cien años, está tan ocupada ganando dinero y haciendo negocio que no nota como crecen los hijos y las necesidades de cada cual. Una de las partes más tristes de la novela ocurre cuando se cree que un pelotón de fusilamiento va a matar a su hijo el coronel Aureliano Buendía y pensando en él, ... "Estuvo buscando un recuerdo de su hijo y no pudo encontrarlo."[1] Es también en este mismo momento que el coronel, que cree que va a morir hasta que su hermano interviene y le salva la vida, piensa en el hielo que su padre le había dado a tocar cuando era niño y luego nos dice el autor que no siente afecto por nadie "el único afecto que prevalecía contra el tiempo y la guerra fue el que sintió por su hermano José Arcadio, cuando ambos eran niños, y no estaba fundado en el amor, sino en la complicidad."[2] Aún después de la muerte de Remedios, la niña que esperó para casarse, no siente ninguna pena y se refugia haciendo pescaditos de oro para no tener que molestarse con los demás. Amaranta, que trata de separar a Pietro Crespi de su hermana, tiene la oportunidad de casarse con él cuando Rebeca se casa con su propio hermano, pero lo rechaza, y Crespi se suicida. Cuando le llega la segunda oportunidad de casarse con el general Gerinaldo Márquez, también lo rechaza y aparte de los deseos sexuales por el sobrino, pasa el resto de su vida amargada y solitaria.

José Arcadio Buendía se pasa la mayor parte de su vida haciendo experimentos científicos encerrado en su "laboratorio". Se vuelve loco, al final de sus días, y lo mantienen amarrado. Aunque Úrsula le habla de vez en cuando, no la oye y llegamos a entender que al final de sus días el que lo aseaba y se ocupaba de él era el amigo muerto en la gallenera de Riohacha, Prudencio Aguilar. José Arcadio, hijo, se marcha del lugar cuando Pilar Ternera le hace saber que va a tener un hijo, y cuando regresa

---

1   García Márquez, Gabriel, **CIEN AÑOS DE SOLEDAD**, Ediciones Cátedra, S. A., Madrid, 1996, p. 285
2   Ibid, p.283

y conoce al hijo, nunca lo trata como tal. Se casa con la hermana, abusa de su posición y fuera del contacto sexual no siente cariño por nadie, ni aún su mujer. Un día que llega a casa, se oye un disparo de escopeta y lo encuentran muerto. En la casa sólo estaban él y Rebeca. Se cree que ella lo mató, pero no se verifica. Rebeca se queda en la casa sola sin ningún contacto con la familia ni con nadie y muere en la casa arruinada.

Cuando José Arcadio Buendía sale por segunda vez en un esfuerzo por encontrar la salida al mar que buscaba la primera vez que llegaron a Macondo, exclama que Macondo era una isla. El pueblo también, al igual que la población sumido en el aislamiento y así añadiendo más a la soledad. Y durante esta misma expedición, halla un galeón español muy lejos del mar, que se había estado derrullendo por muchos años - éste se convierte en el símbolo de la soledad.

Aunque el título de la novela explica el estado en que se encontraban los Buendía y todos los que tenían contacto con ellos, la soledad también se apodera del protagonita y los personajes de **LA HOJARASCA**. La primera mujer del coronel muere de parto, pero casi no hablaba y se quedaba sentada en su mecedor hasta el momento de dar a luz a la hija. El coronel siembra el jazminero como símbolo de un cariño que no se describe que lo había sentido, y se casa con otra mujer al año de morir la primera. El médico que se alimenta de hierba y no le habla a nadie y no tiene a nadie que lo entierre excepto el coronel. La hija que vive amargada, casi obligada a un matrimonio con un marido que la abandona a los cinco años de casada y le roba los bienes al padre.

Eréndira en "**La increíble y triste historia de la cándida Eréndira y de su abuela desalmada**", a quien la abuela obliga a hacerle el amor a centenares de hombres sin que nadie realmente la quiera, cuando Ulises mata a la abuela y ella puede escaparse, se va corriendo con el oro y abandona a Ulises que se queda atrás llorando.

En **EL GENERAL EN SU LABERINTO**, Simón Bolívar muere solo y abandonado. Sus sueños destrozados sin el cariño de nadie a su lado. Deja atrás a la mujer que parece haberlo querido los últimos años y ella no trata de seguirlo. Su fiel ayudante de muchos años, muere olvidado, borracho y sin amigos.

EL CORONEL NO TIENE QUIEN LE ESCRIBA, es otro ejemplo de la soledad. Muriéndose de hambre con la mujer enferma, espera por más de quince años por una pensión del gobierno que nunca le llega y aunque vive con su mujer, todas sus esperanzas las pone en el gallo de pelea que espera que lo saque de su miseria.

La Mamá Grande en "*Los funerales de la Mamá Grande*", aunque rige todo a su alrededor, en el momento que muere, todos los herederos comienzan a repartirse sus bienes y destruyen la casa cogiéndose puertas y todo lo que encuentran de valor.

Fermina Daza en **EL AMOR EN LOS TIEMPOS DEL CÓLERA** también experimenta la soledad, cuando crece con el padre que se ocupa muy poco de ella y cuando descubre que su esposo sostenía relaciones amorosas con otra mujer. En la misma novela, el primer novio de Fermina, Florentino, experimenta la soledad por un amor que no le es correspondido y la única persona en la cual puede confiar es en su madre. Cuando ella muere, no tiene a nadie hasta casi el final de la novela cuando Fermina por fin lo acepta.

Aún más duro es la soledad que experimenta Sierva, la hija de los Marqueses en **DEL AMOR Y OTROS DEMONIOS**. Sus padres, que se detestan, tampoco la quieren a ella y se siente más a gusto durmiendo en el cuarto de las esclavas de la casa. Ni se ocupan de ella hasta que el padre se entera de que un perro con rabia la había mordido, y la abandona en un convento; la madre ni siquiera se da cuenta de que la hija no está en casa. Aunque podemos continuar con muchos más ejemplos de la soledad, necesitamos pasar a la fantasía que en los tres primeros cuentos que describimos, tanto la primera como la segunda, se encuentran ligadas con la muerte. En *"La tercera resignación"*, el muerto relata la historia desde su solitario ataúd y reconoce su muerte ya que su madre lo está oliendo y él siente su propio olor en la descomposición de su cuerpo. La fantasía continúa en *"La otra costilla de la muerte"* cuando el otro gemelo describe el estado del muerto en el otro cuarto y detalla la fantasía de su sueño o delirio en el tren y también cuando comienza a oler al otro. *"Eva está dentro de su gato"* continúa la fantasía cuando ella piensa reincarnarse en el gato y se da cuenta de que había estado muerta hacía más de tres siglos.

La fantasía continúa con *"Los funerales de la Mamá Grande"* que como reina y señora del reino de Macondo, llegan a su funeral el presidente de la República y el Papa. Otras evidencias de la fantasía se encuentran en *"La increíble y triste historia de la cándida Eréndira y de su abuela desalmada"*. El viento que tumba los candelabros y quema la mansión de la abuela. La abuela que trata, desde un principio, a la nieta ilegítima como a la Cenicienta sin la madrastra, la obliga a convertirse en una prostituta que ama a setenta hombres por día. Las naranjas del padre de Ulises que crecen con diamantes dentro de ellas. Cuando Ulises le proporciona el arsénico para matar a la abuela lo único que le pasa es que se le cae el pelo, y cuando por fin Ulises le comienza a dar puñaladas, no es sangre lo que le sale del cuerpo, pero un líquido verde, como si no fuera humana, hasta que por fin la mata.

García Márquez da rienda suelta a la fantasía en **CIEN AÑOS DE SOLEDAD**. Desde un principio, cuando Melquíades comienza a hacer sus viajes a

Macondo, introduce a José Arcadio Buendía al mundo de la fantasía con las diferentes invenciones que trae de sus viajes por el mundo - el hielo, sin manera de mantenerlo congelado, pero es hielo frío y duro que sienten tanto el padre como los hijos. Cuando la población entera de Macondo contrae la enfermedad del insomnio y del olvido de las cosas, Melquíades regresa después de muerto y con un remedio que prepara le devuelve la razón a todos. Melquíades, al estilo de Nostradamus, escribe la historia de la familia Buendía detallando los acontecimientos de la familia que aún están por suceder. El Aureliano de Amaranta Úrsula encuentra y lee los pergaminos que había dejado el gitano, después de su segunda muerte. Por medio de estos pergaminos, Aureliano se entera de su suerte y del final de su familia con el hijo que le nace con la cola de cerdo y luego muere Amaranta Úrsula, desangrándose. Cuando José Arcadio muere, un hilo de sangre corre de su herida, en su casa, por las calles, hasta llegar a la cocina de la casa de su madre y para a los pies de Úrsula - ella sabe que su hijo ha muerto en cuanto ve el hilo de sangre y va a la casa que nunca había pisado desde que ella los botó a él y a Rebeca de su hogar y del seno de la familia.

La fantasía continúa en la novela con la reaparición del amigo muerto, Prudencio Aguilar, que en el medio de la locura de José Arcadio Buendía, lo cuida, lo baña y le da de comer y lo espera para los dos estar juntos cuando el loco se muera. José Arcadio, al principio de ver al amigo expresa su sorpresa de que el amigo esté tan envejecido como él, ya que no tenía ninguna idea de que los muertos envejecían.

Con la mezcla de la fantasía y la realidad, García Márquez ha contribuído al estilo que llega a describirse como **el realismo mágico**. Funde las dos cuando expresa las maravillas del mundo que describe José Arcadio. José Arcadio queda deslumbrado con los descubrimientos que hace por medio de los inventos que Mélquiades le proporciona, aunque generalmente interpreta las cosas tan literalmente que las interpreta mal. Es muy posible que la cola de cerdo, que se considera la tara de los Buendía, debido a los numerosos casos de incesto relacionados con la familia, sea un hecho que se prenda a la fantasía que tiene mucho que ver con la sexualidad. En **CIEN AÑOS DE SOLEDAD**, la sexualidad y el incesto están ampliamente documentados: la primera generación de los Buendías que llegamos a conocer, Úrsula y José Arcadio, no sostienen relaciones amorosas por año y medio porque ella tiene miedo de tener un hijo con cola de cerdo ya que su marido y ella son primos. Aureliano se enamora y casa con una niña, que aunque no están ligados por la sangre, se considera la relación de un padre con una hija debido a la gran diferencia entre sus respectivas edades. Rebeca se casa con su hermano de crianza, Amaranta y el sobrino se bañan y acuestan juntos desnudos, Arcadio trata de seducir a su propia madre, Pilar Ternera y el último Aureliano seduce a su tía, Amaranta Úrsula, que muere después de dar a luz al hijo con cola de cerdo.

La sexualidad se encuentra aún más prevalente en "**La increíble y triste historia de la cándida Eréndira y de su abuela desalmada**". Cuando accidentalmente se quema la mansión de la abuela, ésta obliga a la nieta de catorce años a amar a centenares de hombres para pagarle el daño.

Si la sexualidad se encuentra tan presente en **CIEN AÑOS DE SOLEDAD**, la violencia, ya sea por los estragos que causa la guerra o por las masacres debido a las represalias de las tropas del gobierno que favorecen a las Compañías bananeras, no se queda muy atrás. Los hechos que sucedieron en 1928, en que millares de trabajadores fueron asesinados por armar un motín contra la Compañía bananera en protesta de los abusos que cometían a diario, García Márquez los describe, no solamente en **CIEN AÑOS DE SOLEDAD**, pero también en **LA HOJARASCA**. En **LA HOJARASCA**, éste es uno de los hechos que causa el odio del pueblo contra el médico que se niega a ayudar a los heridos que habían traído a su puerta porque los médicos de la Compañía no alcanzaban para atenderlos a todos.

No sólo la violencia relacionada con las atrocidades cometidas por agentes del gobierno en represalias contra aquellos que tratan de rebelarse contra la injusticia, pero también la violencia que causa la muerte de inocentes es un acto que el autor nos describe: la muerte innecesaria de Santiago Nasar, en **CRÓNICA DE UNA MUERTE ANUNCIADA**, acusado de robarle la virginidad a Ángela Vicario - Ángela acusa a Santiago de ser el autor de su deshonra, sus dos hermanos se arman de cuchillos y matan al joven y todos excusan el crimen diciendo que había sido para reparar la honra. José Arcadio mata a su amigo Prudencio Aguilar en una gallera, después de que Prudencio sugiere que el gallo es más macho que José Arcadio. La muerte se excusa porque está relacionada a la honra. En estos dos casos, la violencia se lleva a cabo y se justifica porque es necesario salvar el honor.

La violencia continúa, no sólo con la muerte de Agustín, el hijo asesinado por las tropas del gobierno en **EL CORONEL NO TIENE QUIEN LE ESCRIBA**, pero también reaparece **EL AMOR EN LOS TIEMPOS DEL CÓLERA**: cuando el padre se lleva a Fermina de viaje para que se olvide de Florentino y cuando viajan por el río al final de la novela - los rumores de guerras civiles.

Las muchas guerras civiles, y las luchas entre liberales y conservadores que describe en las obras las exemplifica don Apolinar Moscote en **CIEN AÑOS DE SOLEDAD** cuando le describe a Aureliano la diferencia entre los liberales y los conservadores: "*Los liberales,* le decía, eran masones; gente de mala índole. partidaria de ahorcar a los curas, de implantar el matrimonio civil y el divorcio, de reconocer iguales derechos a los hijos naturales que a los legítimos, y de despedazar al país en un sistema federal que despojara de poderes a la autoridad suprema. *Los* *conservadores,* en cambio, que habían recibido el poder directamente de Dios, propugnaban por la estabilidad del orden público y la moral familiar; eran los defensores de la fe de Cristo, del principio de autoridad, y no estaban dispuestos a permitir que el país fuera descuartizado en entidades autónomas."[1]

Cuando el coronel Aureliano Buendía anuncia que prefiere ser liberal porque los conservadores son unos estafadores, sirve de vocero de García Márquez. Esta denuncia la hace el autor en muchas de sus obras cuando critica no sólo las represalias que el gobierno lleva a cabo contra los ciudadanos - la masacre relacionada con el motín de los empleados de la United Fruit Co. pero en los detalles que proporciona con respecto a la inmoralidad de los gobernantes hacia los gobernados. El que el coronel se muera de hambre esperando una pensión por quince años que nunca le llega en **EL CORONEL NO TIENE QUIEN LE ESCRIBA**, y el proceso de ocultar a toda costa la verdadera historia de la muerte de miembros de la tripulación del *Caldas* en **RELATO DE UN NAÚFRAGO**, son dos ejemplos de esta inmoralidad, la traición y el engaño.

Entre todos estos temas descritos, también unidos a ellos, nuestro autor recalca una y otra vez el olor de las cosas. La madre está "olfateando" al muerto en *"LA TERCERA RESIGNACIÓN",* y el mismo muerto comienza a olerse. El gemelo huele al hermano muerto que está estirado en el cuarto contiguo con el olor de formaldeído en *"LA OTRA COSTILLA DE LA MUERTE"*. El niño en **LA HOJARASCA** puede pasearse con los ojos cerrados y conocer todos los cuartos por el olor de cada uno. El general, en **EL GENERAL EN SU LABERINTO**, renace algunos de sus recuerdos con el olor de guayaba. Eréndira describe el olor de la abuela en *"LA INCREÍBLE Y TRISTE HISTORIA DE ERÉNDIRA Y DE SU ABUELA DESALMADA"*. La amante de Santiago Nasar todavía puede oler su cuerpo en las sábanas de su cama aún después de su muerte en **CRÓNICA DE UNA MUERTE ANUNCIADA**. Fermina Daza encuentra a un hijo extraviado por el olor de sus pañales sucios, descubre la infidelidad del marido por el olor de sus ropas y se siente el olor a vieja en **EL AMOR EN LOS TIEMPOS DEL CÓLERA**.

A pesar de la soledad, la violencia y la tragedia de las vidas que pinta, muchas veces nos hace sonreír con sus exageraciones, cuando nos damos cuenta de su espíritu burlón, sobre todo, cuando nos entretiene con la fantasía, ya sea la fantasía que crea por medio de sus personajes o por la creación de su pueblo mítico de Macondo.

---

1   Op. Cit., p. 193

CONCLUSIÓN

Gabriel García Márquez ha escrito y continuará escribiendo acerca de todo lo que conoce y conoce muy a fondo: su tierra, su gente, el folklore de su pueblo, las leyendas, la historia, la política, la violencia y la injusticia social. En todas sus obras, ya sean las primeras, influenciadas por Kafka, las que llegan después que se parecen tanto a las de Faulkner o cuando llega a cambiar de nuevo su estilo por uno que sea más suyo, siempre se vale de la fantasía que le ayuda a exagerar la realidad. Su mezcla de la realidad con la fantasía lo coloca dentro del marco que se llega a conocer como *el realismo mágico*.

García Márquez rebusca dentro de su experiencia y recuenta los cuentos, leyendas y el folklore de su niñez. Recuenta los estragos que causan las luchas internas de la nación por apoderarse del poder abusando de los derechos de los ciudadanos de su país y de los otros que luego llega a conocer. Se refiere a él como a un personaje que se identifica con las causas izquierditas, que aunque cierto, no deja de reconocer las faltas que encuentra con ellas.

A pesar de su gran éxito, continúa escribiendo y tratando a aquellos que siempre formaron parte de su vida desde un principio. Se esfuerza por ayudar a las causas que tratan de mejorar el nivel de vida de los ciudadanos de países represivos y la libertad de prensa. Se esfuerza en promulgar los derechos de todos los humanos de expresar sus ideas, cualquiera que sean sin miedo a las represalias de los gobernantes y acusa a las compañías norteamericanas de los abusos que perpetuaban y que continúan perpetuando en los países sub-desarrollados de la América Latina y en otras partes del mundo. Detesta la violencia y denuncia sus horrores.

*   *   *

BIBLIOGRAFÍA

Bell-Villada, Gene H., **GARCÍA MÁRQUEZ: THE MAN AND HIS WORK**, Chapel Hill, University of North Carolina Press, 1990.

Brushwood, John, S. **THE SPANISH-AMERICAN NOVEL: A TWENTIETH CENTURY SURVEY**. Austin, University of Texas Press, 1975.

Faulkner, William, **AS I LAY DYING**, New York, Random House, 1966.

_____, **LIGHT IN AUGUST**, New York, Random House, 1972.

García Márquez, Gabriel, **EL AMOR EN LOS TIEMPOS DEL CÓLERA**, New York, Penguin Books, 1996.

_____, **CIEN AÑOS DE SOLEDAD**, Madrid, Ediciones Cátedra, 1996.

_____, **EL CORONEL NO TIENE QUIEN LE ESCRIBA**, Bogotá, Editorial Oveja Negra, 1994.

_____, **CRÓNICA DE UNA MUERTE ANUNCIADA**, Bogotá, Editorial Oveja Negra, 1994.

_____, **DEL AMOR Y OTROS DEMONIOS**, Bogotá, Editorial Norma S. A., 1994.

_____, **DOCE CUENTOS PEREGRINOS**, Buenos Aires, Editorial Sudamericana, 1997.

_____, **EL GENERAL EN SU LABERINTO**, Barcelona, Plaza & Janes Editores, S. A., 1994.

_____, **LA HOJARASCA**, Bogotá, Editorial Oveja Negra, 1994.

_____, **LA MALA HORA**, Madrid, Talleres de Gráficas Luis Pérez, 1962.

_____, **NOTICIA DE UN SECUESTRO**, New York, Penguin Books, 1996.

_____, **OBRA PERIODÍSTICA**, tres volúmenes, Barcelona, Bruguera, 1982.

_____, **OPERACIÓN CARLOTA**, Lima, Mosca Azuel, 1977.

_____, **RELATO DE UN NAÚFRAGO**, Bogotá, Editorial Oveja negra, 1994.

_____, **TODOS LOS CUENTOS**, Bogotá, Editorial Oveja Negra, 1994.

González del Valle, Luis y Cabrera, Vicente, **LA NUEVA FICCIÓN HISPANOAMERICANA A TRAVÉS DE MIGUEL ÁNGEL ASTURIAS Y GABRIEL GARCÍA MÁRQUEZ**, New York, Eliseo Torres, 1972.

Kafka, Franz, **THE PENGUIN COMPLETE NOVELS OF FRANZ KAFKA**, New York, Penguin Books Ltd., 1983.

_____, **SELECTED SHORT STORIES**, New York, Random House, 1952.

Levine, Suzanne J., **EL ESPEJO HABLADO**, Caracas, Monte Ávila, 1975.

Mc Murray, George, **GABRIEL GARCÍA MÁRQUEZ**, New York, Frederick Ungar, 1977.

Menton, Seymour, **LA NOVELA COLOMBIANA: PLANETAS Y SATÉLITES**, Barcelona, Plaza & Janes Editores, S. A., 1978.

Vargas Llosa, Mario, **GABRIEL GARCÍA MÁRQUEZ: HISTORIA DE UN DEICIDIO**, Barcelona, Barral; Caracas, Monte Ávila, 1971.

CUADERNO DE ACTIVIDADES

INTRODUCCIÓN

Tanto el profesor/la profesora como el/la estudiante de la literatura de español del AP, pueden valerse de este cuaderno de trabajo para reforzar las ideas presentadas en el libro que acompaña. A fin de reforzar estas ideas, secciones del cuaderno comparan y contrastan los temas y símbolos que resaltan en las obras más representativas de cada autor. Debido a las valiosas y pertinentes sugerencias de varios colegas afiliados con los estudios del AP, también se han añadido dos partes para facilitar el estudio del manuscrito original.

La sección titulada "*Apuntes sobre la poesía*" detalla, con ejemplos, la estructura de los versos, el sistema de versificación y los elementos esenciales del verso español. Además, se han añadido unas páginas que se espera faciliten el estudio de la poesía de Federico García Lorca.

El "*Glosario*", con las definiciones de las palabras en inglés y los ejemplos que se ofrecen si hay variaciones entre el uso de ella en el español europeo y el de diferentes partes de latinoamérica, enriquece el vocabulario de los que se valen de este compendio.

Se le recomienda, tanto al profesor/a la profesora y al/a la estudiante que se valgan de los ejercicios que se encuentran al final de cada sección. De esta manera, les será más fácil reconocer los temas representativos de cada autor a la misma vez que podrán identificar medios de comparación y/o contraste que existen entre cada uno.

*   *   *

Don Miguel de Unamuno y Jugo

Comparación y contraste de los autores y sus obras

Don Miguel nació en la ciudad-puerto de Bilbao, las Vascongadas, el 29 de septiembre de 1864 y murió en Salamanca el 31 de diciembre de 1936. Debido al tiempo en que nació y escribió también llegó a conocerse como uno de los más ilustres miembros de la generación del ´98 (1898).

Durante su niñez, en 1873, al igual que Ana María Matute durante la suya en 1936, se convirtió en testigo de una guerra civil que llegó a aniquilar el alma de los participantes. Presencia el bombardeo de Bilbao durante la guerra civil española entre los carlistas y los liberales. Como testigo de la lucha de hermano contra hermano derramó el efecto que estos hechos tuvieron, a los pocos años de su vida, en su escritura. En 1897 detalla los recuerdos dolorosos valiéndose del **tema de Caín y Abel** en su novela **Paz en la Guerra**. Unamuno tenía nueve años cuando presenció los estragos de "su" **guerra civil** y aunque Ana María Matute sólo tenía siete al comienzo de la "suya", ella también se valió del uso del **tema de Caín y Abel**. Este tema se encuentra representado, principalmente, en **Los Hijos Muertos**, **Los Abel** y su trilogía de **Los Mercaderes**. Unamuno trató, al igual que Matute, de dar a conocer el dolor que la gente tuvo que sufrir y continuó sufriendo debido a la lucha y los estragos que ésta causó en el corazón de cada uno de los inocentes que se vieron obligados a participar en las dos tragedias, pero no logró captar la esencia de este tema hasta presentarlo en las imágenes de Joaquín Monegro y Abel Sánchez en su famoso **Abel Sánchez**. Es la envidia de Joaquín por Abel que se convierte en odio y lo lleva a matar a Abel cuando Abel se niega a irse de la ciudad y dejarle al nieto para sí. Aunque no son hermanos de sangre, lo son de crianza. También es la envidia que se convierte en odio que lleva al Aldo de Matute a matar a su hermano Tito en **Los Abel**. En **Primera Memoria**, los hermanos de José Taronjí lo matan porque lo creen un espía de la causa opuesta durante la guerra civil. Pero más representativo del tema y aún más siniestro que los otros ejemplos es el asesinato de Damián a manos de su hermano gemelo, Cosme. Es este Caín (Cosme) que le da muerte al Abel (Damián) que odiaba desde pequeño porque siempre se veía reflejado, al igual que el otro. Después de matar al hermano en *El Otro* de Unamuno, y las dos mujeres se fajan por él, Cosme no sabe si lo quieren a él o buscan al otro en él. Tanto Joaquín como Cosme, a pesar de sus crímenes, dan lástima. No son seres por los cuales somos incapaces de sentir un gesto de compasión como por el Aldo de Matute en **Los Abel**.

Si Unamuno y Matute se valen del uso del **tema de Caín y Abel**, en parte, en su tratamiento de la muerte, un tipo de muerte, García Lorca, con quien y en quien siempre está presente la muerte, no se vale de este tema para representarla. García Lorca no sufrió las experiencias de Unamuno durante una guerra civil y el comienzo de otra porque fue víctima de la que realmente todos hemos llegado a conocer como **la guerra civil (la de 1936).** Pagó con su vida al comienzo y nunca experimentó con ideas que llegaran del extranjero como Unamuno, que leía insasiablemente de otras fuentes y otras tierras al igual que Borges.

Ni Borges ni García Márquez se dedicaron a explorar el tema de la lucha de hermano contra hermano, aunque García Márquez trata de la violencia que reclama vidas de la gente de muchos de los pueblos de su tierra natal por las tropas del gobierno. De los cinco autores, Unamuno estudió más a fondo el **tema de Caín y Abel.** Quizás lo hizo buscando la(s) respuesta(s) que parecía(n) eludirlo toda su vida: **la lucha entre la fe y la razón.**

Ya sea su San Manuel que duda de la vida eterna o su Joaquín Monegro que cree que pudo haber alcanzado la salvación de su alma si hubiera podido querer a su mujer pero no lo hizo porque no quiso, posiblemente porque no se creía digno de ella. La duda con la cual agoniza Unamuno en su colección de ensayos de la **Agonía del Cristianismo,** no se encuentra en las obras de los otros autores. Quiere creer pero la razón se le interpone cuando trata de aceptar la fe. Ninguno de los otros cuatro autores describen esta lucha interna. De los cinco, Unamuno y Borges son los más filosóficos y hasta se intercalan dentro de sus obras. García Márquez trata de hacer lo mismo pero no consigue realizar el impacto de Unamuno en **Niebla** cuando Augusto Pérez se rebela contra su creador y quiere suicidarse y luego Unamuno decide que lo va a matar porque quiere hacerlo y así se lo anuncia a Augusto en su despacho en Salamanca. También Borges logra gran éxito metiéndose como protagonista en *El Aleph*, cuando el "Inglés de la Colorada" le cuenta como obtuvo la cicatriz en *La Forma de la Espada* y otros tantos cuentos.

Unamuno explora la conciencia espiritual, García Márquez la social. Matute se preocupa de la pérdida de la inocencia y la crueldad, Unamuno de la salvación del alma y la vida eterna y quizás la inmortalidad. Unamuno se sirve de sus estudios filosóficos, García Lorca se deja arrastrar por la pasión. Y aunque Borges nunca pudo abandonar su fascinación con la fantasía y los seres fantásticos, junto con Unamuno, logró una universalidad de ideas y de temas.

EJERCICIOS

Además de Unamuno, ¿qué autor usa el tema de Caín y Abel en sus obras? Cite las obras donde aparece este tema?

_____

_____

_____

¿Cuál de los autores mencionados refleja la conciencia de Unamuno? Explique por qué.

_____

_____

_____

Enumere las cosas que tanto Unamuno como Matute trataron de dar a conocer en sus obras acerca de los estragos que causaron las guerras civiles en España.

Unamuno   **Matute**

_____   _____

_____   _____

_____   _____

¿Qué autores se meten dentro de sus obras? Explique como Unamuno manipula a su Augusto Pérez.

_____

_____

_____

_____

¿Por qué cree usted que Unamuno tiene esa lucha interna entre la fe y la razón? ¿Por qué no puede resolverla?

_____

_____

_____

_____

Haga una lista de como los otros autores son similares a o diferentes de Unamuno con respecto a los temas descritos. Al lado de su selección, escriba una **S** si son similares o una **D** si son diferentes.

Temas de composición

1. La lucha entre la fe y la razón desempeña un papel principal en muchas de las obras de Unamuno. Explique como se desarrolla esta lucha en las obras que usted haya leído. Cite ejemplos para reforzar su tesis.

2. Se ha dicho, muchas veces, que una de las grandes preocupaciones de Unamuno fue llegar a alcanzar la inmortalidad. Detalle como esta preocupación está presente en las obras que usted ha leído y explique si el autor resuelve su conflicto.

3. En las obras de Unamuno también encontramos los temas de Caín y Abel, la envidia y el odio. Explique como los caracteres, en las obras que usted haya leído, representan cada uno de estos temas y como éstos afectan a los personajes en las obras.

4. Al final de **NIEBLA**, Augusto Pérez amenaza con matar a Unamuno. Lo hace, no sólo porque no quiere aceptar el papel de ente de ficción, pero porque no quiere morir del todo. Unamuno decide darle fin a la vida de su personaje. Existe cierto paralelo entre la lucha del protagonista cuando se rebela contra su creador y la lucha que sostiene Unamuno con el suyo. Explique el paralelo que existe entre Augusto Pérez y Unamuno, citando ejemplos de las obras que usted haya leído para comprobar o rechazar este comentario.

5. Miguel de Unamuno se refiere, una y otra vez, al "hombre de carne y hueso". ¿Quién es este "hombre de carne y hueso" y que relación tiene a su tema constante de la inmortalidad?

6. Varios críticos han mencionado que al leer las obras de Unamuno y las de Matute, en las que los dos autores hacen uso del tema de Caín y Abel, los lectores sienten pena por el Caín de Unamuno pero no por el Caín de Matute. Exprese su reacción a esta observación, citando ejemplos de las obras que usted haya leído para comprobar sus razones.

7. En muchas de las obras de Unamuno, el autor presenta a los hombres como miñicos, zánganos, homúnculos, criaturas débiles, que se doblegan a la

voluntad de mujeres fuertes y dominantes. No hay una gran pasión que mueve o conmueve a sus protagonistas: no viven, parecen sólo existir. Examine la validez de esta observación comentando como se comportan los personajes de las obras que usted haya leído.

8. San Manuel Bueno, al igual que Unamuno, quiere creer pero no puede aceptar la fe ciega que niega la razón. San Manuel agoniza como Don Miguel también agonizó. Explique las razones que el autor depicta en sus obras que demuestran tanto la agonía del creador como la del ser creado. Enumere los ejemplos que puedan reforzar este punto de vista.

9. " ... la envidia que yo traté de mostrar en el alma de mi Joaquín Monegro es una envidia trágica, una envidia que se defiende, una envidia que podría llamarse angélica; pero esa otra envidia hipócrita, solapada, abyecta, que está devorando a lo más indefenso del alma de nuestro pueblo - esa envidia colectiva ... " Aquí Unamuno contrasta dos atitudes diferentes sobre la envidia: una personal, la otra social. Abel representa la última. Examine la validez de esta interpretación, comentando sobre el comportamiento de Joaquín y Abel en **ABEL SÁNCHEZ**.

Federico García Lorca

Comparación y contraste de los autores y sus obras

Federico García Lorca, el más trágico de los cinco autores, murió asesinado por la guardia civil española casi al comienzo de la guerra civil, el 19 de agosto de 1936. En sus escasos treinta y ocho años de vida nos deja un conjunto de letras que llega a cambiar la literatura española tradicional con una que la hace muy suya. García Lorca experimenta con los movimientos de vanguardia de su tiempo: el ultraísmo y el surrealismo e incorpora algunas de las ideas de estos movimientos con el tradicionalismo de su tierra para formar un conjunto que llegamos a conocer como la obra lorquiana. A García Lorca se le llegó a conocer como el cantor de los gitanos porque se identificó con este grupo por medio de su cante jondo y sus romances. Se identificó con los gitanos, los moros y los judíos porque tanto ellos como él habían sufrido persecuciones y aislamiento ya que se les consideraban diferentes del resto del grupo.

García Lorca vivió y sufrió la Pena de su Soledad Montoya, la pena que él describe que es típica andaluza, y que muchas veces lo mete dentro de su "penumbra sentimental" durante sus crisis emocionales. Es esta la pena que introduce y describe en casi todas sus obras y desborda en sus poemas, sus dramas, sus farsas y sus tragedias - la violencia al final de la cual llega la muerte.

García Lorca escribió de todo aquello que él conocía a fondo y con lo cual se había relacionado íntimamente. Ana María Matute también escribió acerca de todo aquello que formó parte de su vida y de su conciencia, al igual que Gabriel García Márquez en algunas de sus obras y Miguel de Unamuno en las suyas. Borges relató más el mundo de su fantasía, el mundo que él creó para el deleite de sus lectores.

García Lorca se sentía aislado de todos y de todo por sus tendencias sexuales que eran incompatibles con las normas de la sociedad en que vivía y de la iglesia que conocía desde su niñez. Encuentra lo que cree ser un alma gemela en Salvador Dalí y parte con el corazón destrozado cuando éste tanto como Luis Buñuel critican la poesía que brota de su alma ya que no se ha suscrito por completo al surrealismo pero combina las ideas de vanguardia con las viejas tradicionales que ellos repudian - el eco de Dalí a su "Verde que te quiero verde" es Verde que te odio verde". Su **Poeta en Nueva York** sirve como testamento de su doloroso aislamiento.

El aislamiento de Ana María Matute era menos certero pero muy doloroso también. Desde un principio, debido a ser tan enfermiza, pasó temporadas fuera de su casa y nunca se le aceptaba como oriunda ni de Cataluña ni de Castilla. Su padre siempre andaba de viajes de negocios y su madre era una mujer poco cariñosa. Se casa y el marido derrocha el dinero que ella gana y salta de una trampa para otra. En la trilogía de **Los Mercaderes**, la autora nos presenta una colección de seres aislados que existen en los confines de una isla: Matía cree liberarse del aislamiento que la rondaba desde temprana edad cuando llega a conocer a y se enamora de Mario, pero cuando su hijo Bear mata al hombre responsable por la muerte del padre de Mario durante la guerra civil, todos sus planes se desbaratan, cae de nuevo en **La trampa** de la vida y sigue condenada a vivir aislada. En otras obras de Matute también encontramos otros ejemplos del tema del aislamiento al igual que lo encontramos en la obra de Gabriel García Márquez. Simón Bolivar, aunque lleva a muchos de sus hombres en su última travesía en **El general en su laberinto**, sufre el aislamiento supremo cuando tiene que renunciar el cargo de presidente y ve su sueño de una unión de los estados Sudamericanos hechos añicos y sufre el exilio. **Cien años de soledad** también marca el aislamiento de varias generaciones de una familia, al igual que el protagonista de **El coronel no tiene quien le escriba**, entre otros. Pero no es el aislamiento el tema de que más se valen tanto García Lorca como García Márquez. Estos dos autores usan el tema de la sexualidad y el incesto.

En García Lorca, el deseo sexual lleva a sus protagonistas a la frustración cuando ven sus deseos frustrados: Don Perlimplín ama a su mujer pero no es un hombre joven y se suicida por la impotencia que sufre; en "*Preciosa y el aire*", el viento trata de hacerle el amor a la joven gitana, pero ella se le escapa a pesar de que la persigue. Adela en "**La casa de Bernarda Alba**" se suicida porque cree que Bernarda ha dado muerte al hombre que deseaba. La mariposa, en "**El maleficio de la mariposa**" abandona al amante cuando se cura y la Novia en "**Bodas de sangre**", se huye con Leonardo para satisfacer la pasión sexual que los consume a los dos, pero regresa frustrada después de la muerte de Leonardo y el Novio, ya que todavía es virgen porque su amante nunca conoció su cuerpo. García Márquez por otro lado, aunque se vale de la sexualidad en sus obras, no describe una pasión sensual al estilo de la obra lorquiana. Los hombres de García Márquez usan los cuerpos de las mujeres para desahogarse no porque una gran pasión los conmueve. **El otoño del patriarca** es un ejemplo de ésto. Tanto el Patriarca como su compañero de armas ni siquiera se desnudan para consumar el acto sexual. García Márquez introduce el incesto entre hermano y hermano y tías y sobrinos y primos en **Cien años de soledad** y *Los funerales de la mamá grande,* mientras que García Lorca, que se dice se valió mucho de este tema, lo usó directamente en su poema de "*Thamar y Amnón*", en la que pinta a Thamar como la seductora ya que Amnón podía verla desnuda y cambia el tema bíblico describiendo a Amnón como al seducido.

La violencia siempre está presente en las obras de García Lorca, pero es más una violencia individual que colectiva como en las obras de García Márquez. En la obra lorquiana, tanto la pasión como el honor y la esterilidad llevan a la violencia que culmina en la muerte: Leonardo y el Novio se matan, uno por la pasión y el otro por el honor; los primos de Antoñito el Camborio lo matan porque Antoñito no se portó como gitano legítimo y se dejó coger por la guardia civil sin esfuerzo. Yerma estrangula a Juan porque no le da los hijos que ella quiere ya que parece que es estéril y su honor no le permite buscar otro hombre. La violencia colectiva aparece en las obras de García Márquez. Esta es la violencia que las autoridades del gobierno imponen a la gente del pueblo. Como tres ejemplos de esta violencia tenemos las luchas que el escritor describe entre las tropas del gobierno y los trabajadores en **La hojarasca**, **La mala hora** y **Cien años de soledad**.

García Lorca se vale de símbolos para representar algunos de sus temas: la naturaleza y los animales siempre están presentes. La luna se encuentra unida a la muerte en la forma de mujer; el viento es hombruno y sexual; el caballo y el toro como símbolos sexuales y siempre los colores. El puñal y la navaja representan los instrumentos de la muerte y el fin de la Pena y el encuentro con la muerte. García Márquez siempre está oliendo, sobre todo, el olor de la guayaba. García Lorca experimentó con otras formas, pero casi siempre, de una forma u otra, regresaba a sus raíces tradicionales que trató de abandonar con su **Poeta en Nueva York**. Unamuno experimentó con sus *nívolas* y nos presentó sus dudas y sus luchas entre Caín y Abel. Borges experimentó con la fantasía, Ana María Matute se unió a la "nueva oleada" y al igual que Unamuno expuso la idea que el consuelo amoroso era capaz de redimir las almas. Gabriel García Márquez expuso el realismo mágico. Quizás de todos, el de menos años, el que trató de hallarse y expresarse como era, el que más disfrutaba del don tanto de la palabra escrita como la hablada, ése, don Federico García Lorca, es el más trágico y el más atormentado de todos.

EJERCICIOS

¿A qué se refiere la violencia individual; la colectiva? Cite ejemplos de cada una.

_____

_____

_____

_____

Tanto la sexualidad como el incesto desempeñan papeles en las obras de García Lorca y ¿qué otro autor? Explique el uso de estos temas citando ejemplos.

_____

_____

_____

_____

_____

_____

¿De qué símbolos se vale García Lorca en sus obras, y cómo los usa?

_____

_____

_____

Haga una lista de los temas de otros autores que se identifiquen con los temas de García Lorca citando ejemplos de ellos en las obras de los otros.

_____

_____

_____

_____

¿Qué diferencias o similaridades encuentra usted entre las obras de Unamuno y Borges con las de García Lorca? Cite ejemplos de cada una.

_____

_____

_____

_____

Temas de composición

1. La muerte, la navaja, los cuchillos, ya sea el tema o los símbolos, siempre están presentes en los dramas y los poemas de García Lorca. Explique como el dramaturgo/poeta emplea el tema de la muerte y hace uso de los símbolos que la representan en las obras que usted haya leído.

2. El tema de la frustración se encuentra entrelazado con el tema del honor en varias de las obras de García Lorca. Explique la validez de esta observación citando ejemplos de las obras del autor que usted haya leído.

3. El presagio de la muerte, el destino fatal, siempre están presentes. El destino no es solamente la muerte pero una muerte violenta. Lorca hace uso de los colores, los puñales, las navajas y los cuchillos. Hace uso, también, de la luna y la muerte personificadas como mujeres que son la muerte o presagio de ella. En las obras que usted haya leído, explique si usted encuentra justificación para comprobar la validez de esta observación. Cite ejemplos.

4. En muchos de los dramas lorquianos la luna siempre está presente y parece ayudar a la muerte cuando busca la sangre después que el cuchillo o la navaja ha truncado el cuerpo de algun ser humano. Presente un análisis de esta exposición en las obras que usted haya leído.

5. Comenten sobre las fuerzas que empujan a los protagonistas del teatro lorquiano a desenvolverse en un ambiente regido exclusivamente por la pasión, la violencia y la muerte. Cite ejemplos para reforzar su tesis.

6. En *Bodas de sangre* la Mendiga representa la justicia de la muerte: si cualquiera de los dos hombres llegara a sobrevivir la lucha, no hubiera tenido nada excepto la desgracia. La vergüenza hubiera sido la acompañante del sobreviviente al igual que lo es para algunos de los que lamentan la muerte de los dos hombres. Explique la validez de esta observación dando ejemplos que verifiquen su punto de vista.

7. Los caracteres dramáticos del mundo lorquiano responden a la realidad del dramaturgo que crea para ellos un mundo donde sólo existe el dolor y el sufrimiento. Lorca hace prisioneros de sus protagonistas. Examine la validez de

esta observación dando a conocer las fuerzas que actúan sobre los caracteres que contribuyen a los extremos mencionados.

8.   "El veinticinco de junio
le dijeron al Amargo:
Ya puedes cortar, si gustas,
las adelfas de tu patio.
Pinta una cruz en la puerta
y pon tu nombre debajo.
Porque cicutas y ortigas
nacerán en tu costado,
y agujas de cal mojada
te morderán los zapatos."

Explique el significado de estos versos tomados del "Romance del emplazado" y relaciónelos con otros que usted haya leído.

Ana María Matute

Comparación y contraste de los autores y sus obras

Cada uno de los cinco autores representa un grupo, un movimiento, una entidad muy diferente el uno del otro. Los une un tema en particular o los separa más de un océano en general. Ana María Matute, que representa la "nueva oleada", introduce el tema de Caín y Abel en **Los Abel** cuando Aldo mata a su hermano Tito en un arranque de celos y lo continúa en **Los hijos muertos** con la muerte de Verónica y el hijo que no llega a nacer, en el medio de un bombardeo, durante la guerra civil española. Unamuno, miembro de la generación del '98 (1898), también desarrolla el mismo tema con su Joaquín Monegro en **Abel Sánchez** y Cosme en "*El otro*". Ninguno de los otros tres: ni García Lorca, de la generación del '26; ni Borges, la personificación de la fantasía; ni García Márquez, del realismo mágico, tratan este tema, por lo menos de la manera expresada por los dos primeros.

La sexualidad que invade casi todas las obras de García Lorca y de García Márquez no encuentran el mismo enfoque en las obras de Matute aunque ella trata del amor. No un amor que se funde en la pasión o en el deseo pero un amor que redime y permite al alma torturada de Mario y Matía hallar la paz, al igual que Manuel y la mujer de Jeza que se encuentran por medio de la atracción que ambos sienten por Jeza. Ese amor que redime y permite que uno encuentre la salvación del alma, también lo expone Unamuno cuando Joaquín se está muriendo y le confiesa a Antonia que él pudo haberse salvado si la hubiera querido pero que no la había querido porque no quiso hacerlo.

Aunque los protagonistas de las obras de Ana María Matute llegan a conocer la llama tenue del amor, nunca logran disfrutarlo más que un instante porque alguna fuerza impuesta por el destino se les interpone: Jacqueline deja a Tito y se casa con Aldo, su hermano, cuando se entera que Tito y su propia madre habían sido amantes, aunque lo sigue queriendo, en **Los Abel**; Daniel pierde a Verónica y al hijo que nunca llega a nacer en **Los hijos muertos**; Zazu se suicida antes de sucumbir al dominio de Marco sobre su vida en **Pequeño teatro**. Si el amor en las obras de Ana María Matute se sostiene con una llama tenue, el ardor de Florentino Ariza por Fermina Daza en **El amor en los tiempos del cólera** de García Márquez es una llamarada. Enamorado de Fermina, Florentino la espera por muchos años y después de la muerte del esposo de Fermina, a pesar de la oposición inicial de ella, logran darle calor a las cenizas de aquel amor de la juventud de ambos y se embarcan en un barco sin rumbo ya que debido a la cólera no pueden desembarcar en ningun puerto.

A pesar de que el amor es una emoción casi elusiva en las obras de Ana María Matute, la crueldad y el aislamiento persisten en amargarle la vida a muchos: Juan Medinao en **Fiesta al noroeste** trata de comprar la amistad de Dingo ya que es el único amigo que tiene y Dingo le roba el dinero y lo abandona cuando eran chicos; cuando trata de ganarse el cariño de su medio hermano que siempre lo rechaza, seduce a la madre de éste y se casa con la novia del joven ofreciendo repartírsela entre los dos pero el hermano se marcha y reina el aislamiento y la soledad al igual que los Buendía abandonan a Rebeca cuando ella se pone a vivir con su hermano de crianza, José Arcadio y muere sola y aislada mucho después de la misteriosa muerte del hombre en **Cien años de soledad** de Gabriel García Márquez.

El tema de la sexualidad que siempre está tan presente y desempeña papel tan importante en las obras del mago del realismo y las de García Lorca carece de importancia similar en las obras de Ana María Matute. El aislamiento, la soledad y la crueldad de los niños tienen mayor importancia para ella. García Márquez también trata de la soledad y el aislamiento, como hemos encontrado al leer sus obras y en **Cien años de soledad** hace uso del derruído galeón español que se encuentran en tierra, tratando de encontrar la salida al mar, como símbolo del aislamiento de la gente en su novela. Ana María Matute describe la crueldad de los niños en muchas de sus obras, sobre todo en **Los niños tontos** y en **Los Abel** cuando describe el tratamiento del niño que viene de visita y el comportamiento de los hijos de Los Abel hacia él. Nuestra autora siente la necesidad de expresar sus sentimientos acerca de los temas que ya hemos mencionado, pero además de ellos, hay otro que parece tener cierta fascinación para ella - la fantasía. Ella crea el mundo de la fantasía para ofrecerle la oportunidad a sus protagonistas de escaparse de la realidad de sus vidas y cuando salen fuera de este mundo ilusorio no tienen más remedio que morir ya que es muy doloroso enfrentarse con la realidad de la vida tal como la describe en **Tres y un sueño**. Este mundo de la fantasía de Matute es muy diferente al de Borges. En el mundo de Borges entramos y nos quedamos dentro de ese mundo fantástico que estimula los sentidos, no sentimos ni pena ni dolor ni ansiedad sino entusiasmo por lo que pinta y describe y queremos discutir con otros lo que acabamos de leer. No nos quedamos con la congoja que nos invade al terminar cualquier obra de Matute, nos quedamos con una sonrisa en los labios y pensamos más y más y más.

EJERCICIOS

¿A qué grupo o movimiento pertenece Ana María Matute?

_____

_____

¿Qué contraste puede encontrar entre las obras de Ana María Matute y las de los otros autores? Cite ejemplos.

_____

_____

_____

_____

_____

_____

_____

¿Compare el tratamiento del Caín y Abel de Unamuno con el de Matute?

_____

_____

_____

_____

¿Cómo presentan el amor Unamuno, Matute y García Márquez?

_____

_____

_____

_____

_____

La tía Tula de Unamuno es una mujer que niega sus sentimientos porque Ramiro se fijó en su hermana primero en vez de en ella; La Isabel de Ana María Matute en **Los hijos muertos** trata de hacer a Daniel pagar por querer a Verónica y no a ella. Explique el contraste que existe entre las dos protagonistas.

_____

_____

_____

_____

_____

¿En qué se parece Ana María Matute a Borges y cómo difiere ella de él?

_____

_____

_____

_____

_____

Ana María Matute desarrolla el tema de la crueldad. ¿Quiénes son los protagonistas de los ejemplos de este tema?

_____

_____

_____

_____

Temas de composición

1. Tres temas se repiten en todas las obras de Ana María Matute: la crueldad, la soledad y el aislamiento. Comente, citando ejemplos concretos, de como la autora hace uso de estos temas en las obras que usted haya leído.

2. Explique los temas principales que Ana María Matute usa en la trilogía de **LOS MERCADERES**, a medida que se desarrollan las tres novelas: **PRIMERA MEMORIA**, **LOS SOLDADOS LLORAN DE NOCHE** y **LA TRAMPA**, citando ejemplos.

3. "Era dulce y süave en su presencia, y conocía muy bien el significado de las palabras herencia, dinero, tierras. Era dulce y süave, digo, cuando le convenía aparecer así ante determinadas personas mayores. Pero nunca vi rodomado pillo, embustero, traidor, mayor que él; ni tampoco, otra más triste criatura." Explique el significado de este trozo de **PRIMERA MEMORIA** y relaciónelo con otros que usted haya leído en las obras de Ana María Matute.

4. Los temas principales en las obras de Ana María Matute son la soledad, el aislamiento, la crueldad, la pérdida de la inocencia, la muerte, la envidia, el odio y el tema bíblico de Caín y Abel. Escoja tres de los temas mencionados y escriba un ensayo explicando el desarrollo de los temas en las obras de Matute que usted haya leído.

5. El tema principal de **LOS ABEL** es la desintegración de una familia. Explique como ésto sucede y como cree que pudo haberse evitado.

6. En **LOS HIJOS MUERTOS**, Mónica le grita a Isabel que estar muerto no sólo se refiere a los que han cesado de respirar en esta vida, pero también se refiere a los que viven como muertos como Isabel. Explique el significado de estas palabras y relacione esta observación de Mónica a otras obras de la autora que usted haya leído.

7. La pérdida de la inocencia es un tema que recurre una y otra vez en las obras de Matute. Explique como la autora desarrolla este tema en las obras que usted haya leído.

8. La soledad, la crueldad y la hipocresía parecen ir mano a mano en las obras de Matute. Sus protagonistas son seres solitarios, crueles, y en la mayoría de los casos, hipócritas. Examine la validez de esta observación dando a conocer las fuerzas que actúan sobre los caracteres y los convierten en seres solitarios, crueles e hipócritas en las obras que usted haya leído.

9. La crueldad de los niños se encuentra en casi todas las diferentes narraciones que comprenden el pequeño librito **LOS NIÑOS TONTOS**. Se ha dicho que la autora se refiere a estas narraciones como una colección de cuentos de niños tristes para niños alegres. Explique que lecciones podría aprender un niño alegre acerca de estos niños tristes y la crueldad que sufren a manos de otros.

Jorge Luis Borges

Comparación y contraste de los autores y sus obras

Junto con Miguel de Unamuno, Jorge Luis Borges ha sido el más filosófico de los autores de la literatura de AP que se estudian ahora. Sus cuentos, productos de una mente fértil y creadora de todo aquello que tiene su base en la fantasía, nos entretienen a la misma vez que nos retan a pensar. Por medio de la obra de Borges entramos en un mundo de fantasía mediante el cual exploramos infinidad de ideas al tratar de resolver múltiples rompecabezas. Con Borges, y por medio de Borges pensamos con la cabeza, mientras que con García Lorca nos dejamos llevar por el corazón. El primero nos obliga a descifrar y a analizar y el otro nos invita a sentir y a padecer.

En tres de los cuentos de Borges encontramos alusiones relacionadas con el acto sexual: *"Emma Zunz", "La intrusa"* y *"La secta del Fénix"*. Emma Zunz se vale del acto sexual para crear una red de evidencia que justifique la muerte del estafador Loewenthal a sus manos para vengar la muerte de su padre. Los dos hermanos que se reparten a "la intrusa", la matan porque la desean tanto que se fajan por ella y se unen más por la necesidad de guardar el secreto de la mujer sacrificada. El secreto que une a todos los miembros de la secta es el conocimiento del acto sexual que se pone en ridículo cuando se llega a conocer el secreto. Al presentar estos pocos vestigios como ejemplos de la sexualidad en la obra de Borges, se podrá notar que la idea de establecer alguna comparación o contraste con Lorca o con García Márquez sobre este tema sería ridículo. Sin embargo, lo que no tendría nada de ridículo es notar que tanto García Márquez como Borges hacen uso del tiempo en sus obras. García Márquez se vale del tiempo en su narración de las generaciones en **Cien años de soledad**, como ejemplo de una, pero no llega a las alturas de Borges que se vale del tiempo y el espacio en casi todas sus obras sobre todo en sus cuentos del *"Jardín de senderos que se bifurcan", "Las ruinas circulares", "La muerte y la brújula"* y *"La Biblioteca de Babel"*. La maestría de Borges en sus juegos mentales con el tiempo y el espacio escala otra cima con *"El milagro secreto"* cuando Jaromir Hladick, condenado a muerte, le pide a Dios un año de plazo para poder terminar su drama antes de que lo fusilen. Los soldados lo vienen a buscar para llevarlo al paredón antes de la nueve. A la hora señalada, las nueve en punto, levantan los fusiles y apuntan. Todo se queda inmobilizado. Dios le concede el plazo que pide, Jaromir termina su drama en la memoria y muere a las 9 y dos minutos de la mañana. Diferente a éste pero con la misma idea que entreteje el tiempo y el espacio es "*El sur*" en que Dahlmann, que en realidad es el mismo Borges, despierta después de una intensa pesadilla cuando siente "que una aguja penetra su carne (la inyección)" retornándolo a la realidad que nunca se había visto precisado a pelearse con un puñal.

Además de los conceptos del tiempo y el espacio, Borges es el maestro sin rival del concepto del laberinto. El laberinto de la vida que explora tan hábilmente lo encontramos en muchas de sus obras pero no en las obras de los otros. Su "*Jardín de senderos que se bifurcan*" es uno de varios ejemplos. Aquí, Yu Tsun tiene que escoger el sendero que lo lleve a la casa de Albert después de hallar su nombre en la guía de teléfonos, y continúa explorando, paso a paso, el laberinto que el destino le ha puesto en frente para dar fin a su misión de espía alemán. El laberinto de Albert es hallarse en el lugar para que Yu Tsun pueda cumplir su objetivo. De vez en cuando, Borges logra meterse dentro de su propio laberinto y participa en sus cuentos, abiertamente, al igual que Unamuno lo hace en su **Niebla**. Borges participa con su doble en "*El otro*" en la colección del **Libro de Arena**, al igual que es Dahlmann en "*El Sur*", el narrador de "*El soborno*" en la colección de **El oro de los tigres** y "*La forma de la espada*" de la colección de **Artificios**, y otras tantas.

En todas ellas, las mencionadas y las que quedan por mencionar, Borges nos presenta diferentes percepciones de la realidad que las expresa en sus obras y se desenvuelven entre el tiempo y el espacio. La idea del doble en "*La muerte y la brújula*" en la que tanto el detective como el criminal pueden ser la misma persona, los dos son el mismo que presenta dos caras diferentes al resto del mundo, uno como representante del bien y el otro del mal y se funden en la misma persona. Y la percepción de la realidad continúa con el soñador de "*Las ruinas circulares*" que se da cuenta de que él también había sido el sueño de otro soñador.

EJERCICIOS

Además de Borges, ¿qué otro autor hace uso del tiempo en sus obras?

_____

_____

Explique el uso de la percepción de la realidad en las obras de Borges.

_____

_____

_____

_____

Haga una lista de las diferencias, similaridades entre Borges y los otros autores. Marque con una **S** la similaridad y con una **D** la diferencia.

____	____	____	____	____
____	____	____	____	____
____	____	____	____	____
____	____	____	____	____
____	____	____	____	____

Temas de composición

1. Dos de las ideas principales en las obras de Jorge Luis Borges son el tiempo y la eterna búsqueda por algo o por alguien que le dé significado a la vida. Explique como el autor desarrolla estos temas en las obras que usted haya leído.

2. Tres temas se repiten en las obras de Jorge Luis Borges: el laberinto de la vida, el tiempo y el espacio. Explique como el autor relaciona estos temas en las obras que usted haya leído.

3. En "*Las ruinas circulares*" y en "*La Biblioteca de Babel*", Jorge Luis Borges hace uso de sus temas predilectos. Nombre tres de estos temas y comente como el autor los desarrolla en las dos ficciones.

4. La idea del doble aparece una y otra vez en las obras de Borges. Comente como el autor desarrolla este tema en las obras que usted haya leído.

5. La fantasía y los seres fantásticos están presentes en la mayoría de las obras de Jorge Luis Borges. Comente sobre la validez de esta observación, añadiendo detalles que refuerzen su punto de vista.

6. El significado de la vida es una preocupación tanto de Borges como de Unamuno. Explique la validez de esta observación, usando ejemplos de las obras de ambos autores que usted haya leído para reforzar sus ideas.

Gabriel García Márquez

Comparación y contraste de los autores y sus obras

Raras veces Gabriel García Márquez "nos ofrece la idea de una mujer cariñosa, llena de recuerdos amorosos de su familia, abnegada, cuyos mejores instintos la llevan a tratar de sacrificar todo por el bienestar de los que están a su cargo. En **Cien Años de Soledad**, cuando la madre se entera de que van a fusilar a Aureliano, ella registra su memoria y no puede acordarse de nada relacionado con el hijo. La abuela de "*La increíble y triste historia de la cándida Eréndira y de su abuela desalmada*" obliga a la nieta de doce años a servir de prostituta para ella poder disfrutar del bienestar que se le escapó de las manos en llamas y humo. La "Mamá Grande" en "*Los Funerales de la Mamá Grande*" sólo se ocupa de regir a su prole con manos férreas, la adquisición de tierras y la propagación de la familia. La madre en **El amor y otros demonios** no tiene ningún interés en la hija que quizás se esté muriendo de rabia, su único interés es tener al hombre que pueda satisfacer sus deseos sexuales que no es su marido. Florentina Daza y la amante de Simón Bolivar son las únicas que no pinta tan mal. Aunque García Lorca en "*La casa de Bernarda Alba*" y Miguel de Unamuno en **La tía Tula** pintan mujeres fuertes y dominantes como Bernarda Alba y Gertrudis (la tía Tula), ninguno de estos dos llegan a personificar a la mujer de la manera de la cual García Márquez lo ha hecho - mujeres que parecen incapaces de sentir.

Gabriel García Márquez se vale del tema de la sexualidad al igual que García Lorca, siempre está muy presente en todas sus obras, pero no es la pasión irresistible que arrastra a los protagonistas de Lorca cuya sexualidad se une al amor, por violento que sea; la sexualidad en Márquez es la culminación del deseo o la satisfacción del acto.

Además de la sexualidad, varios de los protagonistas de las obras de ambos autores se encuentran en conflicto con las normas establecidas por la sociedad. En las de García Lorca, el sentido del honor impide que sus protagonistas lleven a cabo sus deseos: la Novia reclama que es virgen, Yerma quiere un hijo, mata al marido que no se lo puede dar, pero se mantiene una mujer honrada porque no puede hacer otra cosa y Bernarda pide que repiquen las campanas que Adela había muerto virgen. En las obras de García Márquez, el resultado del incesto en **Cien años de soledad** es que los hijos puedan nacer con colas de cerdo. En **Del amor y otros demonios**, el cura llega a conocer carnalmente a la niña que dejan a su cuidado y despierta en ella el amor sexual.

Se ha establecido que tanto la mujer como la sexualidad desempeñan papeles importantes en las obras del mago del realismo pero también la violencia es parte de ellas. La violencia a la cual se refiere es más una violencia colectiva que individual. Es la violencia represiva de las tropas del gobierno aunque en el caso de **Crónica de una muerte anunciada**, es la violencia individual cuando los hermanos gemelos de Ángela Vicario asesinan a Santiago Nasar porque lo creen responsable de la deshonra de la hermana que había mentido.

EJERCICIOS

¿Cómo trata Gabriel García Márquez a la mujer en sus obras? Cite ejemplos.

_____

_____

_____

_____

Detalle los conflictos que se describen en las obras de García Lorca y las de García Márquez con las normas aceptadas por la sociedad.

_____

_____

_____

_____

Haga una lista de los temas que se encuentran en las obras de García Márquez, diga donde se encuentran y detalle como los desarrolla.

_____

_____

_____

¿Qué contraste encuentra entre las obras de García Lorca y las de García Márquez?

_____

_____

_____

Temas de composición

1. Se ha dicho más de una vez que García Márquez mezcla el realismo con la fantasía en sus obras. Explique la validez de esta observación citando ejemplos de dos o tres obras que usted haya leído.

2. Muchas veces, a pesar de la tragedia de sus protagonistas, el humor resalta en las obras de García Márquez. Cite ejemplos de esta observación en las obras que usted haya leído.

3. Tanto García Márquez como Federico García Lorca se valen de la sexualidad para dar a conocer que muchas veces la pasión destruye a sus personajes. Cite ejemplos que apoyen o nieguen la validez de esta observación.

4. La soledad es uno de los temas más frecuentes en las obras de este autor. Detalle como García Márquez describe los estragos que causa en las vidas de dos de sus protagonistas.

5. La violencia, a la par de la soledad, siempre está presente. ¿A qué tipo de violencia se refiere García Márquez? Cite ejemplos de las obras que usted haya leído para reforzar su punto de vista.

6. Como estudioso de Borges, García Márquez también funde muchas de sus ideas en la fantasía. Compare o contraste el uso de la fantasía en las obras que usted haya leído de los dos autores, citando ejemplos de cada una.

GUÍA PARA ESCRIBIR UN ENSAYO

Tanto Federico García Lorca como Gabriel García Márquez justifican la violencia de sus protagonistas para vengar el "honor". Ya sea éste el honor propio o el honor de un familiar que llegue a reflejarse como oprobio al resto de la familia. Explique, con ejemplos, como usan estos dos autores el tema del honor.

Enfrentándose con tal idea, es necesario escoger, como mínimo, dos de la obras de cada autor y hacer una pequeña esquema bajo cada uno, para tener materia suficiente para un ensayo:

García Lorca

1. Bodas de sangre - el Novio mata a Leonardo para reparar su honra; la Novia insiste en que la Madre sepa que es virgen, el amante no conoció su cuerpo.

2. Yerma - quiere tener un hijo y se le ofrece la oportunidad pero no la acepta. Es una mujer honrada. Su honra no se lo permite.

García Márquez

1. Cien años de soledad - el primer Buendía le atraviesa la garganta de su buen amigo con una lanza, en una gallera, por insinuar que el gallo de pelea era más macho que él.

2. Crónica de una muerte anunciada los hermanos Vicario asesinan a Santiago Nasar para vengar la honra de su hermana.

Al leer las obras de ambos autores, descubrimos que es cierto que la honra desempeña un papel muy importante en las obras de ambos autores. Cuando el amigo de Buendía insinúa que el gallo es más hombre que el hombre que creía ser su amigo, Buendía lleno de rabia sale y busca una lanza con la cual le atraviesa la garganta y lo mata. Así ha vengado su honor y todos están de acuerdo de que no tuvo más remedio que matar al amigo por el gran insulto a su hombría. El asesinato del desventurado Santiago Nasar encuentra justificación ante la gente del pueblo porque había sido "cosa de honra". Los hermanos habían "reparado la deshonra de la hermana". Para continuar reparando la deshonra, el Novio y Leonardo se matan. El hijo instigado por la Madre que debe matar para reparar su honra. La Novia que le pide a la Madre que sepa que es una mujer honrada a pesar de la tragedia ya que su amante nunca llegó a conocer su cuerpo. Yerma se desespera por tener un hijo y se le ofrece la oportunidad de obtener su deseo, pero como mujer honrada, no le puede faltar al marido. Cuando, Juan, el marido, le anuncia que no van a tener hijos, ella lo estrangula y anuncia que acaba de matar a su hijo, ya que sin su marido, su honra no le permite obtener lo que más ansía.

APUNTES SOBRE LA POESÍA

Durante los estudios de los cinco autores de la literatura del AP, nos hemos dedicado a hablar de y a recrear, en forma más fácil de digerir, selecciones representativas de la obra de cada uno. De cuatro de ellos, nos concentramos en la prosa y sólo en uno, Federico García Lorca, nos dedicamos en gran parte a su poesía. Gil de Zárate nos dejó por escrito una comparación del estilo poético con el de la prosa, y que mejor comparación de estos géneros que la expresión de esos conceptos, en sus propias palabras:

"No es sólo la forma exterior la que distingue estos dos lenguajes, sino también las cualidades intrínsecas, aquéllas, que forman el alma del escrito, y le dan la vida que tiene. La prosa no puede en esto elevarse nunca a la altura de la poesía y cuando lo intenta se hace enfática y ridícula. Los adornos poéticos son como ciertas galas que sientan bien a los reyes y a los altos personajes; pero que deslucen aún más a las gentes bajas, toscas y groseras. La imaginación del hombre, su pensamiento, penetran donde el lenguaje usual no puede seguirlo; para trasladar lo que allí vemos, lo que allí sentimos, necesitamos de un instrumento más poderoso, más eficaz que la prosa, y ese instrumento es el verso."

Toda poesía consiste de versos. Cuando se habla de la estructura de los versos, se refiere al *arte métrica*. El arte de componer versos se llama *versificación*. El *verso* es la expresión sujeta a medida o ritmo y musicalidad. Aunque existen dos sistemas de versificación, la lengua española solamente usa uno: el *sistema cualitativo*. Este sistema se basa en el número de sílabas y la distribución de los acentos.

Los elementos esenciales del verso español son *la medida*, *el acento* y *las pausas*. La medida se determina por el número de *sílabas métricas* que tiene el verso; por lo tanto, se dice que la unidad de medida es *la sílaba*. Para determinar la medida de los versos, hay que tener en cuenta *las sinalefas*, *los hiatos*, *las diéresis*, *las sinéresis* y la clase de palabra final por el acento, es decir, si la última palabra del verso es *aguda*, *breve* o *esdrújula*. Si el verso termina en *palabra aguda*, se cuenta una sílaba más y si termina en *palabra esdrújula*, se cuenta una sílaba menos. Por ejemplo:

Volaremos los dos a la par (10 sílabas porque termina en *palabra aguda*)

Chupar el zumo de hojas heliotrópicas (11 sílabas porque termina en **palabra esdrújula**)

Y del café las sales deliciosas (11 sílabas porque termina en **palabra breve**)

La sinalefa se produce cuando una palabra termina en vocal y la siguiente comienza en vocal, por ejemplo:

En la materna escuela (7 sílabas porque hay sinalefa en materna escuela)

Se produce *el hiato* cuando la vocal final de una palabra no se junta con la inicial de la siguiente, en otras palabras, no se produce la sinalefa, por ejemplo:

Una ola tras otra bramadora (11 sílabas porque hay hiato en Una ola)

La sinéresis se forma en el interior de la palabra cuando dos vocales fuertes forman un diptongo, por ejemplo:

De sanguíneo color se viste el cielo (11 sílabas porque hay sinéresis en sanguíneo)

La diéresis disuelve los diptongos, tales como:

Que cuando de süave (7 sílabas porque hay diéresis en süave)*

Todos los versos tienen un *acento* llamado *obligatorio*. Este *acento* es la palabra final. Por ejemplo:

Venció lo que imposible parecía.
Rasgad de la calumnia el velo odioso.

La pausa es la parada que se hace en la expresión de los versos. En todo verso hay una parada o *pausa final*. Ésta a veces se señala con algún signo de puntuación o por una ligera detención. Esta detención se llama *pausa métrica.*

La pausa que se hace en medio del verso, se llama *cesura* o *pausa interior*. Cada una de las partes del verso dividido se llama *hemistiquio* (de hemi - mitad y stiquio - verso). No siempre, los hemistiquios tienen el mismo número de sílabas. Por ejemplo:

Si ya no vuelves, / ¿a quién confío
mi amor oculto, / mi desvarío,
mis ilusiones / que vierten miel,
cuando me quede / mirando al río
y a la alta luna, / que brilla en él?

* **Suave**: la **u** en suave no lleva diéresis. Si en la poesía se le pone diéresis a la **ü**, sirve para disolver el diptongo.

La rima - cuando dos o más palabras tienen idénticas terminaciones, es decir, que todos sus sonidos, a partir de la vocal acentuada, son iguales, se dice que son de *rima consonante*. Por ejemplo:

> Cultivo una rosa bl*anca*
> en junio como en en*ero*
> para el amigo sinc*ero*
> que me da su mano fr*anca*.

Pero, cuando dos o más palabras tienen iguales, solamente, sus vocales a partir de la acentuada, se dice que son de *rima asonante*. Como ejemplo:

> Himnos le dan de victoria
> y de aromas le perf*u*man
> guerreros que le rodean
> y el pueblo que le circ*u*nda.

En los versos anteriores también puede notarse que las palabras *victoria* y *rodean* no tienen ningún parecido en sus letras finales; no son ni consonantes ni asonantes. En este caso se dice que los versos que así terminan son versos **libres**, **sueltos** o **blancos**.

Aunque la **rima** da musicalidad al verso y contribuye al ritmo, no es un elemento esencial o indispensable. Si comparamos los versos de **rima consonante** con los de **rima asonante** y **los que carecen de rima** - los versos llamados **libres** o **blancos**, podemos ver que la **rima asonante** es la que más se presta a la musicalidad, ya que no tiene excesos en la repetición de sonidos semejantes ni la ausencia de ellos como en los **versos libres**. La **rima asonante** es característica de la poesía española popular tales como los cantares de gesta, los romances, etc.

La versificación con **versos libres** tiene mayor dificultad porque el poeta necesita suplir la belleza de la **rima** con el uso de los **acentos** y la majestuosidad del pensamiento.

EJERCICIOS

¿Cuáles son los elementos esenciales del verso español?

_____

¿Qué hay que tener en cuenta para determinar la medida de un verso?

_____

¿Qué se puede decir acerca de los versos que terminan en **palabra aguda**?

_____

¿Qué se puede decir acerca de los versos que terminan en **palabra esdrújula**?

_____

¿Cuándo puede producirse **la sinalefa**? Dé un ejemplo.

_____

¿Cuándo hay **hiato**? Dé un ejemplo.

_____

¿Qué efectos producen **la diéresis** y **la sinéresis**?

_____

¿Cuántas clases de acentos hay en el verso?

_____

¿Qué es la pausa final?

_____

¿Qué es la cesura? Dé un ejemplo.

_____

_____

¿Qué es un hemistiquio? Diga la etimología de la palabra.

_____

_____

¿Cuándo tienen **rima consonante** los versos? Dé ejemplos.

_____

_____

¿Cuándo tienen **rima asonante** los versos? Dé ejemplos.

_____

_____

¿Qué son versos **blancos, libres** o **sueltos**?

_____

Lea cuidadosamente el párrafo en que Gil de Zárate compara el estilo poético con el de la prosa. Escriba un párrafo expresando esos conceptos en sus propias palabras.

_____

_____

_____

_____

_____

_____

_____

_____

_____

LA POESÍA DE
FEDERICO GARCÍA LORCA

Ya que tenemos una idea del sistema de versificación y de los elementos esenciales del verso a manera de introducción y para facilitar la lectura de la poesía de nuestro poeta, no tenemos más alternativa que investigar los movimientos artísticos/literarios en boga a partir de 1919. Uno de ellos ejerció gran influencia en la obra lorquiana a partir de 1924. Cuando García Lorca llega a Madrid en 1919, ya él había escrito la mayor parte de los poemas que aparecen en su **Libro de Poemas**. En ellos, se nota la influencia de poetas notables del habla hispana como Valle-Inclán, Rubén Darío, Juan Ramón Jiménez y Antonio Machado. Dando comienzo a una nueva generación de poetas, surge la generación del ´26 que llega a rechazar las ideas previamente aceptadas. Esta generación, que cuenta a García Lorca en ella, se coloca al frente de los movimientos de vanguardia artísticos/literarios de 1920 - *el ultraísmo*, y *el surrealismo* de 1924. Guillermo Torre se convirtió en el autor del nuevo vocablo que llegamos a conocer como *ultraísmo.* El *ultraísmo* se refiere a la tendencia estética de la literatura española que recogió las corrientes de vanguardia - el cubismo, dadaísmo, futurismo y que precognizaba el retorno de una poesía pura, desprovista de toda anécdota narrativa o amorosa, junto a una renovación del léxico y de la temática de la poesía lírica. (Pedro Salinas y Jorge Guillén participaron en este movimiento.)

El *surrealismo* abarca el movimiento artístico cuya premisa principal consiste en que el pensamiento subconsciente, tal como se expresa en los sueños y fantasías tiene una realidad superior a la del mundo fenoménico. Esta teoría, que debe mucho a las investigaciones psíquicas de Freud, fue expuesta por André Breton en su manifiesto: "El *surrealismo* es el dictado del pensamiento, libre de todo control de la razón y de toda preocupación estética o moral." García Lorca, Rafael Alberti, Salvador Dalí y Joan Miró, entusiasmados con este concepto, lo adoptan en sus obras: Dalí y Miró en la pintura y Alberti y García Lorca en su escritura.

Poeta en Nueva York es una colección de poemas surrealistas. Con ellos, García Lorca trató de cambiar la opinión pública acerca de sus experiencias literarias. Nuestro poeta quería que se le conociera como un escritor de temas universales, pero nunca logró su propósito. En primer lugar porque no lo era y en segundo porque se le conocía como el cantor de los gitanos y de todo aquello que representaba de una forma u otra a los gitanos. **Poeta** es una colección dificílisima de comprender con la cual trató de descartar la identificación con los gitanos, sin éxito. Adquirió su fama con su *Cante Jondo* que se convirtió en lo más celebrado de casi todo lo que escribió, muy a pesar suyo.

García Lorca era un poeta de gran intensidad que recreó en sus obras, sobre todo en su poesía, la lucha entre la vida y la muerte y batiéndose entre una y otra explora varios tipos de amor y la esterilidad. Se le considera un poeta dramático por los conflictos que crea y un poeta trágico porque la resolución de los conflictos se basa en la destrucción física o psíquica de los participantes.

García Lorca persistió en su formación artística en asimilar los movimientos de vanguardia al mismo tiempo que mantenía sus raíces tradicionales. Incorporó las ideas expresadas en el *surrealismo*, alrededor de 1926, en sus Odas y en algunos de los romances del **Romancero Gitano**, sin subordinar sus ideas al subconsciente. En su conferencia sobre "*Imaginación, Inspiración, Evasión*", él explica que "el *surrealismo* emplea el sueño y su lógica para escapar ... Pero esta evasión por medio del sueño o del subconsciente es, aunque muy pura, poco diáfana. Los latinos queremos perfiles y misterio visible."[1] Y añadió en su conferencia sobre el **Romancero Gitano**, que había elegido esta obra para leer con breves comentarios no sólo por ser su obra más popular, "sino porque indudablemente es la que hasta ahora tiene más unidad y es donde mi rostro poético aparece por primera vez con personalidad propia, virgen de contacto con otro poeta y definitivamente dibujado ... el libro es un retablo de Andalucía con gitanos, caballos, arcángeles, planetas, con su brisa judía, con su brisa romana, con ríos, con crímenes, con la nota vulgar del contrabandista, y la nota celeste de los niños desnudos de Córdoba que burlan a San Rafael. Un libro donde apenas si está expresada la Andalucía que se ve, pero donde está temblando la que no se ve ... un libro anti-pintoresco, anti-folkrórico, anti-flamenco. Donde no hay ni una chaquetilla corta ni un traje de torero, ni un sombrero plano ni una pandereta, donde las figuras sirven a fondos milenarios y donde no hay más que un solo personaje grande y oscuro como un cielo de estío, un solo personaje que es la *Pena* que se filtra en el tuétano de los huesos y en la savia de los árboles, y que no tiene nada que ver con la melancolía ni con la nostalgia ni con ninguna aflicción o dolencia del ánimo, que es un sentimiento más celeste que terrestre; pena andaluza que es una lucha de la inteligencia amorosa con el misterio que la rodea y no puede comprender."[2]

---

1   García Lorca, Federico, **Obras Completas**, Aguilar de Ediciones,   Madrid, Tomo I, 1980
     pp. 1069 y 1070.
2   Ibid., pp. 1113 y 1114.

El poeta continúa la conferencia acusando a los que se creen ser estudiosos de sus obras como seres que se llenan "la boca de baba" en sus esfuerzos por interpretarla. ¿Cómo pueden decir lo que el poeta había pensado o querido decir si él mismo no lo sabía? Pues es muy posible que estos mismos estudiosos se valgan del análisis de lo que ellos creen ser el subconsciente del poeta para presentar sus ideas.

Se ha dicho que en la creación del **Romancero Gitano** abunda la omnipresencia de los instintos sexuales, no el amor pero la pasión física, la pasión prohibida, la pasión reprimida e incestuosa. El tema religioso aparece en cuatro de los poemas pero es un tema religioso del punto de vista lorquiano en el que describe la pasión sexual y religiosa que lleva a la violencia y de ahí a la muerte. García Lorca se vale de las tradiciones gitanas primitivas para crear una especie de mito - la naturaleza (la luna y las estrellas) y los animales (el toro, el caballo).

El primer poema, "*Romance de la luna*", nos lanza al mundo lleno de misterio, imágenes y metáforas. Las primeras líneas nos dan a conocer los protagonistas y el lugar donde ocurre el encuentro entre la luna y el niño - la fragua. Es posible que la fragua sugiera el mundo mágico de los gitanos que se conocían como artistas supremos de todo aquello que tuviera que ver con metalistería. También es muy posible que la luna sugiere una mujer/madre con sus "senos duros de estaño". La luna le dice al niño que los gitanos lo van a encontrar con los ojos cerrados y a pesar de su fascinación con la luna, el niño le pide que se vaya porque no quiere que los gitanos la cojan. Cuando los gitanos regresan, ven la luna en el cielo que lleva al niño de la mano. Se han ofrecido dos opiniones acerca del significado de este poema: la primera que el poema simplemente describe la muerte del niño y la luna es en este caso el símbolo de la muerte; la segunda, cuya interpretación se debe a los estudiosos de Freud, que los gitanos lamentan la separación anormal del niño del resto del grupo.

En tres de los romances la figura central es la mujer y en cada caso se relata una experiencia sexual. En "*Preciosa y el aire*", San Cristobalón acosa a Preciosa con la intención de violarla pero ella se le escapa entrando en la casa del cónsul inglés. Preciosa se ve como el símbolo de la inocencia; San Cristobalón como el viejo tratando de desahogar su deseo sexual que se ve frustrado cuando Preciosa se refugia en la casa del inglés y el inglés como símbolo de un grupo poco apasionado y más bien frío.

El tono de "*La monja gitana*" es más apaciguado con la imagen de una iglesia "que gruñe a lo lejos" como requebrando a la monja por sus "malos" pensamientos, ya que bordaba símbolos sexuales pensando en los caballistas que venían a hacerle el amor. A medida que sigue bordando, el tamaño de los símbolos aumenta.

Soledad Montoya es la personificación de la "*pena negra*" en el "*Romance de *la pena negra*" tal como García Lorca la vio en el **cante jondo**. El poema comienza en la penumbra y se arrima más y más hacia la luz pero termina con la pena constante que le roba cualquier esperanza de un futuro feliz a Soledad, a los gitanos y a nuestro poeta. "La Pena de Soledad Montoya es la raíz del pueblo andaluz. No es angustia porque con pena se puede sonreír, ni es un dolor que ciega puesto que jamás produce llanto; es un ansia sin objeto, es un amor agudo a nada, con una seguridad de que la muerte (preocupación perenne de Andalucía) está respirando detrás de la puerta. Este poema tiene un antecedente en la "*Canción del jinete*" que voy a decir, que a mí me parece ver a aquel prodigioso andaluz Omar-ben Hafsón, desterrado para siempre de su patria."[1]

"*La casada infiel*" es un poema sensual lleno de imágenes eróticas. El protagonista gitano narra el poema en la primera persona y sugiere que se la llevó al río para hacerle el amor "creyendo que era mozuela pero tenía marido" y se da cuenta que no era la tal mozuela sin experiencias sexuales previas. Estudiosos del poema exponen la idea que la "casada infiel" era una prostituta y el regalo del costurero no había sido otra cosa que pago por el acto.

Otro ejemplo de la pasión sexual que trata de un amor físico e incestuoso es el poema basado sobre el tema bíblico de Thamar y Amnón. En el poema lorquiano, sin embargo, la impresión con la cual el lector se queda es que Thamar había sido la seductora y Amnón había sucumbido a sus encantos físicos a pesar de que los dos eran hermanos.

En el "*Romance sonámbulo*" ... "hay una gran sensación de anécdota, un agudo ambiente dramático y nadie sabe lo que pasa ni aún yo, porque el misterio poético es también misterio para el poeta que lo comunica, pero que muchas veces lo ignora ... interpretado por mucha gente como un romance que expresa el ansia de Granada por el mar, la angustia de una ciudad que no oye las olas y las busca en sus juegos de agua subterránea y en las nieblas onduladas con que cubre sus montes. Está bien. Es así, pero también es otra cosa. Es un hecho poético puro del fondo andaluz, y siempre tendrá luces cambiantes, aun para el hombre que lo ha comunicado ..."[2] Aunque como el poeta dice, él no sabe lo que pasa, esos otros a quienes se refiere como gente que se llenan "la boca de baba", aciertan a exponer otras ideas: la hermana de Salvador Dalí sugiere que su hermano, Salvador, aunque muy buen mozo, de tez morena, su piel tenía un matiz verdoso y García Lorca que había sido íntimo amigo de él, se refería al hermano en su "Verde que te quiero verde". El color verde se ha asociado con imágenes eróticas en la obra lorquiana, y es posible que represente la fantasía de

---

1 García Lorca p. 1118.
2 García Lorca p. 1115-1118.

una atracción homosexual. Salvador Dalí repudia la poesía de su ante íntimo amigo en su libro y exclama: "Verde que te odio verde."

"Ahora aparece en el retablo ... *Antoñito el Camborio*, el único de todo el libro que me llama por mi nombre en el momento de su muerte. Gitano verdadero, incapaz del mal, como muchos que en este momento mueren de hambre por no vender su voz milenaria a los señores que no poseen más que dinero que es tan poca cosa."[1] Después de leer los dos poemas: "*Prendimiento de Antoñito el Camborio en el camino de Sevilla*" y "*Muerte de Antoñito el Camborio*", el poeta añade: "Pocas palabras voy a decir de esta fuerza andaluza, centauro de muerte y de odio, que es el Amargo.

Teniendo yo ocho años y mientras jugaba en mi casa de Fuente Vaqueros se asomó un muchacho que a mí me pareció un gigante y que me miró con desprecio y un odio que nunca olvidaré y escupió dentro al retirarse. A lo lejos una voz lo llamó: "¡Amargo, ven!"

Desde entonces el Amargo fue creciendo en mí hasta que pude descifrar por qué me miró de aquella manera, ángel de la muerte y la desesperanza que guarda las puertas de Andalucía. Esta figura es una obseción en mi obra poética. Ahora ya no sé si la vi o se me apareció, si me lo imaginé o ha estado a punto de ahogarme con sus manos. La primera vez que sale el Amargo es en el "*Poema del cante jondo*", que yo escribí en 1921. Después en el **Romancero** y, últimamente, en el final de mi tragedia *Bodas de sangre* se llora también, no sé por qué a esta figura enigmática ..."[2]

Hay muchos que dicen que "*Burla de Don Pedro a caballo*" es un ejemplo surrealista al estilo de Freud: Don Pedro emprende una jornada (el viaje de la vida) sobre un caballo sin rienda como posible símbolo de una pasión sexual desenfrenada y el caballo muerto señala la impotencia del hombre.

Si García Lorca se vale de imágenes y metáforas en las narraciones poéticas del **Romancero Gitano**, se sirve más de símbolos en **Poeta en Nueva York**. Si en el **Romancero** describe la desesperación que lleva a la muerte, en el **Poeta** derrama todos sus sentimientos de aislamiento, de rebelión contra una sociedad injusta y la desesperación, pero no busca la muerte, busca la esperanza de un futuro y hasta ansia de vida. "No os voy a decir lo que es Nueva York *por fuera* ... ni voy a narrar un viaje, pero sí mi reacción lírica con toda sinceridad y sencillez ... Los dos elementos que el viajero capta en la gran ciudad es la gran arquitectura extrahumana y ritmo furioso. Geometría y angustia. En una primera ojeada, el ritmo puede parecer alegría, pero cuando se observa el mecanismo de la vida social y la esclavitud dolorosa de

---

1   García Lorca p. 1119.
2   García Lorca p. 1119.

hombre y máquina juntos, se comprende aquella típica angustia vacía que hace perdonable por evasión hasta el crimen y el bandidaje."[1]

Los poemas de la primera sección "*Poemas de la soledad en Columbia University*" expresan una desilusión dolorosa indicativa de la "penumbra sentimental" de la cual el poeta padecía en ese tiempo. El sujeto fundamental de esta parte y del resto del **Poeta** no es la ciudad de Nueva York pero el poeta. En la segunda sección, cuando introduce la ciudad por medio de los negros, el poeta explica que él "quería subrayar el dolor que tienen los negros de ser negros, en un mundo contrario; esclavos de todos los inventos del hombre blanco ... Yo vi ... una bailarina desnuda que se agitaba convulsamente, bajo una invisible lluvia de fuego. Pero cuando todo el mundo gritaba como creyéndola poseída por el ritmo, pude sorprender un momento en sus ojos la reserva, la lejanía, la certeza de su ausencia ante el público de extranjeros y americanos que la admiraba."[2] Al igual que la bailarina, el poeta pudo haberse descrito a sí mismo con el resto del conjunto que forma el **Poeta en Nueva York**. El **Poeta** es un libro doloroso, atormentado y profético que en las pocas páginas que tenemos no podemos analizar.

El **Romancero Gitano** nos permite dar una ojeada a la poesía de García Lorca, y fue el que escogimos para describir con más detalle, ya que según él: "desde el año 1919, época de mis primeros pasos poéticos, estaba yo preocupado con la forma del romance porque me daba cuenta que era el vaso donde mejor se amoldaba mi sensibilidad."[3]

Aunque solamente hemos mencionado la trágica y dolorosa existencia del **Poeta**, es necesario dar fin a estos *Apuntes* con la rendición del poeta acerca del *cante jondo* y lo que significa: "Se da el nombre de *cante jondo* a un grupo de canciones andaluzas cuyo tipo genuino y perfecto es la siguiriya gitana, de las que derivan otras canciones aun conservadas por el pueblo como los polos, martinetes, carceleras y soleares ... El *cante jondo* se acerca al trino del pájaro, al canto del gallo y a las músicas naturales del bosque y la fuente. Es, pues, un rarísimo ejemplar de canto primitivo, el más viejo de toda Europa, que lleva en sus notas la desnuda y escalofriante emoción de las primeras razas orientales ... *el cante jondo* ... es hondo, verdaderamente hondo, más que todos los pozos y todos los mares que rodean al mundo, mucho más hondo que el corazón actual que lo crea y la voz que lo canta, porque es casi infinito. Viene de razas lejanas, atravesando el cementerio de los años y las frondas de los vientos marchitos. Viene del primer llanto y el primer beso ... *el*

---

1 García Lorca p. 1125.
2 García Lorca p. 1128.
3 García Lorca p. 1114.

311

cante jondo canta como un ruiseñor sin ojos, canta ciego ... canta siempre en la noche. No tiene ni mañana ni tarde, ni montañas ni llanos ... Todos los poemas del *cante jondo* son de un magnífico panteísmo, consulta al aire, a la tierra, al mar, a la luna ... El viento es personaje que sale en los últimos momentos sentimentales, aparece como un gigante preocupado ... y el llanto ... llora la melodía como lloran los versos ... En la literatura española no hay nada superior."[1]

EJERCICIOS

¿Qué es el ultraísmo?

_____

_____

_____

¿A qué se refiere el surrealismo?

_____

_____

_____

¿Qué tipos de poemas se encuentran en el **Poeta en Nueva York**?

_____

_____

_____

---

1 García Lorca pp. 1004-1025.

¿Con qué tipo de poemas adquirió su fama García Lorca?

_____

_____

¿Cómo describiría usted a García Lorca?

_____

_____

_____

¿Qué es la *Pena* y cómo la describe el poeta?

_____

_____

_____

¿Cuáles son los temas principales del poeta?

_____

_____

_____

Cite ejemplos de los temas en los poemas del **Romancero Gitano** y explique como los usa el poeta, en cada uno de los poemas mencionados.

_____

_____

_____

_____

Haga una lista de los temas principales, y los símbolos de los cuales se vale el poeta para reforzar sus ideas en los poemas.

Temas   **Símbolos**

_____   _____

_____   _____

_____   _____

_____   _____

¿Por qué cree usted que estudiosos de la obra de García Lorca dicen que el **Poeta en Nueva York** es acerca del poeta y no acerca de la ciudad de Nueva York?

_____

_____

_____

¿Qué es el *cante jondo* según García Lorca?

_____

_____

_____

_____

¿Por qué dice el poeta que "el romance era el vaso donde mejor se amoldaba su sensibilidad"?

_____

_____

_____

¿A que se refiere el poeta cuando describe a cierta gente que "se llena la boca de baba"?

_____

_____

_____

_____

GLOSARIO

En este glosario se presentarán, no sólo las definiciones de palabras que facilitarán la lectura de los diferentes capítulos que se encuentran en el libro que acompaña a este cuaderno de trabajo, pero también el significado de modismos/expresiones idiomáticas para evitar que el lector tenga que referirse al diccionario, a menudo. La primera definición, en inglés, se refiere al uso de la palabra en las lecturas del libro, según el uso del español europeo que se reconoce en ambos lados del océano; la segunda, si hay tal, entre paréntesis, le proporciona al lector la interpretación y uso de la(s) palabra(s) en otras partes del mundo de habla hispana. También le sigue a las definiciones oraciones completas que ilustran el uso correcto de la(s) palabra(s), modismo(s), según el orden de cada definición en inglés.

a pesar de -
in spite of
Siempre la ayuda **a pesar de** que no quiere hacerlo.

abnegado(a) -
self-sacrificing
San Manuel Mártir era un hombre **abnegado.**

abogado -
attorney
El **abogado** perdió el juicio por confiar demasiado en su cliente.

abulia -
lack of willpower; intellectual paralysis
Ese hombre carece de **abulia.**
Unamuno trató de sacudir a sus compatriotas de la **abulia** intelectual.

acechar a -
to spy on; to lie in wait for
Se dice que los espías **se acechan** unos a otros.
La guardia civil **acechaba a** García Lorca.

advertencia -
warning
No le prestó atención a la **advertencia** del amigo y se cayó al agua.

aferrarse a -

to cling to
El descreído **se aferra a** la idea de que Dios no existe.

agasajar -

to praise lavishly
Los críticos **agasajaban** las obras de Lope de Vega.

agobiado -

overwhelmed
Los profesores de español se encuentran **agobiados** por la cantidad de ensayos de AP que tienen que corregir.

ahincarse más -

to deepen
El odio de Caín por Abel se ahincaba aún más cada día.

ahorcarse -

to hang oneself
Si una persona **se ahorca,** se suicida porque se quita la vida.

aislamiento -

isolation
La isla en **La Trampa** es el símbolo del **aislamiento.**

alcalde -

mayor
El **alcalde** de la ciudad abusaba de su posición para hacerse rico.

aldea -

village
En Inglaterra, al igual que en muchos países de Europa, hay muchas **aldeas** que han sobrevivido más de quinientos años.

alfanje -

cutlass
El pirata le cortó la cara al capitán del barco con su **alfanje** africano.

alivio -

relief
Respiró con **alivio** después de llegar a un acuerdo.

allegada a -

close to (someone)
La niña era muy **allegada a** su madre y a su abuela.

alojamiento -

lodging
Durante el verano es muy difícil encontrar **alojamiento** en la playa.

alterada -

upset
Damiana se puso **alterada** al no encontrar a su marido.

alzamiento -

uprising
El general Maceo trató de evitar el **alzamiento** de las tropas insurgentes.

amargura -

bitterness
Después de perder todos sus ahorros se le llenó el corazón de **amargura.**

anhelado -

yearned for
Compró un billete de lotería y pensó obtener el premio **anhelado.**

aniquilación (aniquilamiento) -

annihilation, destruction
La duda, en gran parte, contribuyó a la **aniquilación** del alma del párroco.
Las tropas **aniquilaron** la ciudad por completo.

antepasados -

ancestors
Los **antepasados** de mi madre eran de Cataluña.

años atrás -

previous years
La familia Vega viajaba mucho **años atrás.**

apoderarse de -　　　　to get hold of
　　　　　　　　　　　　La abuela volvió a apoderarse de Eréndira.

apoyar a -　　　　　　to support (someone)
　　　　　　　　　　　　Ignacio nunca pudo contar con el **apoyo** de su
　　　　　　　　　　　　padre. El padre nunca **apoyó a** su hijo.

argumento -　　　　　(Lit. Theatre) plot; (South America: argument,
　　　　　　　　　　　　discussion, quarrel)
　　　　　　　　　　　　El *argumento* de la novela es interesante.
　　　　　　　　　　　　Comenzaron con un *argumento* y después se
　　　　　　　　　　　　pelearon.

arrebato -　　　　　　fit of rage; rapture
　　　　　　　　　　　　Joaquín, en un **arrebato**, estrangula a Abel.
　　　　　　　　　　　　En un **arrebato** de entusiasmo, Micaelita
　　　　　　　　　　　　abrazó a Martín.

arrullar -　　　　　　to lull to sleep
　　　　　　　　　　　　A la madre le gusta **arrullar** al niño para que se
　　　　　　　　　　　　duerma.

asear -　　　　　　　to clean up
　　　　　　　　　　　　La esposa **aseaba** al hombre ya que estaba atado
　　　　　　　　　　　　al árbol y no podía hacerlo por sí mismo, debido
　　　　　　　　　　　　a su locura.

ásperos -　　　　　　rough
　　　　　　　　　　　　Aunque no era su costumbre, le habló con voz
　　　　　　　　　　　　áspera para demostrar su gran disgusto con ella.

asumir el poder de -　to take over the reins of power (government)
　　　　　　　　　　　　Juan y Evita Perón **asumieron el poder de** la
　　　　　　　　　　　　nación argentina.

ataúd -　　　　　　　coffin
　　　　　　　　　　　　La madre escogió un **ataúd** blanco y largo para
　　　　　　　　　　　　que el niño muerto pudiera crecer en él.

atinar a hacer algo - to succeed in doing something
Juan siempre **atina a hacer** lo que se propone.

atragantarse (algo) - to choke (on something)
El pobre minero se ahogaba. **Se le atragantó** la espina en la garganta y no podía respirar.

azuzar - to urge on
Al hombre mezquino le gusta azuzar a los chicos para que se peleen.

barrio - area of a town; suburb
En Washington, D.C. tienen un **barrio** chino pero no tienen uno japonés.
Juanita vive en el **barrio** de Admiral Heights en las afueras de Annapolis.

bosquejo - sketch, outline
Los cuentos de Matute son tan cortos que parecen más bien **bosquejos** que cuentos.
El escritor preparó un **bosquejo** de la novela para su editor.

botiquín - medicine chest; (Colombia, Venezuela: retail wine store)
La enfermera encontró el esparadrapo en el **botiquín.**
En ese **botiquín** no venden vinos de buena calidad.

búsqueda - search
Al encontrar el oro, Federico dio fin a la **búsqueda.**

cadalso - scaffold
El asesino murió en el **cadalso** a los tres meses de haber cometido el crimen.

cadáver - corpse
Enterraron el **cadáver** de García Lorca en una fosa común.

caer de rodillas - to fall on one´s knees
Al entrar en la iglesia, la monja **se cayó de rodillas.**

calumnia - slander
Debido a la **calumnia** de que era hija ilegítima, Ana abandonó la aldea.

carne manida - spoiled meat
Esa carne huele mal. Es **carne manida** (podrida).

carrera de derecho - law school
Samuel es abogado ahora. Terminó la **carrera de derecho.**

cátedra - (Univ.) chair, professorship; (Cuba, Venezuela: wonder, marvel)
Establecieron una *cátedra* de literatura para honrar a Borges. Es *cátedra*.

catedrático - (Univ.) professor, lecturer
Mario es **catedrático** de español en la Universidad de Tejas.

catre - cot; (Mexico, Perú, Venezuela: folding bed)
El gato se echó a dormir en el **catre** de Funes. Después de levantarse, ellos guardan el **catre** en el armario.

ceguera - blindness
Debido a su **ceguera,** Borges siempre tenía un acompañante.

chusma -	riffraff; (Spanish America: **chusmaje** to mean the same as **chusma**) Porque los mineros eran pobres, los ricos del lugar los llamaban "**chusma**".
cicatriz -	scar El cirujano estaba orgulloso de la **cicatriz** del paciente. Era muy pequeña.
cicuta -	hemlock Las **cicutas** son plantas venenosas.
cimiento -	foundation La casa no se derrumbó durante el terremoto; tiene buenos **cimientos**.
clausura -	formal closing; (Spanish America: to close a house) El gobierno del dictador Franco ordenó la **clausura** del periódico. Debido a la **clausura** de la casa de campo, él no pudo disfrutar de las vacaciones.
cobrar brío -	to acquire courage El soldado **cobra brío** para defenderse durante la batalla.
codiciado -	coveted El público le otorgó el premio **codiciado** al matador: las dos orejas y el rabo del toro.
conocer bien a fondo -	to know something well Para poder escribir bien hay que **conocer bien a fondo** el tema.
contraer una enfermedad -	to become ill (incurable illness) Daniel **contrajo una enfermedad** de los pulmones. Muchos creen que padece de un tipo de tuberculosis incurable.

corcova -	hunchback; (Bolivia, Chile, Ecuador, Perú: prolongation of a party into the following day or days) Los niños malos se burlaban del pobrecito que no podía caminar derecho debido a su **corcova**. Todavía la gente habla de la fiesta del matrimonio de Carlos y María. La **corcova** duró cinco días.
costado -	side; (Mexico: platform) A Miguel siempre le gusta dormir de **costado**. Los pasajeros esperan el tren en el **costado**.
cuentista -	story teller Borges era un **cuentista** muy original.
cuna -	crib; birthplace El bebé está dormido en su **cuna**. Aracataca se convirtió en la **cuna** de Gabito.
dar una pedrada -	to throw a stone (at someone or something) Los niños le **dieron una pedrada** al pobre loco y le sacaron sangre.
darle la gana -	to feel like it Juan siempre hace lo que quiere porque **le da la gana.**
darle rienda suelta a -	without the least restraint Ramón siempre le **da rienda suelta a** sus deseos.
declararse en bancarrota -	to go bankrupt Julio perdió todo su dinero y tuvo que **declararse en bancarrota.**
delatos -	information provided to cause harm to someone Los **delatos** de los ciudadanos causaron la muerte del guerrillero.

deletrear -	to spell out El niño de tercer grado puede **deletrear** muy bien las palabras.
demora -	delay La **demora** del tren la hizo llegar tarde.
derruir -	to demolish La casa de Rebeca se **estaba derrullendo** sin ayuda de nadie.
desalentado -	disenchanted El niño se quedó **desalentado** al perder el premio.
desasosiego -	disquiet, uneasiness Cuando no sabe donde está la hijita siente un gran **desasosiego**.
descuartizar -	to tear apart **Descuartizaron** el país de la misma manera que **hubieran descuartizado** a un animal salvaje.
desempeñar ... cargo -	to hold down a job En la Biblioteca del Congreso hay varias personas que **desempeñan el cargo de** bibliotecario.
desencantado -	disenchanted Los novios se quedaron **desencantados** después de pasar la noche juntos.
deshacerse de -	to get rid of someone or something Don Miguel quería **deshacerse de** Augusto. Augusto quería **deshacerse de** su paraguas.
desligarse de -	to end a relationship A pesar de una amistad de muchos años, Juan **se desligó** de Javier.

desollar -	to skin Los hermanos de Ángela usan cuchillos especiales para **desollar** los puercos.
destituir -	to remove from **Destituyeron** a Unamuno del cargo de Rector.
destructor -	destroyer Velasco fue el único sobreviviente del accidente del **destructor.**
ejercer su profesión -	to open his practice El médico comenzó a **ejercer su profesión** en un cuarto de la casa del coronel.
elogio -	praise, tribute La Universidad de Oxford le rindió **elogio** a Unamuno y a Borges. Rendir **elogio** es lo mismo que rendirle homenaje a alguien.
embarcarse -	to sail from; (SpanishAmerica: to get on, get in) García Lorca **se embarcó** de la Habana. José Enrique **se embarcó** en el autobús.
embustero -	liar Un **embustero** es una persona que dice muchas mentiras.
empaquetar -	to pack up Rebeca tiene que **empaquetar** sus cosas porque tiene que mudarse.
ensayista -	essayist Unamuno, al igual que Borges, era un **ensayista** de primera categoría.

ensueño -
dream, fantasy
Las casas nuevas tienen cocinas de **ensueño.**
Perico creía en el **ensueño** de los enanos
(gnomos).

entrevista -
interview
Hay muchos programas de la tele durante los
cuales **entrevistan** a muchos artistas de cine.

enumerar -
to list
A Nicolás no le gusta **enumerar** los casos que
ha resuelto.

ermita -
hermitage
Yerma le dio muerte a su esposo en la **ermita.**

espantoso -
frightful
Las películas de vampiros le dan un miedo
espantoso.

esquema -
sketch, outline
Los escritores españoles hacen bosquejos de sus
obras y los latinoamericanos **esquemas.**

establecer -
to establish; set up, found, institute
Don Miguel *estableció* muchas amistades.
Don Miguel *se estableció* en la ciudad de
Salamanca.

estampas -
engravings (in this case, García Lorca uses
estampas to indicate acts, as in a play, in
keeping with the lyrical qualities of the
drama) El drama consiste de tres **estampas.**

estar celoso -
to be jealous; to be distrustful
Joaquín siempre **estaba celoso** de Abel porque
todos lo querían.
Manuel **estaba celoso** de Borja porque no le
tenía confianza.

estudiante de derecho -   law student
Patricia quiere ser abogada. Es **estudiante de derecho.**

etapas -   stages
Cada persona pasa por varias **etapas** desde que nace hasta que muere.

extraviarse -   to get lost
Siempre que no conozco el camino, **me extravío.**

faltar a -   to dishonor; (Argentina, Mexico, Venezuela: to be rude to)
Tristán no **le faltó a** Luisa pero sí a su hermana. El joven siempre **le falta a** Pedro. Cada vez que lo ve, lo insulta.

fracaso -   failure
La invención de la luz eléctrica no fue un **fracaso** de Edison.

gallo -   rooster
Lo único que le queda al coronel es su **gallo** de pelea.

gemelo -   twin
La palabra **gemelo** es un sinónimo de mellizo.

género humano -   mankind
Hacen falta personas generosas para el bienestar del **género humano.**

granero -   barn
Cuando llueve, ellos siempre guardan las gallinas en el **granero.**

grifo -   water faucet; (Colombia: vain, stuck-up; Mexico: pot, pot smoker,drunkard)
La niña se quemó la mano al abrir el **grifo** de agua caliente.
¡Qué **grifo** es Mario! Se cree que todas las chicas están enamoradas de él.
A Julio lo cogieron preso al salir del país porque tenía **grifo** escondido en la maleta.
Le pusieron una multa por fumar **grifos** durante el concierto.
Ellos han tomado demasiado cerveza y ni siquiera pueden caminar. Lo único que se puede decir es que son unos **grifos.**

gritos desgarradores -   heartbreaking screams
Los **gritos desgarradores** de la víctima le partían el alma.

hacerla su mujer -   to marry her
Después de conocer a Helena, Abel decide **hacerla su mujer.**

hacerse al desentendido -   to pretend not to understand
Cuando le conviene, a Ricardo le gusta **hacerse al desentendido.**

hacerse cura -   to become a priest
Pedro **se hizo cura** para darle gusto a sus padres.

hallazgo -   discovery
El **hallazgo** del tesoro fue un gran acontecimiento.

hipoteca -   mortgage
Augusto fue al banco a pagar la **hipoteca** del tío de Eugenia.

hospedarse -

to lodge with, at
Ellos prefieren **hospedarse** en una casa de huéspedes

huella dactilar -

fingerprint
El policía le tomó las **huellas dactilares** en la estación de policía.

huella del pie -

footprint
Generalmente cuando se camina en la arena se dejan las **huellas de los pies.**

huérfano -

orphan
Su madre murió y aunque tiene padre, se dice que es **huérfano** de madre.

huraño -

unsociable
Pedro nunca le habla a nadie. Es **huraño.**

incurrir -

to incur (debt, wrath, hate)
Juan era un jugador empedernido, siempre incurría deudas que no podía pagar.

indiano -

Spaniard returning rich from America; Spanish-American
La famosa zarzuela española, *"Los Gavilanes"*, se trata de un **indiano** viejo que regresa a España buscando casarse con una mujer joven.
Federico viene de Colombia. Se considera un **indiano.**

infiel -

unfaithful
El adultero le era **infiel** a su mujer.

infundirle miedo a uno -

to frighten someone
Al grandulón siempre le gusta **infundirle miedo a uno** más pequeño.

ingresar en - to enter as a new student in an university; (Mexico: to join up)
Don Miguel **ingresó en** la Universidad de Bilbao.
Julián **ingresó en** las fuerzas armadas del país.

instalarse en - to settle (down)
Los asilados **se instalaron en** Madrid hasta el fin de la dictadura.

jubilarse - to retire, to take one´s pension; (Central America., Venezuela: to play truant); (Colombia, Cuba, Mexico: to acquire skill, gain experience); (Colombia: to deteriorate, go down hill; to go mad)
No todas las personas *se jubilan* a los sesenta y cinco años de edad.
Hay estudiantes que *se jubilan* de la escuela, a menudo.
Yo creo que Federico *se jubiló* del todo, cada día hace más y más tonterías.

juventud - youth
Todos dicen que la **juventud** de hoy no se preocupa de nada.

leyes - laws
Entrar ilegamente en un país viola las **leyes** del mismo.

libre albedrío - free will
El padre de Seguismundo creía en el destino de las estrellas y no en el **libre albedrío**, por eso lo tenía prisionero.

lindar en - to border on
A veces los trajes de Patricio **lindan en** lo ridículo.

llegar agitada - to arrive upset
Juan y Francisco **llegaron** a la casa muy **agitados.**

llevar preso a - to jail someone
Las autoridades se **llevaron preso a** Juan Medinao por ser cómplice en el crimen.

lucha - struggle(por for); conflict
Ellos *luchan* por un ideal.
Esa *lucha* no vale la pena.

madejas de hilo - strands of thread; fig.: thread(s) theme or conversation
Se necesitan muchas **madejas de hilo** para bordar ese canesú.
De todas esas **madejas,** sólo se puede discernir un **hilo.**

madurez - maturity
Las personas mayores siempre se quejan de la falta de **madurez** de los jóvenes.

mago - magician
Se dice que García Márquez es el **mago** del realismo.

martirizar a - to torture
Durante la Inquisición, a la Santa Hermandad le gustaba **martirizar a** los que ellos acusaban de ser descreídos.

mezquino - petty; (Central America, Colombia, Mexico: wart, callosity)
Carece de buenos sentimientos, es un hombre **mezquino.**
Casi no puede caminar debido al **mezquino** que tiene en el dedo gordo del pie.

molestia -

nuisance; inconvenience
Ésto es una **molestia**.
Para el criado era una **molestia** regresar a casa

morirse de repente -

to die suddenly
Agapito *se murió de repente* de un ataque al corazón.

muerte viva -

living death
El enfermo ya ni sentía ni padecía, el médico anunció que estaba en una **muerte viva.**

ni de un lado ni de otro -

does not take sides
Como los dos eran sus amigos, Francisco decidió no defender la idea **ni de un lado ni de otro.**

nívola

short novel (novelette). Las novelas de Unamuno se llaman **nívolas.**

noviazgo -

engagement
El **noviazgo** de Rosita duró más de veinticinco años.

ortigas -

stinging nettle
Las **ortigas** crecen salvajes y pican a quienes las tocan.

palmetear las manos -

to clap
Al **palmetear las manos** dos veces, se apareció el hombre.

palpar -

to touch, feel. (**Palpó** la realidad y odió la vida)

pena negra -

dark sorrow
García Lorca siempre se refería a la **pena negra** de los gitanos.

pérdida -

loss

Uno de los temas principales de la novelista es la **pérdida** de la inocencia.

permanecer en -

to remain

La familia tuvo que **permanecer en** Europa debido a la guerra.

pesadilla -

nightmare

Muchos niños sufren de **pesadillas** después de ver las películas de Drácula.

piropos -

flirtatious remark; (Colombia: ticking-off)

Marcos siempre le echa **piropos** a Elvira porque está enamorado.

Cuando se incomoda, Mario echa una barbaridad de **piropos.**

plegarse a -

to submit; to yield

Los padres desean que los hijos **se plieguen a** su voluntad.

Los romanos tienen que **plegarse a** César.

pobreza -

poverty

En las afueras de Río de Janeiro hay mucha **pobreza.**

ponerle tarros a -

cuckolding

Yerma no le **ponía tarros a** Juan. Era una mujer honrada.

pormenor -

detail

El juez estaba muy interesado en que le aclararan los **pormenores del caso.**

portada -

book or magazine cover

La hermana de Borges diseñó la **portada** de una revista.

preceptor -   teacher; private tutor
Agapito se convirtió en el **preceptor** de
Micaela. Genaro viene a mi casa a enseñarme;
él es mi **preceptor.**

presa -   capture; (Spanish America: piece of food)
El alguacil tiene **presa** a la ladrona.
Es una **presa** deliciosa. Sabe más a pollo que
liebre.

presagio -   omen
Los gitanos siempre anticipan el **presagio** de la
muerte.

presentimiento -   premonition
La madre tiene **el presentimiento** que el hijo va
a morir.

pretendientes -   suitors
A Rosita no le faltaban **pretendientes** pero
esperó al novio falso.

proclamarse -   to proclaim (reflexive/passive voice). **Se
proclamó** el comienzo del reinado de Felipe II.

pueblo -   people; town
El *pueblo* está cansado de la violencia.
Los guerrilleros arrasaron al *pueblo.*

puesto -   job
El joven tiene un buen **puesto.** Es Director de
la Biblioteca Nacional.

quinta -   country house; (Spanish America: estate on the
outskirts of a town) Scharlach atrajo a su
enemigo a la **quinta** para matarlo. El detective
tuvo que viajar por tren más de una hora para
llegar a la **quinta** de Triste -le-Roy.

rabia -	rabies; rage, (Spanish American: extremely angry). El perro que la mordió tenía **rabia** y tuvieron que ponerle una serie de inyecciones. Mató al hombre por la **rabia** que tenía. Le dio tanta **rabia** enterarse de la traición del que creía ser su amigo que arrasó con el pueblo entero.
rapada -	close haircut Debido al calor, prefería tener la cabeza **rapada.**
rebuscar(se) -	to search carefully for; (Colombia: to look for work) Cuando no se acuerda de algo trata de **rebuscarse** la memoria. A Marcos lo dejaron cesante. No tiene trabajo, por eso quiere **rebuscarse** cualquier cosa para ganar dinero.
recelo -	suspicion Siempre se miran con **recelo.** No se tienen mucha confianza.
recién casada -	newly-wed La **recién casada** recibió muchos regalos.
rector -	University president; a leading figure José María Heredia era *rector* de la Universidad de Oriente. Ella era una figura *rectora*.
redactar -	to write Esa carta está mal **redactada**. Parece que no sabe escribir.
reiterar -	reaffirm Para darme más conianza, siempre **reitera** su apoyo por todo.

relatos -	tales Los cuentos de Poe se parecen mucho a los **relatos** de Borges.
remorderle la conciencia - **(a alguien)**	to have a guilty conscience A San Manuel siempre le **remordía la conciencia** porque no podía creer en la salvación del alma.
reo -	criminal; (Argentina: shabby individual, tramp) El **reo** se escapó de la cárcel. Muchos de los **reos** en los Estados Unidos son gente desamparada.
reseca -	parched El niño tiene mucha sed. Tiene la garganta **reseca.**
resguardarse de -	to take shelter **Se resguardó del** tiempo cubriéndose de hojas.
retar -	to challenge; (Chile: to insult) El autor **retó** a los lectores a que pensaran. Juan **retó** a Enrique acerca de su hermana.
rinconcillo -	small corner; (SpanishAmerica: small patch of ground). Los dos se sentaron en un **rinconcillo** del café para charlar. El **rinconcillo** de tierra que le dejó su padre al morir, no vale mucho.
rodomado pillo -	perfect scoundrel Matute se refiere a Borja cuando lo acusa de ser **rodomado pillo.**
romper ... relaciones -	to break off an engagement María le devolvió el anillo a Diego después de **romper sus relaciones** con él.

sainete - one-act farce
Decidimos ir al teatro a ver el nuevo **sainete** de Lope.

salirse con la suya - to get one's way
Margarita siempre **se sale con la suya.**

secuestro - kidnapping
El **secuestro** del niño se anunció en todos los periódicos.

segadores - harvesters
Los **segadores** viajan siguiendo las diferentes cosechas.

senderos - paths
Los **senderos** en el Japón son muy estrechos.

sobreviviente - survivor
Es el único **sobreviviente** del naufragio.

solapada abyecta - underhanded and degrading
Unamuno acusa al pueblo español de sufrir de una envidia **solapada abyecta.**

soñador - dreamer
El **soñador** soñó al hijo perfecto.

sorbos - sips
La niña quiere saborear el chocolate, se lo toma a **sorbos** pequeñitos.

surtidor - water fountain
El **surtidor** de la escuela no tiene agua. Hay que traerla de la casa.

tener buen talle - to have a lovely shape
Al hombre le gusta saber que su mujer **tiene buen talle.**

tiesto - flowerpot; (Chile: chamberpot)
Luisa le rompió el **tiesto**, lleno de flores, sobre la cabeza del pretendiente.
En Chile, la familia coloca los **tiestos** debajo de la cama, todas las noches.

títere - puppet
Pinocho se convirtió en el **títere** predilecto de Geppeto.

toparse con - to bump into someone
¡Qué coincidencia! Pensando en María y **me topé con** ella esta tarde.

trapo - rag
A la niña le gusta jugar con la muñeca de **trapo.**

trastienda - back room (of a shop)
El médico era tan tacaño que después de comprar el botiquín se puso a vivir en la **trastienda.**

trazar - to trace
La novela **traza** todos los pormenores de la familia.

ultratumba - life beyond the grave
Hay algunos que creen en la vida de **ultratumba.**

vanagloriarse - to boast; to be vain, be arrogant
Pedro **se vanagloriaba** de ser el mejor poeta.
Los Iturriondos estaban **vanagloriándose** de ser los más ricos del lugar.

velarlo - to watch him
Lo **velaban** porque no sabían quien era y le tenían miedo.

339

velorio -

Celebration; (Spanish America: funeral wake)
En España **velorio** no significa lo mismo que en latinoamérica.
Durante el **velorio** del marido de Florentina, el viejo pretendiente asedia a la nueva viuda.

verja -

iron gate
La **verja** de hierro estaba cerrada con un candado.

víspera -

eve
La Nochebuena es la **víspera** de la Navidad.

vista -

sight
Está malo de la **vista.** Como no puede ver bien, tiene que usar lentes (gafas, espejuelos).

vulgo -

common people (laymen)
Los curas creían que **el vulgo** no debía de leer artículos prohibidos por la iglesia.

yacente -

reclining
El poeta loco creía que la estatua **yacente** tenía vida.

yerna -

Daughter-in-law in Colombia and some Latin-American countries.
Fermina va de viaje con su hijo y su **yerna.**

zarzuela -

Spanish folk operas (operetta).
"La canción del sembrador" es el aria favorita de muchos a quienes les encantan la **zarzuela** de ***"Los Gavilanes"***.